编委会名单

主　　　　编：吴晓曦　李文志　张　敏　徐永前

执 行 主 编：舒　勇　邓爱平　杨　帆　陈立彤　雷　莉

副　主　编：邓　凯　王怀林　李明舟　郑世红　孙前元　张　昊

　　　　　　黄　劲　李　念　曹　婧　朱　帅　蔡雨多　黄鑫淼

　　　　　　晏高兴　吴　越　戴　薇　胡耘通　张芳豪

编委会其他成员：田传平　李胜章　龚　圆　王　军　周家超　叶光明

　　　　　　朱　莉　宋一笑　涂　莹　汪孝竹　何金辉　夏　彬

　　　　　　陶世贤　白翠红　杨　洪　廖　彬　肖长青　鲁洪斌

　　　　　　刘凌云　李　艳　郭玮华　施伟龙　张译丹　谭世文

　　　　　　周嘉威　田文俊　骆新鑫　郭于羲　武春兰　毛瑞敏

　　　　　　徐子舒　姜月镭　魏启宇　赖虹宇　王思鳗　黄浦伶

　　　　　　万丁瑞　唐宇阳　李文军　杨　平　尹思佳　张　轲

　　　　　　杨轶舫　曾海培

企业合规管理体系建设

热点60问

QIYE HEGUI
GUANLI TIXI
JIANSHE
REDIAN 60WEN

全面
系统
实用

舒勇 邓爱平 杨帆 陈立彤 雷莉 ◎ 执行主编

中国法制出版社

CHINA LEGAL PUBLISHING HOUSE

序 | Preface

习近平总书记强调，守法经营是任何企业都必须遵守的一个大原则，企业只有依法合规经营才能行稳致远。无数企业的兴衰沉浮，无一不向我们证明：依法合规经营，是企业稳健发展、基业长青的基石。特别是随着经济全球化向纵深发展，中国企业深度参与全球产业分工和合作，当前世界百年未有之大变局正加速演进，对企业合规管理提出了新的更高要求。合规管理已成为中国企业对标世界一流企业，走出国门，融入世界的重要保障。

党的二十大报告对加快建设世界一流企业作出明确部署。《法治中国建设规划（2020—2025 年）》《法治社会建设实施纲要（2020—2025 年）》提出，引导企业树立合规意识、加强合规管理。一流的企业必须要有一流的合规管理作为保障。随着国务院国资委《中央企业合规管理办法》颁布实施，标志着合规管理逐渐走向深入，并逐步扩展实施到各级国资监管范围企业。

从企业合规管理工作进行试点，到推广、深化、强化，越来越多的企业在合规实践中认识到，以下这些问题尤为重要：第一，各级领导应高度重视合规对标工作；第二，各部门要各司其职，建立健全合规管理"三道防线"；第三，形成"管业务必须管合规"的共识；第四，合规管理体系建设不是一蹴而就的，而是需持续推动，持续保持有效性的长期性工作；第五，合规风险识别和合规义务遵守是合规管理的核心；第六，合规文化建设至关重要，从"要我合规"到"我要合规"的转变是一个逐步升级的过程；

第七,合规管理需要组织的保障,物资、人员的保障;第八,合规管理的信息化建设是合规体系有效、高效运行的重要支撑,要不断提高数字化、数智化水平;第九,合规管理体系需重视对"PDCA"循环的遵循,合规管理"难落地"较多是因为整个循环所需工作事项未达到闭合;第十,正确理解和把握合规管理与合规不起诉制度的关系,结合"容错免责"等制度,把握好合规要求与容错机制的衔接适用。

本书针对由上述问题细化而成的 60 个热点、难点问题,通过一问一答的形式,从实践操作层面进行了翔实阐述,并附案例展示,对合规管理实务操作疑难问题进行解答。本书是一本实操性很强的合规管理工具书,相信它能为即将或正在推进合规管理的各类企业、合规管理辅导以及认证机构实务人士提供有益的参考。

目录 | Contents

第一章 合规管理热点问题

第二章 合规管理组织建设热点问题

第三章　合规管理制度建设热点问题

第四章　合规管理运行机制建设热点问题

第五章 合规文化建设热点问题

第六章 合规管理信息化热点问题

第七章 违规追责与合规免责热点问题

第八章 合规不起诉制度热点问题

第一章

合规管理热点问题

【导读】

"合规"是近年来的一个热词，但依法合规由来已久。随着中国特色社会主义法治体系的不断完善，相关法律与规则越来越健全，企业的依法合规经营也越来越重要。本章从为什么要合规、合什么规、为什么管业务必须管合规等原则性问题入手，系统回答合规管理中的基本问题。

第 1 问 什么是合规？

一、概述

合规，是指企业等组织在遵守法律、法规等合规义务的同时，还要通过管理手段实现合规。

二、依据

《中央企业合规管理办法》第三条第一款将合规定义为："本办法所称合规，是指企业经营管理行为和员工履职行为符合国家法律法规、监管规定、行业准则和国际条约、规则，以及公司章程、相关规章制度等要求。"

ISO 37301：2021《合规管理体系　要求及使用指南》（以下简称 ISO 37301）与《中央企业合规管理办法》一脉相承，把合规（Compliance）定义为"履行组织的全部合规义务"。换言之，对合规义务的履行构成 ISO 37301 下的合规。

三、分析

合规可以从以下四个维度理解。第一个维度：对合规义务的遵守（如对法律法规的遵守）。合规在这个维度上把合法的概念囊括进来。但是，合规仅停留在第一个维度上是不够的。例如，通过出具法律意见书定性对错，这种做法其实"不合规"。要做好合规，还必须进入第二个维度。

第二个维度：合规是一门管理科学。其核心是风险的识别、评价与控制。就以《反垄断法》为例，卖汽车的和卖巧克力的企业都适用于《反垄断法》，但是风险场景因行业的不同而不同、风险值也因企业的大小不同而不同。因此，各个企业必须有效地识别各自的风险与风险源，对识别出来的风险进行评价及有效的管控。第三个维度：合规管理体系。做好合规管理，必须满足很多必要条件，不成体系的合规不堪一击。第四个维度：合规文化。以道德与诚信为内核的合规才能让合规融入企业的文化基因当中，合规是一种自发的习惯，不是"要我合规"，而是"我要合规"。

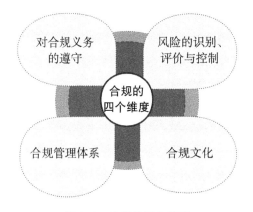

图1-1　合规的四个维度

第 2 问　为什么要合规？

一、概述

之所以要合规，缘由主要体现在以下五个方面：第一，合规能够厘清单位责任与个人责任；第二，合规能够帮助企业建立容错机制；第三，合规能够切实防控合规风险；第四，合规是管理体系，能够有力保障企业深化改革与高质量发展；第五，合规是合规文化，能够帮助企业打造金色"盾牌"。

二、依据

ISO 37301 引言部分指出，合规是实现组织成功和持续发展的基石和机会。《中央企业合规管理办法》第一条也明确指出为什么要合规：为深入贯彻习近平法治思想，落实全面依法治国战略部署，深化法治央企建设，推动中央企业加强合规管理，切实防控风险，有力保障深化改革与高质量发展。对于此，国务院国资委政策法规局负责人就《中央企业合规管理办法》答记者问进一步指出："中央企业认真落实有关要求，合规管理工作取得积极进展和明显成效，为企业改革发展提供了有力支撑保障。"

三、分析

第一，合规能使企业通过其所建立并逐步完善的合规管理体系厘清单位责任与个人责任。

案例：甲公司员工侵犯公民个人信息案①

2011 年至 2013 年 9 月，为了抢占市场份额推销公司产品，甲公司某地分公司数名员工通过拉关系、支付好处费等手段，多次从该地多家医院的医务人员手中非法获取公民个人信息。

在一审庭审质证的过程中，甲公司通过出示公司政策与指示、图文指引等证据，证实公司明确规定不允许员工以推销产品为目的，直接或间接地与目标受众或公众接触。不允许员工未经正当程序并未经公司批准而主动收集公民个人信息，并且从不为此向员工、医务人员提供资金。同时，甲公司通过培训、签署承诺函等方式确保员工知道公司的相关要求。

一审法院判决涉案员工均构成侵犯公民个人信息罪，各被告对此提起上诉，理由如下：自己的行为系公司行为；自己的行为都是公司下达的任务；自己的行为是按照公司要求做的；所获取的信息都是提供给公司的；等等。

二审法院经过不开庭审理后认为："单位犯罪是为本单位牟取非法利益之目的，在客观上实施了由本单位集体决定或者由负责人决定的行为。甲公司手册、员工行为规范等证据证实，甲公司禁止员工从事侵犯公民个人信息的违法犯罪行为，各上诉人违反公司管理规定，为提升个人业绩而实施的犯罪为个人行为。"据此，二审法院裁定驳回上诉，维持原判。

在此案中，由于公司将单位责任与员工个人责任进行了有效区分，从而避免了公司为员工的违法行为承担刑事责任。甲公司员工为兜售甲公司配方奶粉收购产妇、孕妇个人信息而触犯刑法；这些员工试图把责任推给甲公司，让公司承担刑事责任。法官当庭明确表示，这不是公司责任，因为公司识别了这些合规风险并采取了积极的风险管控措施来管控，因此公司不应当承担任何法律责任。

第二，合规能够帮助企业建立容错机制。

---

① 甘肃省兰州市中级人民法院（2017）甘 01 刑终 89 号刑事裁定书。

2023 年 1 月 9 日，习近平总书记在二十届中央纪委二次全会上发表重要讲话，强调要坚持严管和厚爱结合、激励和约束并重，坚持"三个区分开来"[①]，并以此强调要加快构建容错纠错机制，鼓励干部积极作为，敢于担当。当前，中央企业面临愈加严格的合规监管。国务院办公厅印发《关于建立国有企业违规经营投资责任追究制度的意见》，该文件对央企经营管理有关人员违反规定，未履行或未正确履行职责，在经营投资中造成国有资产损失或其他严重不良后果的，经调查核实和责任认定，将对相关责任人员进行处理。中央企业通过开展行之有效的合规管理，既可以规范企业的经营行为，也可以在出现投资经营失败时，向监管机构证明企业经营行为没有违法违规，监管机构可以对企业合规管理的有效性进行审查，有效区别一般性经营失败与违规经营投资造成的企业损失。当相关人员在遵守合规管理制度的前提下，进行一般性经营失败时，可以对企业相关负责人员进行一定程度的免责，而因违规经营投资带来损失时，可以对相关人员进行问责，从而鼓励中央企业干事创业。国资委推动中央企业强化合规管理，为中央企业建立容错纠错机制提供了重要的制度保障。[②]

第三，合规能够切实防控合规风险。

海恩法则是航空界关于飞行安全的法则。海恩法则指出，每一起造成严重损失的重大事故背后，必然有 29 次轻微事故和 300 起未遂先兆以及 1000 起事故隐患，为了避免重大事故的发生，企业必须事先做好排查工作，从而做到防微杜渐。海恩法则用合规语言来表达就是识别、评价与控制合规风险。具体而言，为了做好合规管理工作，我们要把企业所面临的风险以及引发风险的风险源——识别出来，并在相应的评价维度下进行评价，从而得出各个风险的风险值，最后按照风险值的大小把风险按轻重缓急进

---

① 参见《习近平在二十届中央纪委二次全会上发表重要讲话》，载中华人民共和国商务部网，http://www.mofcom.gov.cn/article/syxwfb/202301/20230103378344.shtml，最后访问日期 2023 年 10 月 7 日。

② 参见《〈中央企业合规管理指引〉发布的背景、目的与意义分析》，载光明网，https://www.gmw.cn/xueshu/2018-11/16/content_31981484.htm，最后访问日期 2023 年 10 月 7 日。

行排序并予以相应控制。合规风险的识别、评价与控制是一个企业就其自身所面临的合规风险做好合规管理工作的基本步骤。

第四，合规是管理体系，能够有力保障企业深化改革和高质量发展。

合规管理体系的重要性离不开承载这些体系的标准所起到的作用，标准是人类文明进步的成果，而合规管理体系标准同样如此。就合规管理体系而言，一个成功的、可持续发展的企业，一定有全员遵守的行为规范，行之有效的管理体系，德才兼备协同一体的管理团队，爱岗敬业、诚实守信的合格员工，长期积淀形成的企业文化，以及完善的检查、审计审核、绩效考核、纠错、改进机制和措施。这些规范、制度或措施，可以有效地保护企业，使企业行稳致远、健康发展。一群有能力、守规矩的人组成的团队，加上一套科学严谨的合规管理体系，可以增强企业的免疫力和自愈力，提升组织的信誉，增强第三方对组织的信心，规避或降低企业在运行中的各种风险。合规管理体系可以规范员工的行为与工作流程，减少管理层决策失误。优质的合规能够创造价值，保障发展。合规管理体系可由法律法规、部门规章、公司章程、内部文件、管理办法、命令、工作流程等具体表述。当合规管理升华为企业合规文化，成为企业精神上的传承和价值取向，潜移默化在每个员工的思想行动中时，那么即使将来企业内外部环境发生重大变化，该企业也会一如既往地按照合规管理体系要求建立顺畅的工作流程，工作制度继续向前良性发展，而不会发生"一着不慎，全盘皆输""一人倒下，大厦倾覆"的局面。合规管理体系的完善建立和有效使用，可以使管理者更加全面精准地识别合规义务，管控合规风险。从风险中发现机会，在机会中规避风险，提升发现机遇和驾驭风险的能力，可以使高层管理者脱离烦琐的具体事务，专注重大方针目标的实现。

第五，合规是合规文化，助力企业从"要我合规"变成"我要合规"。

让合规从"要我合规"变成"我要合规"，也就是让合规成为习惯、成为下意识的活动，如果一个公司习惯了不合规，并形成了不合规的文化，那么这个公司和/或它的员工会不受控制地做出不合规的自然反应——不合规的下意识便自然而然地接管了合规的下意识。当合规文化建设达到一定的程度，合规意识便会成为一个合规主体的下意识——组织或者公司的员工便会以廉洁为己任，变被动合规为主动合规。当一个组织或企业建设好合规文化的时候，合规就会成为一种自然习惯。

第3问　合规"合"的是什么"规"？

一、概述

合规"合"的"规"是指法律法规与监管规定、国际条约、规则行业准则等"外规"和公司章程、相关规章制度等"内规"。

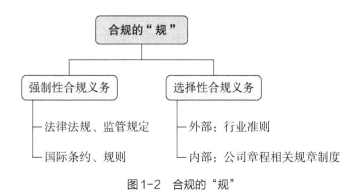

图1-2　合规的"规"

二、依据

《中央企业合规管理办法》第三条第一款规定："本办法所称合规，是指企业经营管理行为和员工履职行为符合国家法律法规、监管规定、行业准则和国际条约、规则，以及公司章程、相关规章制度等要求。"ISO 37301中，合规是对合规义务的遵守，合规义务既包括《中央企业合规管理办法》中的强制性合规义务，如"法律法规、监管规定""国际条约、规则"，也包括选择性适用的合规义务，如外部选择性适用的合规义务行业准则以及内部选择性适用的合规义务相关规章制度。

ISO 37301 第 4.5 条规定：组织应系统识别来源于组织活动、产品和服务的合规义务，并评估其对运行所产生的影响。

组织应建立过程以：

a）识别新增及变更的合规义务，确保持续合规；

b）评价已识别的变更的义务所产生的影响，并对合规义务管理实施必要的调整。组织应维护其合规义务的文件化信息。

三、分析

正如《中央企业合规管理办法》及 ISO 37301 所提及的那样，合规当中所"合"的"规"范围很广，既包括法律法规等"外规"，也包括规章制度等"内规"。对于前者，很多文章及图书都有所提及，我们在本书中不再赘述，在此重点阐述合规实务的一个核心工作要求：外规内化。

"外规内化"是指企业将外部法律法规等合规义务要求内化到自身的管理体系、业务流程和企业文化中来，并将其与企业的价值观及战略目标相结合。外规内化之所以如此重要，是因为其是企业与外部规范匹配的重要步骤，是企业主动合规的重要表现形式。企业做好外规内化，建立制度生命周期管理体系，是企业长足发展的重要保障。因此，实务中，外规内化是外部合规义务转变为内部合规义务的一个核心环节，缺少了这个环节，合规管理就会内外脱节。那么，如何做好外规内化也就成为合规管理的必修课。实务中，管理规范的企业几乎都会定期开展公司制度的"立改废"工作，并普遍通过公司的制度管理办法等明确公司何时开展以及如何开展制度制定、修改等问题，但通常侧重于内部流程，对于如何将外规及时、适当地转化成公司内部规定，往往规定得较为模糊，缺少系统化的机制。笔者结合相关工作经验，将主要工作步骤展示如下，以期对公司如何开展外规内化工作提供借鉴。

（一）什么是外规内化

把外部的法律法规及时转换成公司内部适用的管理规定，包括国家现行有效的法律法规、行政法规、部门规章、地方性法规、地方政府规章以及其他规范性文件；党内法规；行业准则及标准等。

（二）外规内化的原则

1. 准确及时：外规要准确、及时地予以识别、转换；识别、转换不能有遗漏、不能有延迟。

2. 适用务实：外规内化时，要与公司的业务紧密关联、与公司风险管控紧密关联、与公司的合规特点紧密关联。

3. 落地到位：外规内化应当嵌入企业内部流程、及时宣贯、落实到人。

（三）外规内化的流程

1. 识别

（1）外规合规义务分类

把外规合规义务按类分组，如原材料采购、销售等。

（2）识别职责的划分

把外规合规义务的识别落实到公司的相关部门（识别部门），如原材料采购外规合规义务落实到采购部门、销售外规合规义务落实到销售部门。对于识别职责有交叉的外规部分，由合规管理部门协同相关部门共同确定识别职责。

（3）识别路径和来源

识别部门要进一步识别出本部门所负责识别的合规义务的路径和来源（如××网站），并建立动态关注机制。识别部门应安排专人每个工作日按时关注资讯，第一时间了解外规的变化情况，并定期在部门内部进行汇总、学习、交流，同步将外规变化情况通报至××合规管理部门。

2. 上报

识别部门上报新的外规合规义务到合规管理部门；合规管理部门指导下述的分解流程。

3. 分解

由识别部门分解风险、风险源、风险场景、控制措施，责任人报合规管理部门审阅、核实、定稿。

针对外规合规义务 / 风险，识别部门要选择已有控制措施、完善已有控制措施、设计新的控制措施，并识别责任人。

4. 落实

合规管理部门负责落实前述流程。

5. 审计

审计部门根据本制度审计外规内化是否落实。

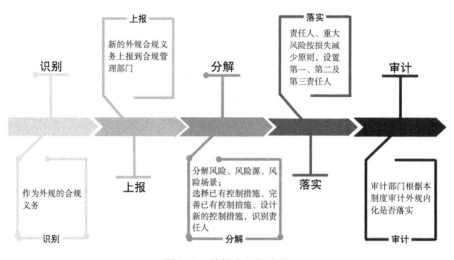

图 1-3　外规内化的流程

第 4 问　合规管理 "管" 什么?

一、概述

合规管理管的是企业经营管理行为和员工履职行为，目的是有效防控合规风险。

二、依据

对于管理合规风险，我们需要明晰以下两个概念:

第一，合规管理是什么: 根据《中央企业合规管理办法》第三条第三款规定: "本办法所称合规管理，是指企业以有效防控合规风险为目的，以提升依法合规经营管理水平为导向，以企业经营管理行为和员工履职行为为对象，开展的包括建立合规制度、完善运行机制、培育合规文化、强化监督问责等有组织、有计划的管理活动。" ISO 37301 关于合规管理的定义为 "以有效防控合规风险为目的，以提升依法合规经营管理水平为导向，以企业和员工经营管理行为为对象，开展的有组织、有计划的管理活动。例如，合规制度制定、合规审查、合规培训、风险识别、风险应对、责任追究、考核评价、持续改进等"。

第二，合规风险是什么: 风险包括 "企业风险"，其在《中央企业全面风险管理指引》中被定义为: "未来的不确定性对企业实现其经营目标的影响"①,而企业风险又被区分为战略风险、财务风险、市场风险、运营风险、法律风险等。以能否为企业带来盈利等机会为标志，风险可以分为纯粹风险（只有带来损失一种可能性）和机会风险（带来损失和盈利的可能性并存）②。

在 ISO 31000：2018《风险管理指南》（以下简称 ISO 31000）中，"风险"被定义为"不确定性对目标的影响"。③ ISO 37301 的核心是对"合规风险"进行管控；"合规风险"在 ISO 37301 中被定义为："因未遵守组织合规义务而发生不合规的可能性及其后果"④，但 ISO 37301 对于风险的定义与《企业风险管理——整合框架（2017）》对风险的定义一致："风险"是不确定性对目标的影响。⑤

"企业风险管理"在《企业风险管理——整合框架（2017）》中被定义为："组织在创造、保持和实现价值的过程中，结合战略制定和执行，赖以进行管理风险的文化、能力和实践。"⑥ "风险管理"在 ISO 31000 中被定义为："指导和控制组织风险的协调活动。"⑦

合规风险是指不遵守组织合规义务造成的不合规可能性和后果，即《中央企业合规管理办法》所说的"法律责任、造成经济或者声誉损失以及其他负面影响"。⑧

---

① 《中央企业全面风险管理指引》第三条。

② 《中央企业全面风险管理指引》第三条。

③ ISO 31000 与 ISO 37301 对于风险都是如此定义。ISO 37301：2021《合规管理体系 要求及使用指南》第 3.7 条。

④ ISO 37301：2021《合规管理体系 要求及使用指南》第 3.24 条。

⑤ ISO 31000 与 ISO 37301 对于风险都是如此定义。ISO 37301：2021《合规管理体系 要求及使用指南》第 3.7 条。

⑥ 关于企业风险管理的定义变化最为彻底，直接抛弃了第一版的定义，将风险管理工作直接从"一个流程或程序"提升到"一种文化、能力和实践"，用于实现组织创造、保持和实现价值，但其也从定义上模糊了风险管理和内部控制的关系。

⑦ ISO 31000：2018《风险管理指南》第 3.2 条。

⑧ 《中央企业合规管理办法》第三条第二款规定。

三、分析

合规风险主要由固有风险和剩余风险两部分构成。固有风险是指不考虑风险管控措施或假设管控措施失效的情况下，内部因素和客观环境影响目标实现出现偏差的可能性。识别和评估固有风险可以掌握组织各领域及各部门在风险管理方面的重要程度，便于合理配置风险管理资源。剩余风险是指组织采取相应的风险控制和管理技术以后，仍未达到组织可接受标准的风险。识别和评估剩余风险可以评价风险管理绩效，据以确定下一轮风险管理的改进方案，并配置相应的风险管理资源。

四、实务操作

在合规实务工作中，管理风险最基础的工作之一是制作合规风险清单，又被称为合规风险库。根据企业不同类型与不同的核心业务，企业的风险库也各有不同。即企业应当围绕其业务及业务模式，识别相应的合规风险，并制作相应的合规风险清单。具体而言，合规风险库按照风险分类制作，同一类风险库中一般需要包含表1-1所示的元素：

表 1-1　风险库元素

风险识别区				合规风险描述（强制性禁止性合规义务）	合规义务来源	违规后果	风险评价						责任部门	控制性措施索引（填入公司相应制度名称即可）
合规风险一级分类	合规风险二级分类	风险源——部门/人员	风险源——环节				A：风险发生可能性	B：后果严重程度	A*B：固有风险值	C：引发风险的频率	B*C：剩余风险值			

在制作风险库时企业需要根据不同企业及其业务类型识别出不同种类、不同性质的合规风险。例如：以B2B（Business to Business）业务为

主的企业，最常见的风险之一为商业贿赂风险，而以 B2C（Business to Consumer）业务为主的企业，其最常见的风险之一往往是侵犯消费者权益，如侵犯用户个人信息等。因此，不同类型的企业要根据其业务特点识别出不同类型的风险，并制作风险清单。

制作合规风险库、区分合规风险的方法有很多，根据合规义务来源，合规风险往往可以按照如下方法分类。[①]

（一）违反国家法律法规规定的风险

包括但不限于违反法律法规风险、生产安全风险、劳动人事风险、环境风险、数据风险等。

以环境风险为例，企业生产经营过程中的环境不合规导致的风险包括与环境相关的法律风险和市场风险两类，环境合规的法律风险包括环境行政法律风险、环境民事法律风险以及环境刑事法律风险。其中，环境行政法律风险是指企业因违反环境行政法律规范所应承担的行政处罚、行政强制等法律风险；环境民事法律风险是指企业因污染环境、破坏生态造成损害所应承担的人身、财产损害赔偿、生态修复以及生态环境赔偿等法律风险；环境刑事法律风险是指企业因违反刑法关于环境资源保护方面的规定而应承担的刑事法律责任风险。

（二）违反公司章程等规章制度的风险

包括但不限于战略风险、财务风险、市场风险、运营风险、商业秘密风险等。

---

① ISO 37301:2021《合规管理体系　要求及使用指南》中对企业必须遵守的要求以及企业自愿选择遵守的要求定义为合规义务，有合规义务的地方，就可能对应存在合规风险，根据合规义务的内容不同，可以将合规风险分成三大类：

国家法律法规规定的风险，包括但不限于违反法律法规风险、生产安全风险、劳动人事风险、环境风险、数据风险等。

企业规范要求的风险，包括但不限于战略风险、财务风险、市场风险、运营风险、商业秘密风险等。

道德规范要求的风险，包括但不限于不道德欺诈风险、舞弊风险、风俗信仰文化冲突风险、违背企业核心价值观风险等。

仍然以环境合规为例，环境合规所包含的市场风险是指因企业不合规行为给企业带来的市场经济损失等。为适应当今生态环境保护以及绿色低碳发展的现实需要，世界各国市场也呈现出"绿化"倾向，绿色产品、绿色投资受到追捧，企业的环境合规状况借助环境信息公开而对企业的投融资以及产品销售等产生直接影响。例如，环境合规经营的企业更容易受到资本市场的青睐，近年来兴起的ESG①投资即一例。

（三）违反行业准则、合规承诺的风险

包括但不限于不道德欺诈风险、舞弊风险、风俗信仰文化冲突风险、违背企业核心价值观风险等。

比如，舞弊风险的防范，由于舞弊有很强的隐蔽性，从舞弊发生到被揭发有一段时间差，舞弊还未被揭发之前企业就已蒙受损失。因此，企业要尽量通过健全的公司文化来有效杜绝员工的舞弊机会，使员工不能舞弊且不想舞弊。舞弊防范必须是从上至下的，廉正文化必须由企业一把手、治理层从战略高度设立才有效果，只有这样才能持续长青。企业需把廉正、道德行为设定为战略目标、企业文化，把合规设为不可触碰的底线，任何违反廉正道德准则的行为将会被严惩。企业内的制度、流程、系统、培训都应该根据廉正战略目标延伸建设，同时企业治理层和管理层也必须以身作则，在业务上应该避免高风险行业或地区，在确定企业发展方向时也要考虑合规的战略目标。企业内的沟通也应该经常强调廉正道德行为，从而巩固廉正文化。

（四）遭受国际组织处罚的风险

国际制裁通常包括将他国银行列入资产冻结（SDN）、代理行账户禁止（CAPTA）、融资禁止（NS-MBS）等名单。②中国企业为了避免这类制裁，应首先注意合规风险。如果企业在开展跨境交易过程中，与被制裁人员

---

① 环境、社会和公司治理，Environmental, Social and Governance，ESG。

② 参见《扎实推进新时代国有企业廉洁文化建设》，载人民网，http://fanfu.people.com.cn/n1/2022/1121/ c64371-32570437.html，最后访问日期2023年10月7日。

发生商业往来，违反制裁法律法规，就可能被处以巨额民事罚款，甚至承担刑事责任。如果企业和某些特定国家或被制裁人员开展重大商业往来，严重时也可能被牵连，一并列入制裁名单，面临被国际经济金融体系相关组织除名的风险。

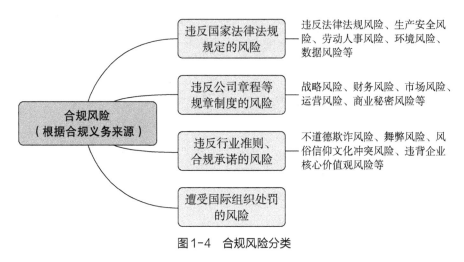

图1-4　合规风险分类

第 5 问 如何设定合规目标?

一、概述

合规目标既有战略层面的,也有战术层面的。战略层面的目标或者说总目标主要是建立一个适宜、充分、有效的合规管理体系,管理好合规风险。

在企业总目标下,各部门应根据各自的业务特点和所识别的合规风险制定适合本部门的合规分目标或者说战术层面上的目标,充分发挥目标的导向作用,逐步实现合规管理与业务的有效融合。

二、依据

就合规义务的设定,ISO 37301 第 6.2 条提供了具体规定:组织应在相关职能和层级上建立合规目标。

合规目标应:(1)与合规方针一致;(2)可测量(如果可行);(3)体现适用的需求;(4)予以监视;(5)予以沟通;(6)视情况予以更新;(7)作为文件化信息可获取。

策划如何实现合规目标时,组织应确定:(1)要做什么;(2)需要什么资源;(3)由谁负责;(4)何时完成;(5)如何评价结果。

三、实务

ISO 37301 对合规目标的设定要求包括：（1）要做什么；（2）需要什么资源；（3）由谁负责；（4）何时完成；（5）如何评价结果。实务中，企业对合规目标的设置往往根据自身的状况进行相应的调整，如表 1-2 所示，该企业为其部门合规管理目标设定了指标并提供了指标计算方法：

表 1-2 部门合规管理目标、指标、指标计算方法

部门合规管理目标	指标	指标计算方法	备注
因本部门造成的行政处罚次数	0 次	以行政处罚罚单进行计算	各部门
本部门高合规风险处置率	100%	本部门实际进行处置的高风险数 / 识别到的高风险数 ×100%	各部门
本部门应参加的合规培训参与率	100%	本部门实际参加的合规培训次数 / 应参加的合规培训次数 ×100%	各部门
合规事件响应率	100%	响应的合规事件数 / 反馈的合规事件数 ×100%	法务与合规部
法律诉讼响应率	100%	响应的诉讼事件数 / 反馈的诉讼事件数 ×100%	法务与合规部
数据 / 信息安全事件响应率	100%	响应的信息安全事件数 / 反馈的信息安全事件数 × 100%	法务与合规部 大数据与智慧化部
组织合规义务识别次数	≥1 次 / 年	以实际组织的次数进行计算	法务与合规部
组织合规培训、合规承诺、廉洁诚信教育次数	≥1 次 / 半年	以实际组织的次数进行计算	法务与合规部
组织公司涉及产业、区域、行业政策识别更新	≥1 次 / 年	以实际组织的次数进行计算	法务与合规部

部门合规管理目标	指标	指标计算方法	备注
组织合规内审次数	≥1次/年	以实际组织的次数进行计算	运营改善部
组织合规管理评审次数	≥1次/年	以实际组织的次数进行计算	运营改善部
信息披露合规性	0次	信息披露违规次数	董事会秘书室
内部文件管理	100%	涉密文件受控比例	办公室
竞业限制合规管理	100%	关键技术岗位新员工竞业限制情况排查率	人力资源部
费用报销合规培训	1次/年	对公司各部门员工提供报销合规要求培训	经营财务部 财务服务中心
预算管理	×%	公司年度预算偏差率限制	经营财务部
参股公司高风险事件响应率/响应时间	100%/5个工作日内	股权投资的参股公司发生重大风险，及时掌握信息并响应	资本运营部
固定资产建设项目合规性	100%	根据固定资产投资管理要求履行项目报审	投资管理部
固定资产建设项目合规性	0%	施工管理无重大安全生产责任事故	投资管理部
网络安全重大漏洞完善率	100%	网络安全重大风险控制情况	大数据与智慧化部
合规文化建设	是	将合规文化融入企业文化品牌内容	企业文化部 工会
触发审计条件时对所属公司负责人进行任期或定期经济责任审计	100%	满足审计条件时，开展审计次数/应当审计次数×100%	审计部
审计问题整改率	100%	审计发现问题整改情况	审计部
监督问题整改率	100%	监督发现问题整改情况	纪检监督部
关联交易控制	及时预警并响应	采购关联交易比例预警信号响应情况	运行中心（安全监督部）

部门合规管理目标	指标	指标计算方法	备注
安全环保合规管理	0	未发生股份公司因安全环保事故被处罚情况	运行中心（安全监督部） 安全保卫部 能源环保部
采购合规	100%	供应链合规承诺情况	原料采购中心 设备资材采购中心
到期债权处置率	100%	监督子公司回款情况	营销中心（××国际）
商业伙伴合规尽调率	100%	对新增客户合规评估情况	营销中心（××国际）
知识产权合规	100%	专利立项检索分析完成情况	规划与科技部
知识产权合规	0	因侵犯他人知识产权引发争议情况	中央研究院（技术中心）
产品异议响应情况	100%	产品质量问题解决率	制造管理部（检化验中心）
应急响应	×天/时	生产安全环保事件汇报响应时效	设备部 安全保卫部 能源环保部 炼铁厂 炼钢厂 热轧厂 冷轧厂
服务供应商管理	100%	供应商履约后评价完成情况	运输部

第6问　常见的合规风险有哪些？

一、概述

企业的业务及业务模式决定了其所适用的法律法规及其他合规义务，并决定了其所面临的固有合规风险。所以，一个企业的业务及业务模式的不同，导致了其所面临的合规风险有所不同。虽然如此，企业之间还是有一些常见的合规风险，如垄断风险、商业贿赂风险、生态环保风险、安全生产风险、劳动用工风险、税务管理风险、数据保护风险等。

二、依据

根据《中央企业合规管理办法》第十八条规定，中央企业应当针对反垄断、反商业贿赂、生态环保、安全生产、劳动用工、税务管理、数据保护等重点领域，以及合规风险较高的业务，制定合规管理具体制度或者专项指南。中央企业应当针对涉外业务重要领域，根据所在国家（地区）法律法规等，结合实际制定专项合规管理制度。

三、实务

实务中会针对上述不同风险领域制作合规风险库，以下内容为某公司合规风险库的编制说明：

（一）合规风险识别方法

在某公司合规风险库制作的过程中，主要通过梳理强制性禁止性合规义务识别合规风险，因此，本风险库中的风险均是违反法律底线、红线的行为，都有相应的法律责任。合规风险库对合规风险的评价采取复合型标准，并非只要有刑事或者行政处罚责任就认定为高风险。公司的合规风险源于其须遵守的合规义务，而合规义务又分为强制性合规义务和选择性合规义务，前者是企业必须遵守的要求，做不到或者违反了将会承担法律责任；后者则是企业自愿选择遵守的要求，如公司对外做出的承诺等。在实务中，合规义务又分为禁止性合规义务和控制性合规义务，前者是"合规红线"，明确了企业不能做、禁止做的行为；后者一般不是硬性规定，且不能够穷尽。实务中，我们通常会结合合规标准和实务，梳理出禁止性合规义务，进而明确企业的重大合规风险，这也是合规风险库的编制思路。

（二）关于风险库评价指标的说明

风险源，实践中也被称为"风险点"，是指公司内部可能引发合规风险的各种因素，包括但不限于可以直接导致风险发生的部门、人员或相关环节。引发某个合规风险的风险源可能涉及一个或者多个部门或岗位，在本清单中，为了突出清单的适用性，风险源仅选择了负责该业务领域或在相关业务领域工作量较大的部门。本风险库中的风险源排名不分先后。

1.关于"风险发生可能性"：该风险在没有任何管控的情况下，发生的可能性。1 或 2 代表可能性低；3 或 4 代表可能性中等；5 或 6 代表可能性最大。

参考衡量标准包括但不限于以下内容：政府执法严厉程度；同行业发生类似案件的频率。

2.关于"后果严重程度"：1 或 2 代表后果严重程度小，不会触发刑事责任、经济损失低于预先设定的阈值，给组织造成的名誉损失较低等；3 或 4 代表后果严重程度中等；5 或 6 代表后果严重程度最大，会触发刑事责任、经济损失高于预先设定的阈值，给公司造成的名誉损失较大等。

参考衡量标准包括但不限于以下内容：是否会承担刑事责任；经济损失大、中、小的阈值分别是什么；给公司造成名誉损失的可能性大小。

3.关于"风险源引发风险的频率":该风险在本公司发生的概率。按照1—6系数的标准来衡量:1或2代表风险源频率低;3或4代表风险源频率中等;5或6代表风险源频率最高。

除考虑该部门/岗位及人员的职权责、能力外,还可综合考虑业务发生的频率,衡量标准参考如下:

每年或每季度发生一次到两次业务活动甚至更少的,为低频;

每月发生一次到两次业务活动的,为中频;

每月发生三次及以上业务活动的,为高频。

公司是否制定完善的内控制度并严格实施该制度。

4.关于"风险值":风险值=风险源频率 × 风险严重程度系数 × 风险可能性系数。按照1—216的标准取值范围来衡量:1—8代表低风险;9—124代表中风险;125—216代表高风险。

5.管理部门:该风险在某公司的归口管理部。

四、分析

实务中,企业专项合规建设主要集中在反腐败合规、反垄断合规、数据合规、安全合规、环保合规、采购合规六大专项合规风险领域。

图1-5 企业专项合规建设领域

（一）反腐败合规

ISO 37001《反贿赂管理体系 要求及使用指南》第 3.1 条对"贿赂"的定义为：在任何地点，违反适用法律直接或间接地提供、承诺、给予、接受或索取任何价值的不当好处，以引诱或奖励个人利用职务之便的作为或不作为。我国 2019 年修订的《反不正当竞争法》第七条也明确了"商业贿赂"的概念：为了谋取交易机会或者竞争优势等，给予交易相对方员工、受交易相对方委托办理相关事务的单位或个人以及可能利用影响力影响交易的单位或个人财物或者其他经济利益的行为。因此，商业贿赂行为的本质是职务权力或影响力与经济利益或其他好处的交换行为，该行为侵害了企业员工职务行为的廉洁性，并进一步破坏了市场竞争的秩序。

（二）反垄断合规

随着经济全球化背景下跨国公司的发展，反垄断监管愈加被各主流经济体重视，各国反垄断法规制的垄断行为类别也愈加趋同，集中于垄断协议、滥用市场支配地位与经营者集中的行为。其中对垄断协议的规制又具体分为对竞争经营者间达成的横向垄断协议的规制，以及对交易相对方间达成的纵向垄断协议的规制。横向垄断协议，是指与具有竞争关系的经营者达成的固定或者变更商品价格、限制商品的生产数量或者销售数量、分割销售市场或者原材料采购市场、限制购买新技术、新设备或者限制开发新技术、新产品与联合抵制交易等协议。纵向垄断协议是指与交易相对人达成的，固定向第三人转售商品的价格或限定向第三人转售商品的最低价格的协议。滥用市场支配地位是指经营者在相关市场内具有能够控制商品价格、数量或者其他交易条件，或者能够阻碍、影响其他经营者进入相关市场能力的市场地位。经营者集中是指经营者为了达到一定的经济目的，通过一定的手段和方式使不同的经营者进行结合或者控制其他经营者，给其他经营者施加决定性影响，从而掌握某一方面的经营控制权的行为。

（三）数据合规

"数据"是任何以电子或者其他方式对信息的记录，处理各种形式的信息记录都受到《数据安全法》系列规范群约束。广义的数据合规工作涵盖网络安全、数据安全、个人信息以及隐私保护三个方面的内容。围绕这三个方面，数据合规工作又包括网络运行安全、核心数据及重要数据管理、个人信息安全与隐私保护、商业数据合规应用等具体内容。从数据处理的环节来看，数据合规涉及数据收集、使用、共享、传输、披露、存储、删除等通用场景下的合规工作，以及第三方数据处理、数据出境及境外数据处理等特定场景下的合规工作。

（四）安全合规

"安全生产"是指企业通过设定安全目标，建立完整的安全管理体系，有效推动制度及管理措施的落实，从而实现"人—设备"有序运行，避免产生危险因素，保护劳动者、企业及第三方的生命及财产的活动与必要措施。"安全生产合规"是指企业及其员工在生产经营过程中通过履行我国安全生产监管法律法规、技术标准、政策文件、企业内部安全管理制度、安全管理协议以及国际条约、规则等全部义务，以实现企业有效防控生产安全事故及行政处罚发生，减少经济损失与声誉损失的目标。GB/T 33000–2016《企业安全生产标准化基本规范》对企业安全生产标准化的定义为：企业通过落实安全生产主体责任，全员全过程参与，建立并保持安全生产管理体系，全面管控生产经营活动各环节的安全生产与职业卫生工作，实现安全健康管理系统化、岗位操作行为规范化、设备设施本质安全化、作业环境器具定置化，并持续改进。

（五）环保合规

环境合规风险是对企业因环境不合规行为，引发法律责任、受到相关处罚、造成经济或声誉损失以及其他负面影响的可能性。就环境合规义务而言，环境合规要求还可以进一步细分为强制型环境合规要求与经济激励型环境合规要求。前者基本模式是政府通过法律法规为企业设定环境要求，强制企业遵守，否则企业就要承担相应的环境法律责任。后者是对符合法定条件的企业给予一定的经济激励，以促使企业更好地改善其环境绩效。

（六）采购合规

根据财政部、中国证券监督管理委员会、审计署、中国银行业监督管理委员会（已撤销）、中国保险监督管理委员会（已撤销）发布的《企业内部控制应用指引第7号——采购业务》第二条规定，采购是指企业购买物资（或接受劳务）及支付款项等相关活动。其中物资主要包括企业的原材料、商品、工程物资、固定资产等。常见的采购方式主要有：集中采购、招标采购、谈判采购、询比采购、竞价采购、直接采购、协议采购。采购风险是指采购过程中出现的某些事故或意外事件导致采购行为出现一定可能性的特定危险，采购流程是企业运营中风险较为高发的环节。在分类上，按照风险驱动因素划分，采购风险可以划分为内部风险和外部风险。内部风险包括人为风险和管理风险等，外部风险包括意外风险、政策风险、供应商风险等；按照采购环节划分，常见的采购风险可划分为业务风险和管理风险；按照专项合规角度划分，常见的采购风险可划分为商业贿赂风险、知识产权风险以及税务违法风险等。

第7问 合规管理为什么要坚持党的领导？

一、概述

"党建引领合规，合规护企发展"，把党建引领作为提升合规管理的关键，已经成为合规管理体系建设的必由之路。同时，越来越多的企业党员干部在合规管理体系建设实务中开始结合当前监管形势并就合规工作的提升提出改进建议、发展思路及下一步工作计划。围绕"党建促合规发展"的目标，结合自身岗位合规管理职责，深入研究探讨如何进一步强化党建与业务融合，提升合规工作质效。

二、依据

根据《中央企业合规管理办法》第五条第一项规定：坚持党的领导原则。充分发挥企业党委（党组）领导作用，落实全面依法治国战略部署有关要求，把党的领导贯穿合规管理的全过程。坚持和加强党的领导，把加强党的领导和合规管理协调统一起来，把党的领导落实到合规管理的各个环节，是全面建设中国特色的合规管理制度，完善中央企业或国有企业"治理能力和治理水平现代化"的本质要求。

三、分析

（一）全面建设社会主义现代化国家，全面推进中华民族伟大复兴，关键在党

中国共产党的领导地位是历史和人民的选择。中国历史证明：只有中国共产党能够引领中国历史发展的正确方向，完成民族复兴的历史使命。正如习近平总书记指出："时代是出卷人，我们是答卷人，人民是阅卷人。""在过去一百年，中国共产党向人民、向历史交出了一份优异的答卷。"[①]中国历史最终义无反顾地选择了中国共产党作为领路人，这就是历史的选择。党的领导地位的形成不仅是历史的选择，也是人民的选择。中国人民选择中国共产党作为领导党，根本原因是中国共产党从成立以后，就把为人民谋幸福、为民族谋复兴、为国家谋富强当作自己的初心和使命。

中国共产党的领导是全面深化改革和国家治理现代化的重要保障。党的二十大报告明确指出："中国式现代化，是中国共产党领导的社会主义现代化。"党的领导直接关系中国式现代化的根本方向、前途命运和最终成败。党的领导决定了中国式现代化的根本性质。

中国共产党的领导是实现中华民族伟大复兴的需要。党的二十大报告指出："全面建设社会主义现代化国家、全面推进中华民族伟大复兴，关键在党。"从石库门到天安门，从兴业路到复兴路，100 年来，中国共产党团结带领人民，从民族危亡中奋起，中华民族迎来了从站起来、富起来到强起来的伟大飞跃，引领中华民族伟大复兴进入了不可逆转的历史进程。历史已经证明并将继续证明，中国共产党的领导是实现中华民族伟大复兴的根本保证，只有坚持中国共产党的坚强领导，中华民族才能迎来伟大复兴的光明前景。

---

① 《时代是出卷人，我们是答卷人，人民是阅卷人》，载人民网，http://opinion.people.com.cn/n1/2022/0330/ c1003-32387325.html，最后访问日期 2023 年 10 月 7 日。

（二）"党建入章"是应有之义

截至 2022 年 6 月由党中央制定的现行有效的党内法规有 221 部，中央纪委以及党中央有关部门制定的党内法规有 170 部。自党的十八大以来，共制定、修订中央党内法规 156 部，① 这些在很大程度上也成为央企、国企的合规义务。

根据《中央企业合规管理办法》所描述的"合规"：是指企业经营管理行为和员工履职行为符合国家法律法规、监管规定、行业准则和国际条约、规则，以及公司章程、相关规章制度等要求。所以部分企业在合规体系建设过程中，常常口语化地注重"外规转化为内规"、机械地理解党规党纪宣传贯彻落实是企业党建部门的职责，而忽视了"外规转化为内规""党规转化为企业内规""多体系融合"才是合规体系建设的题中之义。

党纪党规与合规管理制度融合的具体做法：

（1）新立规章制度

企业应根据市场变化及业务发展需求，按照党规党纪要求，强化合规管理的新要求，切合实际新立规章制度，构建规范的决策机制、"不敢腐、不能腐、不想腐"的工作机制、防范利益冲突机制，明晰规范党委（党组）前置研究讨论重大经营管理事项的职责范围要求和程序，明确党委（党组）在董事会授权决策和总经理办公会决策中发挥作用的方式，强化党委（党组）在执行、监督环节的责任担当。制定诸如《"三重一大"决策程序》《关于严禁工作人员收受礼金礼品管理办法》《防范利益冲突管理办法》《董（监）事外派管理办法》等制度。

（2）补充原有制度

合规管理的对象是"企业经营管理行为和员工履职行为"，在合规管理体系建设中，有必要把《中国共产党廉洁自律准则》（2016 年 1 月 1 日

---

① 《充分发挥依规治党的政治保障作用——以习近平同志为核心的党中央加强党内法规制度建设纪实》，载中央人民政府网，https://www.gov.cn/xinwen/2022-06-26/content_5697788.htm，最后访问日期 2023 年 10 月 7 日。

起施行）、《中国共产党党内监督条例》（2016 年 10 月 27 日起施行）、《中国共产党巡视工作条例》（2017 年 7 月 10 日施行）、《中国共产党纪律处分条例》（2018 年 10 月 1 日起施行）、《中国共产党问责条例》（2019 年 9 月 1 日起施行）、《中国共产党纪律检查机关监督执纪工作规则》（2019 年 1 月 1 日起施行）、开展政治巡察工作及上级党委"三重一大"决策的相关规定，补充进企业相关的规章制度中，进而完善企业的决策程序、授权管理、合同管理、采购管理、招投标管理、财务报销管理、外协（外委）管理等方面的规章制度。

（3）协调融合

党规党纪与合规管理制度的融合，并非简单的条款等要求的叠加。企业在协调融合时，应将党规党纪与合规管理的相关核心要求、方法相结合，充分利用现有的组织结构、职责分工、流程、信息化等成果，制定一体化融合的实施设计。在融合设计中，应尽量避免相关要素的重复，避免职责交叉、管理低效、管控不利等风险。

在开展党规党纪与合规管理制度融合工作时，可首先识别所需融合的标准与规则，然后以融合后的要求为基准开展评价、对标梳理，从而形成统一的治理要求和制度文件，并确保其嵌入组织管理职责、制度及内部业务过程。①

（三）党组织在公司治理结构中的领导作用

《中央企业合规管理办法》明确规定中央企业在实施合规管理工作时，应当遵循"坚持党的领导"原则，"充分发挥企业党委（党组）领导作用，落实全面依法治国战略部署有关要求，把党的领导贯穿合规管理全过程"。在"组织和职责"第七条第二款中规定："中央企业应当严格遵守党内法规制度，企业党建工作机构在党委（党组）领导下，按照有关规定履行相应

---

① 《充分发挥依规治党的政治保障作用——以习近平同志为核心的党中央加强党内法规制度建设纪实》，载中央人民政府网，https://www.gov.cn/xinwen/2022-06-26/content_5697788.htm，最后访问日期 2023 年 10 月 7 日。

职责，推动相关党内法规制度有效贯彻落实。"

由此，中央企业或者国有企业应当在合规体系建设时，认真落实《中央企业合规管理办法》中"坚持党的领导"的原则要求，发挥党委"把方向、管大局、保落实"的领导作用，切实把党的领导贯穿合规管理全过程；"把加强党的领导和完善公司治理统一起来，把党的领导落实到公司治理各环节包括落实到基层企业"；坚持将党纪党规"务实高效"地全面覆盖，将相关要求嵌入经营管理各环节、各领域，贯穿决策、执行、监督全过程，落实到各部门、各单位和全体员工，实现多方联动、上下贯通；应当严格遵守党内法规制度，企业党建工作机构在党委领导下，应当明确党员干部和部门的职责，并按照有关规定切实履行相应职责，严格落实其合规责任，推动相关党内法规制度有效贯彻落实，对违规行为严肃问责，进而推动合规要求在本企业得到严格遵循和落实，不断提升依法合规经营管理水平。

（四）企业文化中融入党规党纪要求

"党规转化为企业内规""多体系融合"就是党规党纪的严肃性、行政规章制度的行政约束力相结合，进一步完善党委全面领导、"三道防线"各司其职、合规牵头部门职能监督、党员群众民主监督的"大监督"体系，形成多维发力、效能叠加，切实提升合规管理的能力水平。

党规党纪与规章制度的融合，融合落实机制，在责任考核上再下严功夫，建立"一岗双责"配套完善考核体系，能在规章制度的执行有力上再下实功夫，能强化全体员工合规管理素质能力提升的复合性，各环节形成闭环，使合规管理体系整体有力有效，推动合规文化工作做得更实，合规管理取得更大成效。

第8问 为什么说合规管理是个系统工程?

一、概述

有效的合规管理包含很多要素，如目标、原则、策划、执行、检查、持续改进、组织及其环境等。

二、依据

根据《中央企业合规管理办法》第五条第二项规定，坚持全面覆盖原则，将合规要求嵌入经营管理各领域各环节，贯穿决策、执行、监督全过程，落实到各部门、各单位和全体员工，实现多方联动、上下贯通。根据 ISO 37301 引言的合规管理体系图可知，有效的合规管理必须包含以下要件（见图 1-6）。

三、分析

（一）嵌入经营管理各领域各环节

一个组织有可能涉及的合规风险遍布多个领域，据不完全列举，包括以下风险：资格资质风险、企业治理风险、税务风险、财务风险、内外部审计风险、劳动用工风险、安全生产风险、产品质量风险、仓储物流风险、采购风险、直接销售风险、渠道销售风险、消费者权益保护风险、进出口

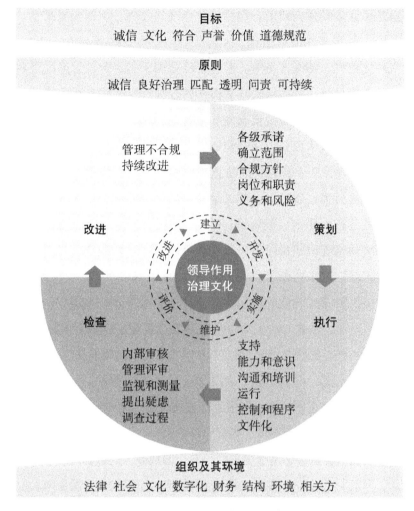

目标
诚信 文化 符合 声誉 价值 道德规范

原则
诚信 良好治理 匹配 透明 问责 可持续

管理不合规
持续改进

各级承诺
确立范围
合规方针
岗位和职责
义务和风险

改进　　　　建立　　　　策划

改进　开发

领导作用
治理文化

评价　实施

检查　　　维护　　　执行

内部审核
管理评审
监视和测量
提出疑虑
调查过程

支持
能力和意识
沟通和培训
运行
控制和程序
文件化

组织及其环境
法律 社会 文化 数字化 财务 结构 环境 相关方

图1-6　合规管理体系要件①

风险、贸易禁运风险、慈善活动风险、基础设施建设风险、信息安全风险、知识产权风险、竞争风险、环境和资源风险、腐败风险、欺诈风险、内控风险、特别要求风险等。

（二）贯穿决策、执行、监督全过程

合规管理体系是一个过程性、程序性、具有可操作性的系统。合规管

---

① 此图来自 ISO 37301。

理体系是由许多要件构成的，包括确立合规的目标、识别合规义务、评估合规风险、制定合规应对措施、实施控制和程序、绩效评价、合规报告、合规文件化信息、持续改进等。有些要件要用于满足合规管理的预期，实现预期的合规目标，譬如检验检测机构的合规目标是将本企业建成符合国际检验检测认证理事会合规要求的一流企业，那么国际检验检测认证理事会的合规守则就成为该企业需要遵守的合规义务，合规义务即涉及事前合规管理；而有些要件要被设计为防止非预期行为，以采取行动预防、发现和应对不合规行为，以控制合规风险，譬如风险评估、合规审查、合规报告等，这些过程为事中合规管理；有些要件仅用于监视组织的合规绩效或在发生不合规情况时提出警告，以推动合规管理体系的持续改进，譬如举报和调查机制，这些是事后合规管理。

对于组织来说，不同业务活动的合规风险等级不同，合规控制措施介入的时机也会不同。事前、事中、事后控制措施已经有了许多不同的表现形式。事前控制措施有岗位职责分拆、设定风险预警阈值、设定业务管理控制目标、场景投入监控设施、业务过程透明化措施、工作事项分解、制定利益分配资源调配程序和分解工作标准、制定工作方式方法、制定利益管理活动细则、制定利益冲突报告与回避制度、签订廉洁承诺书、教育、采取物理隔离技术等。事中控制措施有增加专业性复核环节、增加嵌入式监督环节、不定期突击审计、不定期飞行监督检查、定期强制轮岗、定期控制目标考核、定期在特定范围公示、公开、收集意见等。事后控制措施有实施离岗责任审计、定期专项审计、建立违规问责标准、畅通举报渠道等。

（三）落实到各部门、各单位和全体员工

相关方的需求和期望分析是识别和确定可能影响合规管理体系、受合规管理体系影响或自认为受合规管理体系影响的人或组织，并对他们的需求和期望确立理解的过程，是组织充分识别合规义务、合规风险和明确合规管理体系范围的保障。组织应该确定合规管理体系的各相关方；这一相关方的有关需求；哪些需求将通过合规管理体系予以解决。相关方的范围是非常广泛的：一部分为外部相关方，如政府和政府机构、监管机构、客户、承包商、供应商、第三方中介机构、所有者、股东和投资者、非政府组织、社会和社会团体、业务伙伴等。另一部分为内部相关方，包括治理机构、管理层、员工以及内部职能诸如风险管理、内部控制、内部审核、人力资源等。相关方这个概念引入的目的是要求组织在建立和实施合规管理体系过程中，要看到组织所开展的业务活动以及提供的产品、过程或服务与各相关方之间的关系，基于组织内外部环境分析所获得的信息。例如，由组织做什么、在哪里做、如何做以及为什么做等，明确这些相关方的需求和期望，更多地考虑到这些个人和组织可能影响合规管理体系、受合规管理体系影响或自认为受合规管理体系影响的需求和期望，是否具有强制性或者是否自愿选择遵守的要求，是否构成组织的合规义务。①

---

① 王益谊、杜晓燕、吴学静等：《〈合规管理体系 要求及使用指南〉标准解读与应用——GB/T 35770–2022/ISO 37301:2021》，企业管理出版社 2022 年版。

第 9 问　如何明确合规管理体系范围?

一、概述

　　合规管理体系范围的确定直接关系到认证审核工作的完整性和有效性，是合规管理体系认证申请及评审的重要环节。合规管理体系的认证审核首先要划定建设范围：地域范围和 / 或组织边界。地域范围往往指合规管理体系的认证审核在地理上涵盖哪些区域。组织边界指合规管理体系的认证审核包括一个或几个机构（如常见的"1+N"模式———一个集团公司 + 若干个子公司）。

二、依据

　　根据 ISO 37301 第 4.3 条规定，组织应确定合规管理体系的边界和适用性，以确立其范围。

　　注：合规管理体系的范围旨在厘清组织面临的主要合规风险，以及合规管理体系适用的地理和 / 或组织边界，尤其当组织是较大实体的一部分时。

三、分析

　　组织经营活动的合规，需要基于各国家、地区或区域的要求，而在实际操作中，各国家、地区或区域的要求有极大的差异，会对审核过程所需投入的资源产生极大的影响，因此企业的合规管理体系认证审核必须预先核定地域，才能让审核工作在地域上做到有的放矢。

对于跨国或跨地区经营的组织，尤其是集团公司，涉及不同层级的几十家，甚至上百家组织，在认证审核中，如果不能事先框定需要进行认证审核的机构，可能会造成审核活动资源的浪费，从而导致认证审核产生非必要偏差，审核有效性的要求得不到满足。

虽然合规管理的认证审核需要确定地理范围和／或组织边界，但合规管理体系的认证审核不应当单列几个合规专项进行审核，如在认证审核证书标注本次审核只局限在几个合规专项上（如反垄断、反贿赂等）。单列合规专项进行审核与 ISO 37301 对合规义务全面梳理和对合规风险的全面管控的要求是背道而驰的。因此，ISO 37301 的认证审核证书上不应当标注本次审核只审核了几个专项，相反，其在审核专项范围上不应当有任何标注。

第10问　怎样突出合规管理工作重点?

一、概述

在合规管理中，要加强突出重点领域、关键环节，关注重要人员。

二、依据

根据《中央企业合规管理办法》第五条第四项规定，坚持务实高效原则。建立健全符合企业实际的合规管理体系，突出对重点领域、关键环节和重要人员的管理，充分利用大数据等信息化手段，切实提高管理效能。

根据《中央企业合规管理指引（试行）》第三章"合规管理重点"的内容，中央企业应当根据外部环境变化，结合自身实际，在全面推进合规管理的基础上，突出重点领域、关键环节和重要人员，切实防范合规风险。

三、分析

（一）"二八法则"（20%的合规义务引发80%的风险）

在合规管理体系建设的过程中，我们经常碰到一个问题，那就是合规风险清单是不是越长越好？如果不是，那么合规风险清单该多长才合适？某世界前二十强公司亚太区合规总监表示，该公司的全球年营业额可以高达万亿元人民币。虽然风险清单的长度不能单纯地以营业额的多少来衡量，但两者之间一定是成正比的关系。如果一个年销售额不足千亿元人民币的集团公司的风险清单可以高达上千项，那么年销售额高达万亿元人民币、销售足迹遍布全世界的巨无霸公司其风险清单岂不是要高达上万项？但是，令人惊讶的是，该公司的风险，在常见的管理清单上，远远没有上千项，甚至上百项也未必有。

这个例子告诉我们，合规风险清单绝不是越长越好——风险清单过长，风险数量过多，眉毛胡子一把抓，其导致的结果有可能就是两个：一个就是风险清单被束之高阁，没有人过问；另一个就是什么风险都管，结果什么风险都没管。

一个企业所要适用的"合规义务"很多，可以说是数不胜数，要把一个企业所要适用的合规义务全部识别出来非常困难，换言之，我们在实务中对合规义务的识别不能眉毛胡子一把抓，对此，ISO 37301 在附录 A.4.5 中就"合规义务"的识别提到的"帕累托原则"为合规管理提供了帮助。"帕累托原则"，英文是 Pareto principle，也被称为 80/20 法则、关键少数法则、二八法则，是罗马尼亚管理学家约瑟夫·朱兰提出的一条管理学原理，该法则以意大利经济学家维尔弗雷多·帕累托的名字命名。"帕累托原则"对大多数国家的社会财富分配情况也成立，同时对合规管理也适用——20% 的合规义务引发了 80% 的合规风险。换言之，20% 的"合规义务"充当了引发"合规风险"的关键少数。

那么在实务当中，如何把"合规义务"当中的关键少数识别出来呢？对此 ISO 37301 在附录 A 中也提供了"使用指南"："组织宜采取基于风险的方法，即组织宜首先识别出与业务相关的最重要的合规义务，然后关注所有其他合规义务（帕累托原则）。"这里所说的"基于风险的方法"是指：无论是发生在企业内部还是外部，合规风险（特别是那些重大风险）也是识别"合规义务"的风向标——在企业内部或外部（如竞争对手）存在的合规风险，特别是那些已经实证了的合规风险（亦即风险事件）可以帮助我们顺藤摸瓜识别出哪些"合规义务"当中的关键少数对企业适用，并引发重大合规风险。

（二）怎样突出合规管理的工作重点

1. 加强重点领域

企业应当加强对以下领域的合规管理：

（1）市场交易。企业应当完善交易管理制度，严格履行决策批准程序，建立健全自律诚信体系，突出反商业贿赂、反垄断、反不正当竞争，规范资产交易、招投标等活动。

（2）安全环保。企业应当严格执行国家安全生产、环境保护法律法规，完善企业生产规范和安全环保制度，加强监督检查，及时发现并整改违规问题。

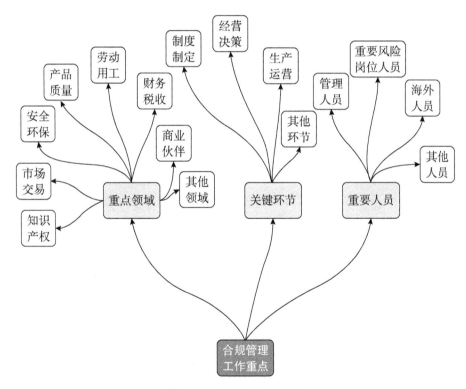

图 1-7　合规管理工作重点

（3）产品质量。企业应当完善质量体系，加强过程控制，严把各环节质量关，提供优质产品和服务。

（4）劳动用工。企业应当严格遵守劳动法律法规，健全完善劳动合同管理制度，规范劳动合同签订、履行、变更和解除，切实维护劳动者的合法权益。

（5）财务税收。企业应当健全完善财务内部控制体系，严格执行财务事项操作和审批流程，严守财经纪律，强化依法纳税意识，严格遵守税收法律政策。

（6）知识产权。企业应当及时申请注册知识产权成果，规范实施许可和转让，加强对商业秘密和商标的保护，依法规范使用他人知识产权，防止侵权行为。

（7）商业伙伴。企业应当对重要商业伙伴开展合规调查，通过签订合规协议、要求作出合规承诺等方式促进商业伙伴行为合规。

（8）结合企业运营的实际情况需要重点关注的其他领域。

2. 突出关键环节

企业应当加强对以下关键环节的合规管理：

（1）制度制定。强化对规章制度、改革方案等重要文件的合规审查，确保符合法律法规、监管规定等要求。

（2）经营决策。严格落实"三重一大"决策制度，细化各层级决策事项和权限，加强对决策事项的合规论证把关，保障决策依法合规。

（3）生产运营。严格执行合规制度，加强对重点流程的监督检查，确保生产经营过程中照章办事、按章操作。

（4）其他需要重点关注的环节。

3. 关注重要人员

企业应当加强对以下重要人员的合规管理：

（1）管理人员。促进管理人员切实提高合规意识，带头依法依规开展经营管理活动，认真履行承担的合规管理职责，强化考核与监督问责。

（2）重要风险岗位人员。根据合规风险评估情况明确界定重要风险岗位，有针对性地加大培训力度，使重要风险岗位人员熟悉并严格遵守业务涉及的各项规定，加强监督检查和违规行为追责。

（3）海外人员。将合规培训作为海外人员任职、上岗的必备条件，确保遵守我国和所在国法律法规等相关规定。

（4）其他需要重点关注的人员。

4.强化海外投资经营行为的合规管理

企业应当强化海外投资经营行为的合规管理：

（1）深入研究投资所在国法律法规及相关国际规则，全面掌握禁止性规定，明确海外投资经营行为的红线、底线。

（2）健全海外合规经营的制度、体系、流程，重视开展项目的合规论证和尽职调查，依法加强对境外机构的管控，规范经营管理行为。

（3）定期排查、梳理海外投资经营业务的风险状况，重点关注重大决策、重大合同、大额资金管控和境外子公司治理等方面存在的合规风险，妥善处理、及时报告，防止扩大蔓延。

第11问 为什么"管业务必须管合规"?

一、概述

业务部门及职能部门是合规风险管控的第一道防线,合规必须通过业务才能实现。同时,必须要防止业务与合规"两张皮"。

二、依据

根据《中央企业合规管理办法》第五条第三项规定,坚持权责清晰原则。按照"管业务必须管合规"要求,明确业务及职能部门、合规管理部门和监督部门职责,严格落实员工合规责任,对违规行为严肃问责。

三、分析

(一)"管业务"的含义,包括哪些人员

"管业务"既包括主管全面工作的企业负责人、分管业务工作的企业分管领导,也包括业务部门负责人以及具体业务工作人员。即管业务包括主管、分管、监管和负责业务工作的人员,做到年初有计划,年中有督导,年末有合规工作总结、合规考评。

(二)业务部门及职能部门是公司合规风险管控的"第一道防线"

(1)直接接触客户和交易:业务部门是公司的收入来源,在具体的业务活动中，直接接触客户和交易，因此面对风险的概率也更高。如果业务部门不能有效识别、管理和控制潜在风险，将给公司带来巨大损失。

（2）了解行业规则和监管要求：业务部门需要了解并遵守行业规则和监管要求，确保公司业务在法规框架内合法运营。如果业务部门自身存在合规问题，将会进一步衍生出其他风险，导致公司的整体风险水平升高。

（3）具有信息优势：业务部门通常有对客户、交易和市场等方面的信息优势。业务部门应该充分利用信息优势，对相关的风险及时做出反应。如果业务部门不能发现问题，风险将在系统内部不断蔓延，进一步对公司造成难以控制的损失。

（三）合规必须通过业务才能实现

坚持权责一致原则。做到合规与业务工作同步，同负责、同督导、同总结、同考评，只有融入业务工作中的合规管理，才能真正符合企业实际需求并为企业发展保驾护航。

管业务必须明风险：一线人员更加清楚风险点。一线人员执行企业的具体事务，更明白在企业实际运营的过程中会遇到的风险，其对于风险点的认知更加符合实践情况，更加贴合企业实际。

管业务必须强管理：一线人员与部门是企业管理的基层与排头兵，是企业管理的重点与核心。在管理的过程中，要让一线人员与部门明确自己在履行职责的过程中所应当注意遵守的相关规章规定，相关的规章规定当中应当明确一线人员所应当遵守的义务。

管业务必须管合规：一线业务部门与人员既是重点风险岗位，又是管理的核心点，因此应该把合规嵌入业务的整个流程。行之有效的做法是把每个职位应当履行的合规职责明确到企业或者部门的相关规章制度当中，并明确违反相关规定的责任，避免因合规管理职责不清、权责不分而导致的互相扯皮推诿。

（四）防止业务与合规"两张皮"

坚持损失减少原则。业务人员最清楚工作流程、岗位职责、合规义务，以及对曾经发生和正在发生的重大风险的警觉性，要将合规要求融入业务工作中，不能将业务与合规分离，形成"两张皮"，并且给业务人员制造障碍，重复劳动，降低工作效率。

（1）权责明晰且一致。合规义务落实到具体的业务人员身上（也是责任人），既符合合规风险管理的精准化要求，又可避免因合规管理职责不清、权责不分而导致的互相扯皮推诿。确定业务人员应当承担的合规责任，不仅能够督促业务人员更加严格地履行工作职责，而且能够让业务人员对不履行或怠于履行合规义务的后果有一个预判。若业务人员清楚地知道自己所需要承担的责任，合规工作的开展将会事半功倍。如果一个业务人员不清楚哪些事情该做、哪些事情不该做，就容易给自己和公司造成隐患。

（2）利益冲突与防范。简单来说，利益冲突就是指公司员工在履行公司职务时所代表的公司利益与其自身的个人利益产生冲突、矛盾，可能妨害或损害公司利益的情况。我们可以参考诉讼法当中对于法官利益冲突的解决方法，要求员工进行利益冲突申报或者进行相关工作的回避申请，从而保证识别和预防员工潜在利益冲突风险；维护公司利益，保护员工成长；维护企业内部公平，防止腐败发生。

（3）违规调查并严惩。对于违反企业相关规章制度规定，违反法律法规规定并造成公司实际损害后果的行为要进行严格调查，对于违规的员工要进行严厉的惩罚，相关的惩罚制度应当事先在相关的公司章程当中予以明确，从而起到一定的威慑作用。而对于已经违反规定的员工，应当进行严格的惩罚，从而以儆效尤，让其他员工明确违规行为的后果，进而确保员工对于公司规章的遵守。

（4）损失减少原则要落实。在识别合规责任人时，可以把多个合规责任人按照其合规义务或者潜在合规责任的大小做一个排序。排序的依据是损失减少原则。一个有效率的合规体系，应该是在众多义务执行人分摊责任时，让能够以最低代价来减少甚至避免损失的一方作为首要的合规责任人并承担主要责任。

第 12 问　合规管理为什么要风险穿透?

一、概述

因为合规管理以风险防控为目的，而合规管理面临的风险异常复杂，如果风险不穿透会导致形式合规、"纸面合规"。合规不仅要遵从外部的法律法规，还要遵从为了管控各类风险而在企业内部所设立的各种规章制度，搭建风险管理体系，所以合规管理要进行风险穿透管理。

二、依据

根据《中央企业合规管理办法》第五条第四项规定，坚持务实高效。建立健全符合企业实际的合规管理体系，突出对重点领域、关键环节和重要人员的管理，充分利用大数据等信息化手段，切实提高管理效能。

三、分析

（一）什么是风险穿透原则

合规管理的核心是以风险防控为目的做合规，指组织按照相关法律法规、行业标准、道德规范和企业价值观等要求，对其经营和管理活动进行监督和控制，以确保其合法、合规、合乎伦理地运作。在合规管理中，风险防控是核心，因为企业面临各种风险，如法律风险、信誉风险、运营风险等，合规管理的目的就是预防、减轻这些风险对企业的影响。以风险防控为目的做合规，首先要对企业进行风险评估。企业需要对其所处的环境、行业、业务活动等进行全面的风险评估，找出可能带来不利影响的风险因素和成本。然后根据风险评估得出的结论，制定相应的合规管理策略，以降低企业的风险和成本。最重要的是将"风险穿透原则"贯穿合规管理全过程。

风险穿透原则，是指在风险管理中，需要对风险的影响路径进行全面分析、识别和评估，形成全链条的风险管理模式。简言之，就是风险穿透原则要求在公司风险管理中，考虑到风险可能对整个公司或者业务链条产生的影响效应，而非仅仅关注于单个业务环节或者单个风险点。通过风险穿透的分析，可以帮助企业更全面、全链条地管理风险，从而降低风险对企业造成的影响。

通常，风险穿透原则需要考虑到以下四个方面：

客户端风险：针对公司客户而言的风险。例如，客户的信用风险、交易风险等。

产品端风险：针对公司产品而言的风险。例如，产品的质量风险、市场风险等。

供应端风险：针对公司供应商而言的风险。例如，供应商信用风险、交付风险等。

法律合规风险：针对公司遵守法律法规、行业准则等方面的风险。例如，税务合规风险、反垄断法合规风险等。

通过执行风险穿透原则，公司可以深入了解各种风险对公司整个业务过程的影响路径，制定相应的风险管理策略，并建立一套全面的风险防控措施，从而更加全面、科学地参与风险管理。

（二）合规管理为什么要贯彻风险穿透原则

1.合规管理以风险防控为目的

风险管理有其具体目标，其目的是减少风险敞口或者是降低风险值，把风险降低到企业可以承受的程度，而风险防控是风险管理的策略和方法之一。企业风险防控与企业合规紧密相连，风险防控是合规管理的核心目标。尤其在当前市场环境下，法律、法规、政策等变化多端，企业需要在不稳定的环境中保持合规。因此，风险管理能够确保企业在符合规定的情况下尽可能地降低风险。

2. 合规管理面临的风险异常复杂

（1）合规主体的风险复杂化

（a）业务延展形成风险层叠

比如，某企业的业务从中国境内延伸至中国境外，其所适用的法律法规也从中国境内的合规义务延伸至中国境外相关国家的合规义务，从而引发新的合规风险。

（b）内部架构存在多级嵌套

比如，子公司的风险扩散至集团公司。

案例：子公司的风险扩散至集团公司

2021 年 12 月 21 日，A 公司收到江苏省高级人民法院寄发的应诉通知书等相关诉讼材料，B 公司诉称 A 公司（母公司）、a 公司（子公司）等侵犯其专利权及技术秘密。证监会以此为由于 2022 年 2 月 14 日宣布 A 公司的上市发行申请未获通过，并要求 A 公司代表说明相关情况。

（c）外部联系加剧风险扩散（产业链的风险扩散）

具备风险穿透特点的典型行业，如网络与数据行业，其相关风险可以在整个数据产业链扩散，包括数据的使用方节点（如银行、金融机构、征信机构、消费金融公司、互联网金融公司、小额贷款公司等）、数据的控制及加工方节点（如大数据风控供应商）、数据科技公司节点等。在风险穿透的情况下，大数据行业的爆雷成为互联网金融行业监管风暴的延续，导致风控服务商无证经营、风控模型不合规、爬虫横行及非法破解被害单位的防抓取措施等风险也一一集中爆发。下面三个案例集中展示了大数据产业链在数据获取、倒卖及使用环节所爆发的侵犯公民个人信息的情形。

案例 1（数据获取环节）：数据科技公司侵犯公民个人信息[①]

2019 年 9 月 6 日，杭州西湖分局集结警力，对涉嫌侵犯公民个人信息的某科技公司人员进行统一抓捕。共抓获涉案人员 120 余名，冻结资金

---

① 参见《"爬虫服务"换隐私？魔蝎科技、新颜科技、公信宝相继被查》，载澎湃新闻网，https://www.thepaper.cn/newsDetail_forward_4420589，最后访问日期 2023 年 10 月 7 日。

2300 余万元，勘验固定服务器 1000 余台，扣押电脑 100 多台、手机 200 余部。该科技公司成立于 2016 年，提供精准营销模型、反欺诈、多维度用户画像、授信评分、贷后预警、催收智能运筹等全面风险管理服务。

案例 2（数据倒卖环节）：数据处理方侵犯公民个人信息[①]

2019 年 9 月，江苏省无锡市滨湖区检察院依法对一起特大非法获取计算机信息系统数据案 25 名被告人提起公诉。经审查，被告人燕某某、祁某等通过某外包公司员工以及员工内部账号非法获取计算机信息系统数据，并经多个中间商平台向下线人员倒卖牟利，犯罪网遍及江苏无锡、常州，广东深圳，河南郑州、南阳，福建泉州 4 省 6 地，涉案人员达 60 余人。

案例 3（数据使用环节）：数据使用方侵犯公民个人信息[②]

北京某互动科技有限公司将从数据库下载的非法收集的涉及公民姓名、身份证号码、电话的信息，整理后建立新的数据库并导入公司的服务器中供用户在公司网站比对查询。该公司在未获得其网站被查询身份信息本人授权的情况下，将用户查询时输入的身份信息予以缓存并编写建成数据库放入公司的服务器中。该公司分别与某科技公司、某信息技术公司、某云计算有限公司、某信用管理有限公司签订关于身份证信息认证的协议，上述四家公司分别向该公司提供了一个网址外加一个密钥，将上述四家公司的网址和密钥编写成脚本程序放入公司的服务器中，用户在公司网站的身份证实名认证和身份证照片同一认定板块上输入姓名、身份证号码、照片请求进行同一认证并付费，便可以通过编写的脚本程序进入四家公司中的任一家接口进行查询、比对并获得反馈结果。

（2）合规义务来源的风险复杂化

合规义务包括强制遵守的合规义务和自愿选择遵守的合规义务。

强制遵守的合规义务以法律法规为主，但不是所有的法律法规都是强

---

① 参见《无锡市滨湖区检察院依法对一起特大非法获取计算机信息系统数据案提起公诉》，载江苏检察网，http://xzjw.jsjc.gov.cn/jianwu/dwjs/201909/t20190925_893881.shtml，最后访问日期 2023 年 10 月 7 日。

② 参见湖北省崇阳县人民法院 (2018) 鄂 1223 刑初 370 号刑事判决书。

制的，部分政策性的法律法规是非强制的。自愿选择遵守的合规义务中比较常见的是各类标准，但部分标准也具有强制适用效力。对此，ISO 37301在附录NA（资料性）第NA.1.4中就强制性标准提供了"补充使用指南"：强制性标准在我国也构成组织强制遵守的合规义务。此外，合同义务也是一种合规义务，对此，ISO 37301在附录NA（资料性）第NA.1.5中就合同安排所产生的义务提供了"补充使用指南"：根据A.4.5，组织自愿选择遵守的要求包括"组织的合同安排产生的义务"。

合规义务的来源包括但不限于：法律法规，行政许可，监管机构的命令或条例，法院判决，国际条约、惯例等。ISO 37301中对于合规义务的获取途径进行了相应的总结，文件所列举的获取途径也是企业在日常商业活动中需要时刻关注的点：（1）相关监管机构的公示名单；（2）专业团体的成员资格；（3）订阅相关信息服务；（4）参加行业论坛和研讨会；（5）监视监管机构的网站；（6）监管机构约谈；（7）安排法律顾问；（8）监视合规义务的来源（如监管声明、法院判决）。

（3）合规管理内容的风险复杂化

合规管理是一项系统工程，既要有综合管理体系，又不能忽略专项合规。

3. 风险不穿透会导致形式合规、"纸面合规"

风险穿透原则能够将合规管理与企业风险管理有机结合起来，使得合规管理不再只是简单地遵守法规要求，而是更加关注企业整体风险情况，从而有助于提高企业的整体风险管理水平。

风险穿透原则强调贯穿整个合规管理过程，确保每个环节都能够有效识别、评估和控制风险，从而避免因疏漏导致的合规问题。

风险穿透原则能够减少合规管理的不确定性，使得企业对潜在风险的识别和评估更加准确和全面，并能够及时采取相应的措施进行管控和防范。

第 13 问　合规管理需要什么样的保障？

一、概述

合规管理需要机构、人员、经费、技术等方面的保障。

二、依据

根据《中央企业合规管理办法》第六条规定，中央企业应当在机构、人员、经费、技术等方面为合规管理工作提供必要条件，保障相关工作有序展开。

ISO 37301 从资源、能力、意识、沟通、文件化信息五个方面对组织建立、开发、实施、评价、维护和改进合规管理体系所需的支撑保障条件作出了规定。

三、分析

（一）机构保障

企业实现合规目标，需要全体成员参与并作出贡献，这与企业实现其他目标并无本质区别。但是与实现企业其他目标一样，在人人有责的前提下还要分清不同人的责任。就企业的合规目标而言，企业首先应该提供的保障为企业的合规治理机构。在没有建立合规专业团队的企业里，合规职能并非空白。在这些企业里，承担约束和控制职能的部门和团队承担了合规专业团队的工作。但是合规管理需要较高的专业知识、技能和经验，这就需要建立专业的合规团队。需要注意的是，组建合规专业团队并不能减少企业治理机构和管理层对合规的领导职责，企业治理机构和管理层也不能将合规管理职责推卸给合规专业团队。企业建立合规专业团队一般有三种模式：专职合规团队、兼职合规团队和外包合规团队。

有条件的企业能够建立专职合规团队是最优的机构保障方式。专职合规团队当前在企业中的主要组织形式包括：（1）合规部，这是主流的专职合规团队组织形式，合规部是企业的内部部门之一，与其他内部部门并列。在最早建立合规管理体系的跨国公司中，专职合规团队的最高负责人一般使用首席合规官的头衔，其团队中高级成员使用合规官的头衔。首席合规官汇报给董事会或者董事会的专门委员会，保证合规部在工作中不会受到管理层或者其他员工的阻挠；或者汇报给企业管理层最高负责人，这种安排使首席合规官成为企业管理层成员，能够了解到企业日常经营中的实际状况和未来发展方向，并及时给出合规建议。（2）合规与法律部，许多刚开始认识到合规管理重要性的企业选择扩大内部某个现有部门的职责，使其包括合规管理职责。由于合规义务大量渊源于法律规定，于是法律事务部成为承担该职责的首选，法律事务部被更名为法律与合规部，并进行一些岗位的调整。越来越多的公司把这个部门称为合规与法律部，以突出合规的重要性。在这种安排下，企业的总法律顾问同时担任首席合规官，团队成员多数为接受过专业法律培训的员工。（3）合规委员会，在该组织形式下，企业会设立首席合规官，但很多情况下没有团队成员，或者只有一个非常精干的团队。首席合规官与业务部门的负责人、总法律顾问、内部控制部门负责人、内部审计部门负责人等组成合规委员会，也有的企业称之为道德与合规委员会或者使用其他名称。（4）企业集团内专职合规管理团队，企业集团内部在集团总部层面和集团成员企业层面可能都会设立专职合规管理团队，跨国公司的做法比较典型。

无论是哪一种合规机构保障或组织架构，合规管理工作都要在具有机构保障或组织架构完整的基础上展开。

（二）人员保障

合规管理体系的建立、开发、实施、评价、维护和改进需要具有多方面知识和技能的人才，包括合规师、专业法律人才、管理人才、审计人才、信息技术人才等。这些人才分布在组织的不同部门和岗位，既发挥各自作用，又相互配合。

例如，对于合规师，需要具有对组织的合规管理体系进行整体策划、组织各部门人员共同开展合规管理体系工作等方面的知识和能力。对于专业法律人才，需要精通相关的法律法规，这样才能更好地完成合规义务与合规风险的识别、分析等工作。例如，如果组织在《反垄断法》下有合规风险，但其负责管控《反垄断法》下合规风险的合规岗位对该法及其背后的经济学原理一无所知或者只是一知半解，那么该组织对于该法下合规风险的识别、评价和控制就会出现偏差。对于管理人才，需要具备相关的管理学知识和经验，这样才能将合规管理体系工作与组织的日常管理相结合，确保合规管理体系要求在组织内落地与应用。

（三）经费保障

合规管理及其体系的建设除了需要人力，还需要资金。合规管理体系建设不是越大越好、越复杂越好，相应地，一个组织也不会为合规管理及其体系建设提供空白支票，但组织要为合规管理及其体系建设提供相应的资金支持，使得组织可以建立起相应的人力资源和物力资源，并在必要时使组织可以获得外部咨询或者使合规管理岗位人员有机会习得专门技能，获得关于合规管理和法律义务、专业发展和技术的最新参考材料。合规管理体系的建立、开发、实施、评价、维护和改进需要组织投入必要的经费。这些经费主要涉及人力成本、培训费用、认证费用、资料费用、宣传费用、信息化建设费用等。

（四）技术保障

合规管理体系的建立、开发、实施、评价、维护和改进需要信息化、数字化以及文件化信息等方面的技术保障。

（1）信息化

《中央企业合规管理办法》第五条第四项对合规管理信息化提出要求："坚持务实高效。建立健全符合企业实际的合规管理体系，突出对重点领域、关键环节和重要人员的管理，充分利用大数据等信息化手段，切实提高管理效能。"信息化代表了一种信息技术被高度应用，信息资源被高度共享，从而使得人的智能潜力以及社会物质资源潜力被充分发挥，个人行为、组织决策和社会运行趋于合理化的理想状态。同时，信息化也是 IT 产业发展与 IT 在社会经济各部门扩散的基础之上，不断运用 IT 改造传统的经济、社会结构，从而通往如前所述的理想状态的一段持续过程。①

信息技术（Information Technology，IT），是主要用于管理和处理信息所采用的各种技术的总称。它主要是应用计算机科学和通信技术来设计、开发、安装和实施信息系统及应用软件。它也常被称为信息和通信技术（Information and Communications Technology，ICT）。主要包括传感技术、计算机与智能技术、通信技术和控制技术。

（2）数字化

数字化的第一层含义是相对模拟来说的，是把所有模拟信号转换为数字信号以后再进行处理，这个是底层的数字化逻辑，就是通过数字化技术，把模拟量变成数字量，其好处是便于采用高速的电子计算机进行保存、传输与处理（电子计算机本质上只能处理 0 与 1，是对数字的处理，而不能处理模拟的信息）。比如，把音频信号、视频信号数字化，把各类传感器数字化等。数字化以后的信息，便于加工、传输、处理，数字化技术引发了人类的信息技术革命，引发通信技术、网络技术、电视技术、机器人技术等变革，数字化技术已经深入人们的生活。

数字化的第二层含义是信息革命的深入发展，目标是使生产过程也采

---

① 吴惠鹏、王源：《浅谈学会工作信息化》，载《科协论坛》2009 年第 7 期，第 29—31 页。

用数字技术来升级改造，提高生产效率，提升企业的竞争力，这个过程需要对生产领域的各个流程进行数字化的改造，引入数据作为生产效率提升与改进的依据，把生产中的人力尽量采用机器、自动化技术来实现，如引入机器视觉来检测产品的质量，引入无人机和视频监控来对森林进行巡逻，引入人工智能技术来识别 X 光照片并进行分析，通过自动驾驶来代替汽车司机，通过大数据来分析与预测客户的需求与喜好等。就是原来依赖人力来完成的工作现采用数字化手段来代替，从而大幅提高生产效率与决策效率，提升企业的竞争力，预防和降低风险。我们在本文中所说的数字化是上述第二层含义，亦即生产过程采用数字技术来升级改造，提高生产效率，提升企业的竞争力，这个过程需要对生产领域的各流程进行数字化的改造，引入数据作为生产效率提升与改进的依据。

ISO 37301 在附录 NA.3 中就合规管理数字化进一步提出指引：组织在建立、开发、实施、评价、维护和改进合规管理体系时，宜合理应用数字技术，提升合规管理体系的有效性。组织宜对应用数字技术形成的管理工具进行测试、优化和不断升级，以提高这些工具的准确性和适用性，并将其与组织的数字化业务过程相融合。

在合规管理体系中应用数字技术的基础是获得完整准确的数据。在合规风险评估（见 A.4.6）、合规管理体系运行（见 A.8）、合规培训（见 A.7.2.3）、合规绩效评价（见 A.9）以及合规管理体系的持续改进（见 A.10）等方面需要组织对相关数据和信息进行收集、分析，并运用于对组织的合规管理。

数字技术在合规管理体系中的应用可包括但不限于以下六个方面：

——合规义务和相关案件数据库；

——合规风险数据库（包括组织对以往违规行为的总结报告）；

——合规培训系统（包括线上课件、自我考试等过程）；

——合同管理和财务系统；

——信息和数据搜索与分析工具（如对组织外部合规相关领域立法和执法趋势的跟踪和分析、对组织内部过往违规事件进行行为模式及发生原因的分析）。

上述合规管理数字化包含两部分内容：第一部分是"对数字经济相关的合规义务和合规风险进行识别"；第二部分是"在合规管理体系中应用数字技术"。

（3）文件化信息

"文件化信息"一词，从字面上理解指的是形成文件的信息，在ISO 37301 标准中的定义是"组织要求控制和维护的信息和纳入媒介的信息"。从该定义可以看出，标准要求企业控制"信息"和"媒介"两个部分。"信息"泛指用来传达意思的一切内容，"媒介"指的是信息的载体，可以是声音、文字、图片、视频等。在本标准下，一切和企业有关的，以任何媒介存在的形成文件的信息，都需要企业加以控制。企业通过对于文件化信息的控制，使得所有事项都能够依照标准的要求留痕。此外，企业能够妥善创建、更新、控制文件化信息是提高工作效率的方式。在标准的要求下文件化信息包括两个部分："本文件要求的文件化的信息"和"组织确定的为合规管理体系有效性所必需的文件化信息"。

在 ISO 37301 附录 A.7.5.1 中，给出了企业的"文件化信息"可包括："组织的合规策略和程序，合规管理体系的目标、指标、结构和内容，合规职能和责任的分配，相关合规义务的登记册，合规风险登记册，并根据合规风险评价流程确定相关措施的优先级，不合规、轻微失误和调查的记录，年度合规计划，人员记录，包括但不限于培训记录，审核过程、时间表及相关记录。"附录 A.7.5.1 对于在企业建立合规管理体系的过程中，可能会涉及的文件进行了罗列，建议企业可以依据自身情况参照此要求，对企业内部的合规管理体系文件进行编制。

文件化信息是企业建立并实施合规管理体系的有效证据，也是企业内部监督检查其体系运行的有效性凭证。因此，对于文件管理，企业应重视标准化操作。做好文件管理，才能助力企业积累数据信息，方便企业追本溯源，做到高效管理。

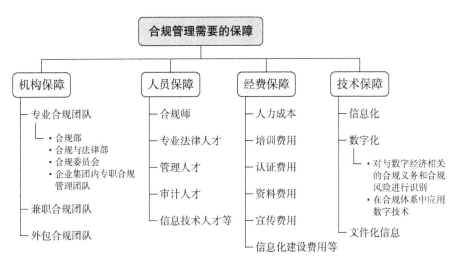

图 1-8　合规管理需要的保障

第二章
合规管理组织建设热点问题

【导读】

　　企业合规管理工作中的一项重要内容就是搭建完善的合规管理组织架构，完整健全、权责清晰的合规管理组织架构是推进合规体系建设的必要前提和重要保障。为此，企业应当厘清管理职能，加强资源配置，强化合规权责及其组织领导，确保合规管理工作在企业全体机构、部门、岗位、人员落地落实。本章从开展合规管理应当构建什么样的组织架构、企业"三会"在合规管理中如何定位和发挥作用、合规委员会应当如何设置等问题入手，系统地回答了合规管理组织体系建设的热点问题，为企业建立健全合规管理组织架构、梳理明晰其权责提供参考。

第14问　开展合规管理，应当构建什么样的组织架构?

一、概述

合规管理是治理层面的管理，行之有效的合规管理体系离不开高屋建瓴的顶层架构设计，从领导层开始设计的合规组织架构才能有效辐射从上至下的合规管理体系，并投入足够的资源。而合规管理体系的责任安排也十分重要，应当确定主要责任机构以及责任人，然后将责任层层落实至各主体部门和单位，根据具体需要完成的合规工作以及对应的合规能力来实现合规管理的较好安排。

合规管理的涉及面往往非常广。需要提醒的是，不应将合规管理的职能安排在某一个或少数的几个部门、岗位中，而应当通过合规管理员、联络员等将合规管理的责任分解到各个部门。

二、依据

《中央企业合规管理办法》第二章　组织和职责

第七条　中央企业党委（党组）发挥把方向、管大局、促落实①的领导作用，推动合规要求在本企业得到严格遵循和落实，不断提升依法合规经营管理水平。

---

① 《中国共产党章程》最新表述为把方向、管大局、保落实。

中央企业应当严格遵守党内法规制度，企业党建工作机构在党委（党组）领导下，按照有关规定履行相应职责，推动相关党内法规制度有效贯彻落实。

第八条　中央企业董事会发挥定战略、作决策、防风险作用，主要履行以下职责：

（一）审议批准合规管理基本制度、体系建设方案和年度报告等。

（二）研究决定合规管理重大事项。

（三）推动完善合规管理体系并对其有效性进行评价。

（四）决定合规管理部门设置及职责。

第九条　中央企业经理层发挥谋经营、抓落实、强管理作用，主要履行以下职责：

（一）拟订合规管理体系建设方案，经董事会批准后组织实施。

（二）拟订合规管理基本制度，批准年度计划等，组织制定合规管理具体制度。

（三）组织应对重大合规风险事件。

（四）指导监督各部门和所属单位合规管理工作。

第十条　中央企业主要负责人作为推进法治建设第一责任人，应当切实履行依法合规经营管理重要组织者、推动者和实践者的职责，积极推进合规管理各项工作。

第十一条　中央企业设立合规委员会，可以与法治建设领导机构等合署办公，统筹协调合规管理工作，定期召开会议，研究解决重点难点问题。

第十二条　中央企业应当结合实际设立首席合规官，不新增领导岗位和职数，由总法律顾问兼任，对企业主要负责人负责，领导合规管理部门组织开展相关工作，指导所属单位加强合规管理。

第十三条　中央企业业务及职能部门承担合规管理主体责任，主要履行以下职责：

（一）建立健全本部门业务合规管理制度和流程，开展合规风险识别评估，编制风险清单和应对预案。

（二）定期梳理重点岗位合规风险，将合规要求纳入岗位职责。

（三）负责本部门经营管理行为的合规审查。

（四）及时报告合规风险，组织或者配合开展应对处置。

（五）组织或者配合开展违规问题调查和整改。

中央企业应当在业务及职能部门设置合规管理员，由业务骨干担任，接受合规管理部门业务指导和培训。

第十四条　中央企业合规管理部门牵头负责本企业合规管理工作，主要履行以下职责：

（一）组织起草合规管理基本制度、具体制度、年度计划和工作报告等。

（二）负责规章制度、经济合同、重大决策合规审查。

（三）组织开展合规风险识别、预警和应对处置，根据董事会授权开展合规管理体系有效性评价。

（四）受理职责范围内的违规举报，提出分类处置意见，组织或者参与对违规行为的调查。

（五）组织或者协助业务及职能部门开展合规培训，受理合规咨询，推进合规管理信息化建设。

中央企业应当配备与经营规模、业务范围、风险水平相适应的专职合规管理人员，加强业务培训，提升专业化水平。

第十五条　中央企业纪检监察机构和审计、巡视巡察、监督追责等部门依据有关规定，在职权范围内对合规要求落实情况进行监督，对违规行为进行调查，按照规定开展责任追究。

三、分析

（一）党委（党组）、董事会与经理层

企业自上而下的组织架构要求党委（党组）、董事会与经理层分工明确、协同一致、高效运转，构建分级分类的合规管理制度体系。

对于党委（党组）、董事会与经理层的工作着手方向，《中央企业合规管理办法》给出了如下指导：

党委（党组）应当发挥把方向、管大局、保落实的领导作用，推动合规要求在本企业得到严格遵循和落实，不断提升依法合规经营管理水平。企业应当严格遵守党内法规制度，企业党建工作机构在党委（党组）领导下，按照有关规定履行相应职责，推动相关党内法规制度有效贯彻落实。

中央企业董事会发挥定战略、作决策、防风险的作用：

1. 审议批准合规管理基本制度、体系建设方案和年度报告等；

2. 研究决定合规管理重大事项；

3. 推动完善合规管理体系并对其有效性进行评价；

4. 决定合规管理部门设置及职责。

经理层发挥谋经营、抓落实、强管理的作用：

1. 拟订合规管理体系建设方案，经董事会批准后组织实施。

2. 拟订合规管理基本制度，批准年度计划等，组织制定合规管理具体制度。

3. 组织应对重大合规风险事件。

4. 指导监督各部门和所属单位合规管理工作。

（二）合规委员会（法治建设领导机构）

为保证合规委员会能够协调各部门推进企业合规工作，合规委员会需要具备足够的权威性。《中央企业合规管理办法》给出的建议是企业设立合规委员会，可以与法治建设领导机构等合署办公，统筹协调合规管理工作，定期召开会议，研究解决重点难点问题。

而要解决重点难点问题，合规委员会还需要具有足够的专业性。为此，首席合规官和合规管理部门分管领导等就需要不断提升自己在合规方面的专业技能，并具备沟通、调查工作中不可或缺的"共情"及"边界"能力。

为配合合规委员会的管理能落实到各部门、各业务，部门内也应当根据经营规模、业务范围、风险水平配备合适的专职合规管理人员，加强业务培训，提升专业化水平。例如，业务及职能部门应当设置合规管理员。合规委员会和审计部门可以设置合规内审员进行合规审计。

（三）主要负责人与首席合规官

主要负责人应当发挥在公司内建立合规文化的示范表率作用，应当明确表达对合规管理的支持和重视，并在公司内建立合规文化。作为公司的领导者，主要负责人应当发挥示范带头作用，以身作则，树立正确的合规观念。《中央企业合规管理办法》第十条指出，中央企业主要负责人作为推进法治建设第一责任人，应当切实履行依法合规经营管理重要组织者、推动者和实践者的职责，积极推进合规管理各项工作。

首席合规官需要发挥自己的专业知识和技能，负责建立和领导公司的合规团队，确保合规政策得到执行、合规风险得到控制。此外，首席合规官还需要在公司内组织开展合规培训，推动公司内合规文化的形成。《中央企业合规管理办法》第十二条规定：中央企业应当结合实际设立首席合规官，不新增领导岗位和职数，由总法律顾问兼任，对企业主要负责人负责，领导合规管理部门组织开展相关工作，指导所属单位加强合规管理。

（四）业务及职能部门（第一道防线）

根据《中央企业合规管理办法》第十三条第一款规定，中央企业业务及职能部门承担的是合规管理中的主体责任，主要履行以下职责：

1. 建立健全本部门业务合规管理制度和流程，开展合规风险识别评估，编制风险清单和应对预案。

2. 定期梳理重点岗位合规风险，将合规要求纳入岗位职责。

3. 负责本部门经营管理行为的合规审查。

4. 及时报告合规风险，组织或者配合开展应对处置。

5. 组织或者配合开展违规问题调查和整改。

（五）合规管理部门（第二道防线）

合规管理牵头部门是负责推动合规管理的具体业务部门或职能部门，可以依据公司的业务特点、管理现状和风险情况进行划分。《中央企业合规管理办法》指出，其主要任务是：

1. 组织起草合规管理基本制度、具体制度、年度计划和工作报告等。

2. 负责规章制度、经济合同、重大决策合规审查。

3. 组织开展合规风险识别、预警和应对处置，根据董事会授权开展合规管理体系有效性评价。

4. 受理职责范围内的违规举报，提出分类处置意见，组织或者参与对违规行为的调查。

5.组织或者协助业务及职能部门开展合规培训，受理合规咨询，推进合规管理信息化建设。

（六）纪检监察机构和审计、巡视巡察、监督追责等监督部门（第三道防线）

作为合规管理的第三道防线，纪检监察机构和审计、巡视巡察、监督追责等监督部门违规行为调查和处理、内部控制和合规制度的监督、合规情况报告等在合规管理工作中共同发挥重要作用。应当确保这些部门能通力合作，形成相互配合、协同共进的第三道防线，为企业合规管理体系的运作提供保障。

（七）合规管理员（业务及职能部门）

作为合规管理体系的第一道防线，业务及职能部门应当配备具有合规专业知识和技能的合规管理员，确保各部门合规运营。合规管理员的主要职责包括落实合规政策和流程、负责部门合规培训和沟通、监测合规风险和违规行为以及执行合规调查、提供合规建议。

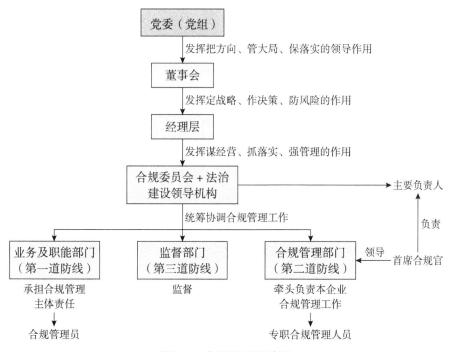

图2-1　合规管理组织架构

第15问 为什么说"合规管理是'一把手'工程"？

一、概述

合规管理可以说是企业的"一把手"工程，即一个好的合规管理体系离不开"一把手"领导的支持，不论是《中央企业合规管理办法》还是合规管理体系的标准，都明确了组织的最高管理者／董事长的作用，给"一把手"留出了最重要的角色地位。以《中央企业合规管理办法》第十条规定为例，中央企业主要负责人作为推进法治建设第一责任人，应当切实履行依法合规经营管理重要组织者、推动者和实践者的职责，积极推进合规管理各项工作。

实践中，我们也不难发现，良好的企业合规管理，往往都有最高领导者的参与，从带头签署合规承诺函，在合规管理的纲领性文件中承担签署签发的责任，对合规管理体系的负责人进行直接授权等多种形式，都是加强企业合规管理体系有效性的有力手段。因此，合规管理离不开"一把手"亲自指导建设。

二、依据

《中央企业合规管理办法》第十条规定："中央企业主要负责人作为推进法治建设第一责任人，应当切实履行依法合规经营管理重要组织者、推动者和实践者的职责，积极推进合规管理各项工作。"

三、分析

（一）合规管理从"一把手"做起的好处

合规管理要从"一把手"做起，一是因为企业合规关乎全局，影响企业的长期发展，从领导做起，由"一把手"亲自决策，才能为合规管理落地企业保驾护航，有效促进企业合规积极发展。例如，在企业降本增效、精简岗位的发展大背景下，增设合规岗位、投资合规机制是逆势而为，但合规又是企业为求长期稳健发展的必经之路。这就要求公司从领导层面"扭转"认知，积极推动合规管理，并提供充足的人、财、物的资源支持。例如，组建合规委员会、在各业务及职能部门设置合规管理员、投入资金开发信息化系统辅助合规工作。

二是因为企业合规重在建章立制，"一把手"必须亲力亲为。领导者自上而下的顶层推动能保障合规所需的人，对于合规章程、政策、流程的制定和落实具有关键作用，可以保障合规制度的权威性。另外，领导者应当确保企业的核心价值观不背离拟定的合规框架，确保企业在合规的道路上稳健发展，获得长期竞争优势。

三是因为企业合规关乎责任和风险，在一定程度上影响到企业的生死存亡，必须"一把手"出面担当。领导者需要认识到合规的重要性和企业潜在风险的严重性，确定企业合规的方向和重点。

四是因为企业合规是一项系统工程，每个部门、员工、业务条线都要参与，必须"一把手"统筹协调。合规管理从领导做起，可以确保资源统筹分配，人员高效协作，将合规的"三道防线"层层落实。

（二）合规管理缺少"一把手"支持的后果

领导的积极示范和对合规的重视可以提高员工对合规议题的认识，推动员工对合规政策、合规流程加强理解，帮助员工认识到合规在企业业务发展中的重要性。这将对企业内合规文化的形成具有深远影响。反之，合规管理缺少领导支持可能导致形式合规等多种后果。

从合规管理方面来看，缺少领导者的支持和强调，企业可能缺乏明确的方向和优先级，员工对合规的认识和参与度可能降低，甚至出现弱化合规文化的现象。而这对企业来说无疑是危险的，将极大增加企业法律风险、威胁企业声誉。

领导者的行为和态度对企业有着深远影响，领导者的参与和关注是推动企业合规的关键要素。

（三）如何用好"一把手"的资源

"一把手"的精力有限，过多占用会使企业损失决策上的机会成本，必须要把"好钢用在刀刃上"。为此，企业需设计高效准确的汇报机制，并积极收集和利用合规管理相关数据和信息，让合规管理的决策有丰富的信息支撑。另外，企业还可以通过建立合规管理委员会、首席合规官、部门合规岗位等方法，确保领导者可以将部分决策责任进行分配，而将领导层的精力集中在优先权和战略性的决策上。在此基础上，确保汇报机制高效准确、合规岗位能直接和决策层对接，也可以极大地提升决策效率。例如，某企业主要领导亲自分管合规部门，首席合规官（总法律顾问）直接向主要领导负责并汇报工作，就可以避免多头领导、多头汇报、各领导意见不一，有利于合规管理工作的高效开展、公司主要领导及时掌握有关情况。

四、总结

企业合规的很多难点、痛点，都需要"一把手"的关键决策以及责任担当才能推动解决，而离开了"一把手"的支持，就容易让合规管理在推进的过程中，缺少实际的落地效果，沦为"纸面合规"，变得不堪一击。

因此，企业主要负责人作为推进法治建设第一责任人，应当切实履行依法合规经营管理重要组织者、推动者和实践者的职责，积极推进合规管理各项工作。

第 16 问 首席合规官是什么官？

一、概述

首席合规官是在合规管理体系运行中，对合规管理体系建设与运行起到领导作用的专职人员，其职责权限是对合规管理体系运行负总体责任，并拥有指导、监督的权限。一直以来，众多国际化企业采用了首席合规官与总法律顾问并行负责企业合规管理与法务管理事务的模式。自 2022 年《中央企业合规管理办法》印发以来，中央企业的首席合规官越来越多地开始设立，并由企业的总法律顾问兼任。

二、依据

《中央企业合规管理办法》第十二条规定："中央企业应当结合实际设立首席合规官，不新增领导岗位和职数，由总法律顾问兼任，对企业主要负责人负责，领导合规管理部门组织开展相关工作，指导所属单位加强合规管理。"

三、分析

在实践中，首席合规官的设置各有不同，如是否由总法律顾问兼任、是否独立聘用、是否位列上市公司高管，均有不同的考虑。职级上的安排也有个性化的调整，如根据某省省属企业机构设置和人员管理办法，总法律顾问明确为总经理助理职级，此时首席合规官有可能也是总经理助理职级。

但首席合规官不变的原则之一就是对企业主要负责人负责，且应纳入核心管理层。

ISO 37301确定了合规治理三原则，即直接接触原则、独立性原则和权限适当原则。《中央企业合规管理办法》第十二条规定首席合规官对企业主要负责人负责（该办法第十条规定中央企业主要负责人作为推进法治建设第一责任人），体现了直接接触原则的要求。因此，首席合规官的职务级别在企业中得到正确的建立，既是其职能职责能够有效发挥作用的保障，也是企业合规管理体系建设能够符合国际标准、符合/参照国内立法达到一致性的基本要求。

首席合规官的任务是领导中央企业开展合规管理，是对企业合规管理体系运行负有职责、享有权限的高级管理职位。其职责是为公司建立和维护有效的合规管理体系，确保公司在法律、法规和道德准则方面的合规性，并减少合规风险。

（一）首席合规官如何设置

企业应当结合实际设立首席合规官，不新增领导岗位和职数，由总法律顾问兼任，对企业主要负责人负责，领导合规管理部门组织开展相关工作，指导所属单位加强合规管理。

从责权来看，首席合规官的具体职责如下：

（1）领导合规管理牵头部门开展合规相关工作。

（2）参与企业重大决策并提出合规审查意见。

（3）向董事会和经理层汇报合规管理重大事项。

（4）牵头应对重大合规风险事件。

（5）指导所属单位加强合规管理工作。

设置首席合规官，有利于进一步明确合规管理职责、落实责任，统筹各方力量更好地推动工作，也展现了企业对强化合规管理的高度重视和积极态度，对推动企业依法合规经营具有重要示范带动作用。

（二）并非所有企业都必须设置首席合规官

ISO 37301 并未要求各企业在合规建设体系中必须设置首席合规官。在企业进行合规认证的工作中，也并未将是否设置首席合规官作为认证通过的决定性标准。目前，首席合规官的设置是依据《中央企业合规管理办法》对中央企业的要求。按照该办法的规定，国有企业中的省属企业、市属企业等非中央企业并不在"应当设置"的范畴。但随着各省、市国资委陆续贯彻《中央企业合规管理办法》精神制定其具体适用的合规管理办法，目前部分省、市已要求所属企业应当设置首席合规官。对于民营企业而言，目前相关立法和标准并无必须设置首席合规官的要求。但需注意的是，对于未设置首席合规官的企业，开展合规体系建设也需要按照 ISO 37301 标准指定一人对合规管理体系运行负有职责，享有权限。

（三）首席合规官的责权

根据《中央企业合规管理办法》第二十一条规定，中央企业应当将合规审查作为必经程序嵌入经营管理流程，重大决策事项的合规审查意见应当由首席合规官签字，对决策事项的合规性提出明确意见。业务及职能部门、合规管理部门依据职责权限完善审查标准、流程、重点等，定期对审查情况开展后评估。第十二条明确了首席合规官领导合规管理部门组织开展相关工作，指导所属单位加强合规管理的职责。第二十二条第二款明确中央企业因违规行为引发重大法律纠纷案件、重大行政处罚、刑事案件，或者被国际组织制裁等重大合规风险事件，造成或者可能造成企业重大资产损失或者严重不良影响的，应当由首席合规官牵头，合规管理部门统筹协调，相关部门协同配合，及时采取措施妥善应对。

（四）首席合规官应当具备的资格、条件和能力

鉴于首席合规官在中国的实践刚刚开始，大多数企业正在将其对标总法律顾问，因此首席合规官的资格问题就可以《国有企业法律顾问管理办法》第十八条对总法律顾问提出的要求为基础：（1）拥护、执行党和国家的基本路线、方针和政策，秉公尽责，严守法纪；（2）熟悉企业经营管理，

具有较高的政策水平和较强的组织协调能力；（3）精通法律业务及合规管理，具有处理复杂或者疑难法律事务、合规管理事务的工作经验和能力；（4）具有企业法律顾问执业资格，在企业中层以上管理部门担任主要负责人满 3 年的；或者被聘任为企业一级法律顾问，并担任过企业法律事务机构负责人的。

此外，对于首席合规官的合规责任，还应当额外要求熟悉 ISO 37301、GB/T35770 等合规管理国际、国内标准，并掌握合规管理所需的内部审计、合规审计、统筹管理等相关技能。

四、案例

在实践中，首席合规官设置可能会遇到哪些问题？

案例 1：设置首席合规官的权责匹配疑问

某企业在考虑设置首席合规官时，决策层在接受访谈中提出疑问：（1）首席合规官要履行其工作职责，仍然需要依托于其领导的工作团队，此工作团队的设置需要什么样的配置和运行机制？（2）现有人员能否胜任首席合规官的岗位？如何去选择适当的人员来担任首席合规官？（3）首席合规官能否在实际重大业务流程中判断风险并确实行使"一票否决权"？首席合规官签字通过的决策若发生重大风险，对首席合规官追究责任，其职业风险是否过大？

案例 2：首席合规官设置对认证的影响疑问

某企业咨询，公司想要进行合规体系建设，但对现有组织架构和人事架构而言，调整核心管理层设置并增加首席合规官岗位存在一定难度。按照合规认证的标准和相关法律规定，企业是否必须设置首席合规官？

案例 3：设置首席合规官的企业对标

A 公司首席合规官带领团队逐步建立起如今的合规管理体系，公司相关指导性文件都明确指出"合规是公司开展一切业务不可妥协的基石"。A 公司首席合规官的职责覆盖了几乎所有合规管理体系的方方面面，包括前端的预防、后端的监督，以及违规举报和调查。合规管理制度覆盖率和执行率如果要逼近 100%，那么各级管理层都要以身作则、积极主动，合规人员更应如此。

B 公司依托"一横一纵"的原则来推动合规管理工作。其中"一纵"指公司设有专门负责合规的办公室，在下属区域一般会设置首席合规官岗位。"一横"指由首席合规官负责牵头，让关联部门一起参与，广泛联动。

C 公司首席合规官负责领导全球合规团队，监督公司的法律、合规和道德标准，确保公司的行为符合适用法律和法规，以及内部的道德和行为准则。此外，首席合规官还负责与政府、监管机构和其他利益相关者沟通，以保持良好的合作关系，确保公司的商业活动符合适用法律和规定。

结合以上具有代表性的实践情况，首席合规官的设置中存在的相关实践难点和运行疑问还在于对合规管理体系建设、运行、标准等相关问题缺乏深入理解或者割裂理解，主要体现于如下问题：

1. 合规的体系性：首席合规官是合规体系的领导统筹者，其职能的有效性需要基于合规管理体系有效性实现。

2. 合规义务的广泛性：合规义务涉及公司各方面的经营事项，其遵从程度需要内部各职能的执行、协作、监督，首席合规官重点是对合规管理体系运行承担权责。

3. 合规的持续性：合规并不是一蹴而就的，而是需要整合联动企业资源，"三道防线"共同协同才能实现，首席合规官即这一持续建设工作的关键领导者。

4. 合规的主动性：合规文化建设对于企业合规运行非常重要，从"要我合规"转变到"我要合规"，需要在首席合规官的组织、计划、统筹、领导下开展系列工作。

5. 合规的业务嵌入性：首席合规官对于嵌入业务的风险控制节点进行把控并不等于对所有业务决策、业务工作负责，只是负责合规要求转换为业务风险的管控有效性。

第17问　业务部门如何履行主体责任?

一、概述

合规风险主要是指因不合规行为引发法律责任、受到相关处罚、造成经济或声誉损失以及其他负面影响。常规的合规风险往往发生在业务一线,因此企业合规的风险主要来源于业务部门。企业的业务部门与职能部门只有将合规制度、合规流程、合规风险评估等嵌入具体业务流程,才能有效防范风险,即履行其主体责任。实践中存在的一种误区是认为合规工作仅为合规管理部门的职责,而未强调业务部门参与合规工作的主体作用,导致形成合规管理与业务"两张皮"。"管业务必须管合规",即着重强调了业务部门的合规管理职责,业务部门和职能部门作为合规管理的第一道防线,在履行本职业务职责的同时,对于良好的合规管理具有重要作用。

二、依据

《中央企业合规管理办法》第十三条

中央企业业务及职能部门承担合规管理主体责任,主要履行以下职责:

(一)建立健全本部门业务合规管理制度和流程,开展合规风险识别评估,编制风险清单和应对预案。

(二)定期梳理重点岗位合规风险,将合规要求纳入岗位职责。

（三）负责本部门经营管理行为的合规审查。

（四）及时报告合规风险，组织或者配合开展应对处置。

（五）组织或者配合开展违规问题调查和整改。

中央企业应当在业务及职能部门设置合规管理员，由业务骨干担任，接受合规管理部门业务指导和培训。

三、分析

（一）第一道防线的职能

业务部门作为第一道防线在合规管理中有着无法替代的重要性，可以从源头防范风险发生。一是因为业务部门对企业的业务流程和日常经营中的风险有深刻的认识和了解，是合规风险的直接面对者，也是"第一道防线"之名的来源。业务部门能够高效地将合规要求融入业务操作中去。二是因为业务部门是合规政策和流程的执行者，业务部门参与合规的深入程度直接关系到合规管理体系建设的适用性，业务部门的执行情况决定了合规政策能否发挥有效性。三是业务部门的分析识别和汇报作用具有不可替代性。

（二）工作机制的建立

《中央企业合规管理办法》对于业务部门与职能部门在合规管理上的职责具有明确规定，但必须指明的是，仅凭只懂业务的业务骨干和普通员工，这些职责的切实履行将存在较大困难。因此，企业或其他部门（尤其是合规管理部门）给予有力支持显得十分重要。设置业务骨干担任的合规管理员，接受合规管理部门业务指导和培训，一方面作为业务骨干对于业务开展通常具有全局性的认识，能够准确把握其中可能出现的违规行为以及对应的风险点；另一方面经过合规管理部门业务指导和培训后，能够及时排查、识别、评估、预警合规风险，并依照规定向合规管理部门报告，从而在风险产生的"第一道防线"实现高效防范。

各业务与职能部门要在各自业务领域内建立健全本部门业务合规管理

制度和流程，开展合规风险识别与评估，通过建立合规风险识别预警和应对机制，全面梳理经营管理活动中存在的合规风险，对风险发生的可能性、影响程度、潜在后果等进行系统分析，拟定风险清单和应对预案。梳理重点岗位合规风险，将合规要求纳入岗位职责，对于典型普遍、可能产生较严重后果的风险及时发布预警。业务部门与职能部门的负责人应当发挥统筹管理作用，对本部门的事务及岗位人员业务进行合规性审查。对于合规风险与问题的发生，应当及时报告，组织或者配合开展应对处置，做到及时整改，充分发挥第一道防线的作用。开展合规管理评估，建立各部门协同联动机制。深入查找根源，完善相关制度，堵塞管理漏洞，推动合规管理与法律风险防范同纪检监察、审计、内控、风险管理等工作的统筹衔接。

案例：

为了更好地使业务部门履行主体责任，推动"第一道防线"有效落地，A 公司通过制定重点岗位合规职责清单、明确各部门合规管理员职责、编制重点业务合规管理要求等方式，在具体部门设立专岗专员履行合规管理职责。在常规合规风险管理各项工作的基础上，A 公司着力加强重点领域合规风险清单制管理，组织成员单位识别分析重点领域合规风险，动态更新维护，以清单制确保摸清重点领域合规风险的情况，进而安排行之有效的措施。

合规风险的辨识工作一直是企业合规管理的基础，也是重中之重，但如何准确识别风险，非常考验合规人员的实战经验，要求风险的识别与企业的经营管理实际紧密结合。因此发挥第一道防线的作用，让业务部门直接识别合规风险，是最有效、最经济的做法，因为没有人比业务人员更熟悉业务。同样，流程中的风险识别，确定更适合业务的风险控制措施，也离不开第一道防线的工作，实践中令人头痛的不是制度的数量，而是制度要求与业务实际不符，导致制度难以执行下去。

为实现"合规经营促发展，防范风险增效益"的经营管理目标，某电力建设工程有限责任公司重点对劳动用工、合同履行、工程进度、诉讼案件、公益捐助、个人信息保护等实际业务过程中涉及的法律合规风险进行全面排查和评估，制定了涵盖 20 个管理领域法律合规风险台账并拟订应对预案；从招标、结算、资金支付、合同管理等环节入手，对公司制度的合理合规合法性开展大扫描、大体检，对现有制度查漏补缺，通过严密的"立、改、废"工作流程，完善了《市场开发投标管理办法》《合作项目投标管理办法》《市场开发激励办法（试行）》《安全管理制度、法律法规（更新）》等多项规章制度，强化对招投标、劳务用工、安全、资金使用等环节全过程合规管控，有效提升合规经营水平和项目盈利能力。通过突破难点、补齐短板，强化合规管理意识，逐步形成职责分工更加明确、机制运行更加顺畅、风险防控更加有效的合规管理体系。

四、总结

企业合规的风险主要来源于业务部门。只有将合规制度纳入具体业务流程，才能有效防范风险。合规工作不仅仅是合规管理部门的职责，业务部门和职能部门更应当充分发挥合规工作的主体作用，在履行本职业务职责的同时，推动合规管理与法律风险防范。

第 18 问 合规管理部门如何发挥牵头作用？

一、概述

合规管理部门是企业合规的第二道防线，其职责主要是起草基本制度和年度报告、三项合规审查、开展风险识别及处置、受理违规举报并参与调查、组织培训、推进合规信息化建设等，通过参与公司重大事项全过程，强化重大决策合法合规性，做好企业制度及机制建设，实现合规风险的切实防控。

二、依据

《中央企业合规管理办法》第十四条规定："中央企业合规管理部门牵头负责本企业合规管理工作，主要履行以下职责：

（一）组织起草合规管理基本制度、具体制度、年度计划和工作报告等。

（二）负责规章制度、经济合同、重大决策合规审查。

（三）组织开展合规风险识别、预警和应对处置，根据董事会授权开展合规管理体系有效性评价。

（四）受理职责范围内的违规举报，提出分类处置意见，组织或者参与对违规行为的调查。

（五）组织或者协助业务及职能部门开展合规培训，受理合规咨询，推进合规管理信息化建设。

中央企业应当配备与经营规模、业务范围、风险水平相适应的专职合规管理人员，加强业务培训，提升专业化水平。"

ISO 37301 5.3.2 合规团队

合规团队应负责合规管理体系的运行，具体包括：

——促进识别合规义务；

——编制合规风险评估文件（见 4.6）；

——使合规管理体系与合规目标保持一致；

——监视和测量合规绩效；

——分析和评估合规管理体系的绩效，以决定是否需要采取纠正措施；

——建立合规报告和记录制度；

——确保按策划的时间间隔对合规管理体系进行评审（见 9.2 和 9.3）；

——建立提出疑虑以及确保疑虑得到解决的制度。

合规团队应监督：

——履行已识别的合规义务的职责在整个组织内得到有效分配；

——合规义务纳入方针、过程和程序的整合；

——所有相关人员按要求接受培训；

——建立合规绩效指标。

合规团队应：

——使人员可获得与合规方针、过程和程序有关的资源；

——就合规相关事项向组织提供建议。

注：合规团队的特定职责并不免除其他人员的合规责任。

三、分析

（一）第二道防线的职能

虽然业务与职能部门作为第一道防线的合规管理职责是"重中之重"，但第二道防线的合规管理职责同样不容忽视，合规管理部门牵头、组织、协调的作用对于合规体系有效运行起着关键性的作用。在合规管理体系建设的初期，合规管理部门承担了评估合规管理现状、合规组织设立、组织起草合规管理基本制度、工作报告等基础性的合规管理工作。在合规体系运行的过程中，企业通过提供指导、培训与咨询等措施，使作为第一道防线的业务部门与职能部门掌握更多的合规管理知识与技能，进而防范风险。在重大合规风险事件发生后，合规管理部门的专职合规管理人员具有更专业的法律知识，能够及时采取措施妥善应对，做好统筹协调，并事后帮助业务部门与职能部门进行合规整改。可见，合规管理部门作为第二道防线在事前、事中、事后各阶段的合规管理中均发挥着重要作用。

（二）工作机制的建立

合规管理部门应及时关注企业业务发展的各种情况，与业务部门开展制度性对话与协作，综合运用不同的合规措施，有针对性地开展专项合规，及时、准确地了解、发现、掌握、防范、处置企业合规风险点。例如，人员专业化。配备与经营规模、业务范围、风险水平相适应的专职合规管理人员，加强业务培训，提升专业化水平。

（1）在规章制度、重大经济合同业务、重大决策事项等方面开展合规审查；

（2）组织企业开展合规风险识别、预警和应对处置，根据企业决策层的授权开展企业的合规管理体系有效性评价；

（3）建立健全合规举报调查及处置机制。对举报不合规事项进行分类调查，同步做好处置意见，为企业合规委员会作决策提供依据。

（三）合规管理部门的独立性如何保障

合规管理部门的独立性是企业合规管理工作成效的保障，这就要求合规管理部门及其工作人员能独立履行审查职责，不受其他部门和人员的干涉，还要求其他的业务部门予以积极配合，确保提供准确、完整的信息。

（1）独立发表意见，对重大不合规事项的一票否决：一票否决制度如何落实，合规人员与业务人员的重合带来决策难这一问题。以企业实际安排首席合规官兼管业务为例；在同一个会议中，如何确保合规管理部门"敢于"使用一票否决权。

（2）首席合规官（总法律顾问）兼任合规部门负责人：合规部门负责人的职级、权限，一人兼任和两人分任的区别。

（3）合理配置合规风控部门专业人员：调查、沟通、提供咨询的技能；合规部门本身产生利益冲突时的应对——主动披露／其他部门调动、合规联络／管理员的日常维护。

（4）对下级企业合规风控部门负责人任免提出意见、建议：与组织部／人力的职能分配；汇报事项的权限等。

四、案例

为了使合规管理部门在企业合规领域中更好地发挥专业作用，A公司的主要做法有：一是重视队伍"外引内育"。高度重视对专业法务合规人才的引进和培养力度，结合各单位实际，通过外引内育、挂职交流、专业培训等方式，切实提升法务合规人员对公司主责主业的参与度和工作实效性，积极打造法商融合型、复合型、外向型合规人才队伍。二是组建法律风控专家库。着力完善法治、风控专家库的建设和管理，首批组建涉外、投资并购、工程建筑、诉讼四个组别的法律专家库。法律专家库成员充分发挥专业优势，在上述方面出谋划策，助力企业提升风险防控和合规经营能力。

合规管理部门如何设置，在企业实践中往往有多种表现形式，对于企业来说，痛点往往是资源是有限的，因为对于资源充足的企业，如何设置合规管理部门都可以达到合规管理的目的。因此关键在于如何使合规管理团队的力量发挥最大效用，像A公司能够将合规人员的引入渠道丰富化，不局限人员的引入来源，并且加强合规管理人员在境外合规事项、重点领域的部署，形成有层次、有重点的梯队建设，是防控风险的有效措施。

五、总结

合规管理部门作为第二道防线，其牵头、组织、协调的作用对于合规管理体系有效运行起着至关重要的作用。合规管理部门的专职合规管理人员通常具有更加专业的法律知识，主要职责包括合规管理现状评估、组织起草合规管理基本制度、提供指导培训与咨询等措施、统筹协调并帮助业务部门与职能部门进行合规整改，可见，合规管理部门作为第二道防线在事前、事中、事后各阶段的合规管理中均发挥着重要作用。

第19问　监督部门如何发挥监督作用?

一、概述

监督部门涵盖纪检监察机构和审计、巡视巡察、监督追责等部门,主要职责是在职权范围内对合规要求落实情况进行监督,对违规行为进行调查,按照规定开展责任追究,具体包括:

(一)监督企业经营管理行为,对违规行为提出整改意见。

(二)会同合规管理牵头部门、相关业务及职能部门,对合规管理工作进行全面检查或专项检查。

(三)对企业和相关部门整改落实情况进行监督检查。

(四)在职责范围内对违规事件进行调查,并结合违规事实、损失情况等追究相关部门和人员责任。

监督部门作为第三道防线,显著提升了合规管理的监督作用和威慑力,强调监督部门在职权范围内的监督、调查、追责职责,包括设立违规举报平台,公布举报电话、邮箱或者信箱。

二、依据

《中央企业合规管理办法》第十五条规定:"中央企业纪检监察机构和审计、巡视巡察、监督追责等部门依据有关规定,在职权范围内对合规要求落实情况进行监督,对违规行为进行调查,按照规定开展责任追究。"

三、分析

在合规管理中，企业的"三道防线"有着不同的职能划分，以期全面覆盖企业合规管理事前、事中、事后阶段。然而，在实践中，第三道防线被要求参与合规事前、事中管理的情况越来越多，如要求监察部门参与到企业招标流程的监管中，这就难免产生对第三道防线事后调查、监督的独立性的质疑：当第三道防线参与到事前、事中的监督中去，调查和处理经自己审核确认的流程时，是否还能保持独立、公正？第三道防线是否还能发挥保障作用？

只要能合理安排第三道防线在事前、事中的监督角色，就不会影响其事后监督、调查、处理的独立性。在企业建立了科学、合理、完备的控制流程的情况下，由担任第三道防线的部门进行程序性审核和确认，可以及时、有效地监管企业合规政策的落实情况，防患于未然。而与此同时，需要避免的仅是第三道防线在事前、事中进行实质审核。只要避免第三道防线参与事实层面的监察，就可以保证其事后仍能保持独立，参与事件的监管、调查工作。

四、案例

案例 1：B 企业强化合规风险"三道防线"的作用[①]

B 企业建立健全"4+4"大监督体系，形成以"纪律监督、监察监督、派驻监督、巡视巡察监督"为主导，"财务监督、审计监督、法律监督、董监事监督"贯通协同的"4+4"大监督机制。

为了强化纪检部、审计部的监督责任，切实发挥"第三道防线"的震慑作用，B 企业于 2022 年计划对工程建设项目、物资采购、外协外包、招

---

① 参见《B 企业强化合规风险"三道防线"的作用》，载重庆市总工会网站，https://t14.cqgh.org/youdian/jcdt/20220429/205797.html，最后访问日期 2023 年 10 月 12 日。

投标等重点关键领域进行监督检查，对发现的问题督促有关部门立行立改，并严格落实相关制度，开展违规责任追究。

企业的合规管理体系有效性需要第三道防线负责把关，尤其是对于企业可能存在的舞弊现象、流程管控不严的现象，实践中往往难以发觉。因此工程建设、招投标、采购等环节总是存在较大的固有风险，而外部的监督力量虽然强大，但是对企业内部的了解不深，无法穿透层层阻碍，因此企业内部的第三道防线可以建立更多的检查手段和常态化的监督机制。

案例 2：合规"三员"

为了市场各方对电力交易机构运作及电力市场运营各环节的监督，某省电力市场管理委员会经研究决定设立合规"三员"：合规监督员、合规巡视员、市场分析员。某省电力交易中心的主要做法有：一是明确人员基本条件。合规"三员"队伍组建初期，选取电力市场管理委员会日常工作组成员单位、董事会专委会相关单位中有较高的政治素质、较强的工作责任心、注重细节的人员担任。二是厘清人员工作职责。合规监督员通过线上督查的方式对省内电力市场运营和交易期间对外发布的市场信息、通知、消息和推文等，对照规则、文件等分别进行合规检查。合规巡视员不定期对市场注册管理、交易组织、电量结算、电力交易平台应用各业务环节实施、归档等的合规性进行巡视和抽查。市场分析员做好电力市场运营信息收集、风险预测及市场分析，从一线从业者视角，按月编写电力市场分析报告。三是规范工作机制流程。某省电力市场管理委员会秘书处负责合规协同监督机制组织和运作，负责电力市场合规协同监督人员活动的联络、协调、服务和管理工作。强化沟通联系机制，建立定期座谈交流制度。定期收集整理合规协同监督人员所提的意见或建议，通报相关单位限期整改落实，及时反馈办理情况。①

---

① 《某省深耕市场合规建设 试行合规"三员"》，载北京电力交易中心网，http://www.xn-fiq1kxa241bxram22df9jop4a.net/html/main/col668/2023-06/12/20230612193458530856696_1.html，最后访问日期 2023 年 10 月 2 日。

为了将纪检监督、巡察监督、审计监督、专项监督等监督手段有效联系起来，不断健全和完善"监督信息共享、监督责任共担、监督工作共抓"的"大监督"体系，中国石油××油田公司××采油厂坚持党建引领、监督护航，按照"各有侧重、目标统一、权责协同、依法合规"的工作思路，推动监督工作更加高效率、高质量展开，全面助推企业依法合规管理。主要做法有：一是建立党委牵头抓总、纪委协调督办的组织机构。成立以党委书记为组长，纪委书记为副组长，各业务部门主要负责人为成员的大监督工作领导小组，健全纪委委员、纪检委员、党风廉政监督员管理办法，制定纪委委员联系党支部工作制度、健全党风廉政监督员实施细则，选聘17名基层党风廉政监督员，厂纪委委员、作业区纪检委员分片联系1个至2个党支部、党小组，形成横向到边、纵向到底的"大监督"工作格局。二是制定职责界面明晰、流程严谨规范的管理细则。通过组织各业务部门、职能部门和纪检部门充分研讨，以实际操作者的视角看待大监督执行，制定完善并形成了大监督工作运行实施细则，规范了监督发现问题的处置和销号程序，明确了发现问题、制定措施、落实整改、跟踪督办各个环节的工作流程和工作标准，开展联合监督检查59次，发现和整改各类问题165个，切实解决监督合力不够、机制流程不畅、实践可操作性不强等问题，为油田大监督运行管理提供可靠的制度遵循。三是搭建业务协调合作、信息交流共享的监督平台。搭建监督主体工作平台，依托"大监督工作办公室"强化对监督成员整体工作的有效激励，全面提升监督效果。搭建监督事件协商决策平台，召开大监督联席会2次，通报典型问题24个，7个部门作监督落实情况汇报交流，形成各监督主体之间协同工作的有效机制。搭建监督信息交流共享平台，充分利用"码上监督·廉心采十一"等公众号广泛收集来自基层和群众的监督信息，做到既见"树木"又见"森林"，实现信息共享、监督共享、成果共享。[①]

---

① 《构建"大监督"体系，促进合规管理》，载《国企》杂志2022年12月号（下半月刊）。

五、总结

监督部门作为第三道防线，显著提升了合规管理的监督作用和威慑力，强调监督部门在职权范围内的监督、调查、追责职责，鉴于央企、国企的审计、纪检监察等职责及程序均有较完善的法律法规及党内法规的规定，在实践中也不必跳出相关规则。第三道防线会在原有的框架和规则内各司其职，协同发挥监督作用。

第20问 合规管理员应当具备什么样的能力?

一、概述

当前我国企业合规面临着一定的挑战,建立企业内部的合规管理体系有助于防范化解来自内部和外部的经济和经营风险。根据《中央企业合规管理办法》第十三条第二款规定,中央企业应当在业务及职能部门设置合规管理员,由业务骨干担任,接受合规管理部门业务指导和培训。

合规管理员既能够作为网络通道将公司的合规管理要求自上而下地部署传达到各个业务单元、经营管理一线,又能够作为传感终端将具象化、多样化的合规风险自下而上地发现、管控和处置在较为初始的状态。合规管理员作为合规管理组织机构与企业部门内部的连接,应当全面覆盖到企业的各个部门,使合规管理在企业整体范围内都能够系统、有效地开展。

二、依据

《中央企业合规管理办法》第十三条第二款规定:"中央企业应当在业务及职能部门设置合规管理员,由业务骨干担任,接受合规管理部门业务指导和培训。"

《四川省省属企业合规管理指引(试行)》第十三条第三款规定:"各业务部门应当指定合规管理联络员,负责本部门合规管理工作具体实施。"

《四川省省属企业合规管理办法》第十五条规定:"省属企业业务及职

能部门应当坚持全员合规的基本导向，明确并严格落实全员合规责任，应当设置合规管理员，由业务骨干担任。"

三、分析

（一）合规管理员的职责要求

1. 了解与遵守法规：合规管理员需要全面了解与企业相关的法规要求，并确保企业的运营活动符合相关法规。他们需要持续跟进法规的变化，接受合规管理牵头部门的业务指导和培训，主动对接合规管理的相关工作。

2. 制定内部合规制度：合规管理员需要参与制定企业的内部合规制度，特别是本部门、本业务领域的合规制度，确保其与外部法规相一致，并能够满足企业的特定需求。他们需要与各部门合作，制定出可行的合规措施，并向员工进行培训和宣传。

3. 风险评估与监测：合规管理员需要进行风险评估，识别与企业合规相关的潜在风险，并制定相应的监测措施。他们需要建立有效的风险监测体系，配合组织梳理、实时更新本部门及本业务领域合规义务清单，开展部门合规风险识别，编制合规风险报告及应对措施，及时发现并解决合规问题，以避免企业因合规违规而遭受损失。

4. 内部合规审计：合规管理员一般应当是合规内审员，需要定期进行内部合规审计，评估企业合规政策的执行情况，并提出改进建议。他们需要与内部审计部门紧密合作，确保审计工作的有效进行。同时，需要配合开展合规管理有效性评价，接受内审员培训，持续提升内部审核能力和内审有效性。

（二）合规管理员的能力要求

一个合格的合规管理员应当具备三种重要的能力。

一是法律专业能力。合规管理涉及公司必须遵守的法律法规、行业标准、道德规范以及内部政策和程序，合规管理员需要具备一定的法律知识和理解能力。他们应该熟悉涉及企业业务的相关法律法规，并能够将这些法规解释和应用到实际情况中。合规管理员需要具备解读和理解相关法律条款的能力，确保企业全面遵守相关规定。他们要能够将法律条款转化成可操作的指导，让企业能够清楚地了解自己的合规义务。法律法规在不断变化和更新，合规管理员需要密切关注法律的最新动态，并及时调整公司的合规策略和措施。他们应该保持学习和研究的态度，以保持对法律知识的更新和深化。

二是风险管理能力。合规管理员需要具备有效的风险管理能力。这意味着，他们能够识别和评估潜在的合规风险，并采取措施加以防范和应对。合规管理员需要根据法律法规和公司的业务实际，制定合规政策和程序。这些政策和程序应该清晰明确，具备可操作性。风险管理能力有助于降低企业面临的法律风险和损失，提高企业在合规方面的稳健性。合规管理员需要具备识别潜在法律风险的能力。他们要能够分析公司的业务活动，识别可能涉及的法律风险和合规漏洞。通过及时发现和解决这些问题，可以避免企业因违反法律法规而面临的罚款、诉讼和声誉损害。

三是公司业务专业能力。合规管理员还应该了解企业的业务和运营模式。他们需要了解公司的战略目标、业务流程和内部运作，以便将合规管理与业务需求相结合。合规管理员应该对涉及企业业务的所有法律法规有深入的理解。这包括国家、地区和行业层面的法律法规。他们需要了解不同法规的适用范围、要求和惩罚措施等内容，以便为企业提供合规建议和指导。公司业务专业能力使他们能够制定适合企业的合规策略和措施。

（三）专职合规管理员与兼职合规管理员

《商业银行合规风险管理指引》《保险公司合规管理办法》《证券公司和证券投资基金管理公司合规管理办法》都规定，企业应当根据业务规模、人员数量、合规风险水平等因素配备足够的合规人员，坚持按需定岗定编，满足合规管理需要。根据中国证券业协会发布的《证券公司合规管理实施指引》第二十七条第一款规定，证券公司总部合规部门中具备 3 年以上证券、金融、法律、会计、信息技术等有关领域工作经历的合规管理人员数量占公司总部工作人员比例应当不低于 1.5%，且不得少于 5 人。《中央企业合规管理办法》第十四条第二款要求，中央企业应当配备与经营规模、业务范围、风险水平相适应的专职合规管理人员，加强业务培训，提升专业化水平。

不同行业的企业对合规管理员资质的要求存在差别，但都要求具备与企业所在行业相关的经验、专业知识、专业技能，并熟练掌握法律法规、监管规定、行业自律准则和公司内部管理制度。

与专职合规管理员不同，不少企业在其职能部门和业务部门设兼职合规管理员，由职能部门和业务部门经验丰富、熟悉业务的管理人员担任。这样既能节省人力和成本，又能充分利用兼职合规管理员的丰富经验，还能对相关部门职能和业务有充分了解。

案例：

A银行组织召开专兼职合规风险管理员培训会议，出席会议的有该行法律合规部及风险管理部负责人、专职合规风险员以及全行各部室、支行兼职合规风险管理员。

法律合规部总经理对上年度兼职合规风险员履职情况进行总结回顾，对2023年度兼职合规风险员考核要点进行重点提示。合规案防岗专员对《2023年度兼职合规风险管理员考核管理办法》进行解读，围绕考核组织原则、考核对象期限、考核方式、考核内容分值等方面，对兼职合规风险管理员工作内容及要求进行详细说明。合规案防岗专员针对合规风险管理系统员工异常行为方面出现的问题进行汇总，并对报送内容提出规范化要求。法律合规审查岗的徐某某以前期全行合同文本梳理活动成果为基础，对合规系统合同管理功能进行讲解，以期进一步规范全行各类合同管理流程。

企业的兼职合规风险管理员是连接第二道防线与第一道防线的最佳实践，业务职能部门最大的问题往往是对合规管理部门的工作表示不了解，也就没有了配合工作的基础。因此通过合规管理员在各个部门的设置，可以充分地使合规管理要求通过多个触手，触及业务部门，通过管理员向本部门进行传达部署。而合规管理员应当由专职与兼职共同构成，因为合规管理职能中如内部审核，需要大量的人手，而企业的专职合规管理人员力量十分宝贵，此时加强兼职合规管理员的培训教育也十分重要，应当让其充分理解公司的合规要求以及合规管理的技能、原则，如合规调查、内审应当如何开展，应多久进行一次有效的合规宣贯，如何妥善应对合规咨询和举报，合规信息化的系统功能有哪些等。①

四、总结

根据《中央企业合规管理办法》第十三条第二款规定，中央企业应当在业务及职能部门设置合规管理员，由业务骨干担任，接受合规管理部门业务指导和培训。随后，央企、国企进一步跟进相关措施，在公司业务及职能部门设置合规管理员，兼职部门合规事宜。作为合规管理员，其需要承担制定内部合规政策与评估、预测部门运营风险等任务。与此相适应，合规管理员需要具备法律专业能力、风险管理能力以及熟悉公司相关业务的能力。

---

① 《筑牢合规安全防护网 A 银行开展专兼职合规风险管理员培训》，载中国经济新闻网，https://www.cet.com.cn/zhpd/ncjr/3382205.shtml，最后访问日期 2023 年 10 月 2 日。

第21问　合规管理与法务管理、内部控制、风险管理等如何协同运作?

一、概述

合规、法务、内控、风险管理相互联系、互有交叉、各有侧重、相辅相成。推动合规、法务、内控、风险管理协同运作，是大型企业加强统筹协调、提高管理效能的必然结果，对于企业的职能统筹、风险评估及规范管理等均有巨大价值。

二、依据

《中央企业合规管理办法》第二十六条规定："中央企业应当结合实际建立健全合规管理与法务管理、内部控制、风险管理等协同运作机制，加强统筹协调，避免交叉重复，提高管理效能。"

三、分析

（一）合规管理

《中央企业合规管理办法》第三条第三款规定指出，本办法所称合规管理，是指企业以有效防控合规风险为目的，以提升依法合规经营管理水平为导向，以企业经营管理行为和员工履职行为为对象，开展的包括建立合规制度、完善运行机制、培育合规文化、强化监督问责等有组织、有计划的管理活动。再结合国内外专家学者对于合规管理的定义来看，"合规管理"即企业参考上述"合规"，使其管理机构主动实现企业经营管理的规范性，保护相关各方的合法权益，从而符合上述"合规"具体要求的管理活动。

合规管理根据运行机制可以分为主动管理和被动防范两个方面。在现如今风险与机遇并存的市场大环境下，我国企业对于合规管理的概念也在逐步从"兵来将挡，水来土掩"的被动防范一步步转变为提前做好管理和防御措施的主动管理模式。

对于企业来说，"风险管理"的内容来源于企业运行过程中可能遇到的风险的预测，提醒企业要重视其运行的不确定性。"风险管理"对于企业合规管理具有一定的包容性，企业合规管理即在风险管理的基础上进一步细化、深化，从而更加贴合企业自身的种种特点。

（二）法务管理

法务管理是企业为了更加有效地适应外部条件的改变并完善内部治理结构，委派掌握一定法律专业知识与商务管理能力的员工构成法务管理部门，并以首席法务官（或总法律顾问）为主导，处理企业生产经营过程中出现的各种与风险管控、人员治理相关的问题，从而解决企业在各方面可能出现的法律风险。

目前，很多大型企业都将合规管理作为企业管理的重要组成部分，合规管理在企业管理中扮演着十分重要的角色，合规管理与法务管理既有交叉之处，亦有不同之处，总体而言，合规管理的内容多于法务管理。

法务管理代表管理者以法律规范为基础开展管理活动。管理层本身不需要精通法律，但他们必须对法务事项的后果承担责任。在当今企业治理结构下，管理层在法务工作中起主导作用，法务管理的理念和价值主张，必须站在企业管理层的高度，结合法律的专业度来考虑。法务管理应当实现商务活动与法律规范的融合，并发掘出法律中潜藏的管理以及商业价值，从而避免法律风险产生。

（三）内部控制

我国《企业内部控制基本规范》及配套指引是企业内部控制的重要依据。2008年6月，我国财政部、证监会、审计署、银监会、保监会联合发布了《企业内部控制基本规范》。2010年4月，又发布了《企业内部控制应用指引》《企业内部控制评价指引》《企业内部控制审计指引》等配套指引，《企业内部控制基本规范》及配套指引确立了我国企业建立和实施内部控制的基础框架，构建了中国企业内部控制规范体系。文件中明确了内部控制的含义和目标，且借鉴COSO（美国反虚假财务报告委员会）的框架，搭建了以内部环境为重要基础、以风险评估为重要环节、以控制活动为重要手段、以信息与沟通为重要条件、以内部监督为重要保证，相互联系、相互促进的五要素内部控制框架。另外，《企业内部控制应用指引》从组织架构、发展战略等18个具体事项进一步明确了内部控制要求。

根据我国2008年出台的《企业内部控制基本规范》及配套指引，内部控制指"由企业董事会、监事会、经理层和全体员工实施的、旨在实现控制目标的过程"，内部控制的目标是"合理保证企业经营管理合法合规、资产安全、财务报告及相关信息真实完整、提高经营效率和效果、促进企业实现发展战略"。

内部控制是企业在自身现有管理模式的基础上，进行自查自纠，根据经营状况动态调整管理模式，从而保证企业稳定且合规运行。实现内部控制，需要整个企业从管理层到每位员工对于各项规章制度的遵守。而从《企业内部控制基本规范》中，我们可以发现"内部控制"更关注程序的执行过程，属于整个企业宏观层面的调控，而对于企业合规管理来说，更注重企业各项具体事务的合规操作流程。并且内部控制的调整来源于企业内部的变动，企业合规管理的触发则是基于企业内外两个方面的全面调控，更具有前瞻性。

（四）风险管理

进一步完善企业风险管理体系是国企改革的重要任务之一，也是确保国有企业高质量发展的重要保障。国有企业高度重视全面风险管理工作，建立健全组织体系，构筑风险管理"三道防线"，围绕企业发展实际，制定全面风险管理制度，制定防范化解措施，不断强化内控体系建设，强化依法合规防范法律风险，提升风险管控能力。

我国国有企业风险管理实践的全面展开是以 2006 年国务院国资委（以下简称国资委）发布的《中央企业全面风险管理指引》为标志，而后各地方国资委陆续发布地方性全面风险管理指引性文件，进一步提升国有企业防范、化解重大风险能力，以保证国有企业战略目标的实现和公司经营的持续、稳定、健康发展。国务院国资委《关于做好 2023 年中央企业内部控制体系建设与监督工作有关事项的通知》要求，企业结合新一轮国企改革深化提升行动，推动中央企业持续健全内部控制体系，全面提高风险应对能力，切实提升核心竞争力和治理能力现代化水平。

企业风险管理一般要做好以下四个方面：

• 根据企业的战略目标、经营目标和合规目标，通过风险评估方法设定风险管理的主要目标（含管理愿景、目标和原则），保证风险管理与战略实施高度一致；

• 通过对风险偏好、风险容忍度等因素分析，建立企业的风险偏好体系；

• 立足公司实际，充分结合风险控制评估结构，完善风险治理架构，构建专业的风险治理体系，并明确各层级、管理部门职责与权限分配；

• 建立健全风险管理的收集、评估、共享机制，建立完整的风险控制工作流程以及全面的风险管理制度，把风险管理的各项要求融入企业管理和业务流程中，常态化开展合法性审查和各类风险排查，实现风险闭环管理。

（五）合规、法务、内控、风险管理系统协同机制

合规、法务、内控、风险管理相互联系、互有交叉、各有侧重、相辅相成。推动合规、法务、内控、风险协同管理，是大型企业加强统筹协调、提高管理效能的必然结果，对企业的职能统筹、风险评估及规范管理等均存在一定的价值。

《中央企业合规管理办法》第二十六条规定："中央企业应当结合实际

建立健全合规管理与法务运作、内部控制、风险管理等协同运作机制，加强统筹协调，避免交叉重复，提高管理效能。"

第一步：统一目标。

通过统筹法务管理、合规管理、内部控制、风险管理等工作目标，既强调四者目标的共通性，又突出各自的侧重点，将四者的目标进行统一描述，原有的个性化目标，作为协同机制的子目标。由此，可以得到"法务、合规、内控、风险"协同机制的统一目标：通过建立协同机制，确保企业能有效地遵循法律法规，平衡风险与收益，并实现企业权益最大化。

第二步：协同组织。

在大型企业集团内，法务管理、合规管理、内部控制、风险管理等工作职责，往往分属于不同的部门或岗位。进行协同管理，存在两个前提。一个前提是，需要一个统一的顶层设计。例如，在董事会下设置或合并一个合规与风控委员会，统筹领导集团的法务、合规、内控、风险管理等事务。另一个前提是，须将四类岗位职责进行统一分工，明确四者的工作边界。在同一业务事项下，可能需要法务、合规、内控等多个岗位参与，但执行的工作内容却是依据四者的不同子目标而进行。例如，在审查投资合同中，法务岗应当重视合同条款是否能保障本企业的合法权益等的审查；合规岗应当重视本投资事项和投资过程是否符合国家法律法规等的审查；内控岗应当重视本投资流程是否符合公司内部授权体系，是否属于履行公司的投资管控流程等的审查；风险岗应当重视本投资事项是否与公司战略相一致，公司是否有能力执行本投资等的审查。这些不同的审查内容，由不同岗位的审查人员出具，须先划分和明确其各自职责，然后合并审查，由此才能发挥出岗位的协同效益。

第三步：风险统一评估。

法务管理、合规管理、内部控制、风险管理等工作，均需要风险评估。如果缺乏协同运作机制，风险评估就是分别进行的，仅评估各自领域的风险。但是，对于风险的分类，其实是人为的，作为一种客观存在的可能性，风险其实是综合的。因此，作为协同运作机制的一个关键点，便要统一规划，对风险进行全面的评估。一次性对所有风险进行评估，不仅节省了成本，而且对形成企业员工的全面风控及合规意识大有裨益。同时，对问题与风险的发现，应当置于同一维度，同步进行辨识、分析与评价，形成整合的风险内控与合规控制矩阵。

第四步：流程协同设计。

在对问题和风险进行辨识、描述、分析之后，需要有针对性地提出解决问题的措施。在法务管理部分，解决问题的措施体现为审查意见、诉讼代理思路、并购法律意见等。在合规管理部分，体现为合规审查、合规检查、举报与合规调查等。在内部控制部分，体现为授权体系的设计、关键控制节点的设置、业务控制流程的优化等。在风险管理部分，体现为风险预警指标的设计、风险管理策略等。这些机制原来是分头进行的，如果实行四者的协同管理，应当合并"同类项"，突出"特殊项"，形成统筹的法务效率流程、合规监督流程、内控制衡流程、风险应对流程四大类管控流程。

第五步：制度合并汇编。

与管控流程类似，原有的法务管理、合规管理、内部控制、风险管理等均各自有其相关制度，如《合同管理办法》《合规管理办法》《风险管理办法》等。实行协同管理，可在管控流程统筹的基础上，制定专门的《法律、合规、风险、内控协同管理办法》。同时，借助企业整体规章制度建设优化的时机，将原有分散的风险管控类制度进行合并汇编，形成整合的风险管控与合规管理制度手册。

第六步：统一考核。

风险管控，重在有效执行。实行协同管理，应将协同职责逐级进行责任分解，将风险管控执行与管理权限配置、岗位合规职责落实等有机结合，建立整合培训机制，确保每个岗位员工熟知本岗位权限和职责，并具备相应的专业胜任能力，形成员工积极参与、自觉执行、主动监督的全员全面风险管控意识与氛围。加强信息沟通与报告机制以及日常监督检查，并转化为考核指标，将对协同管理的遵守情况纳入考核、形成评价。通过整体评价工作，充分揭示协同运作机制的设计缺陷和运行缺陷，提出管理改进建议，及时报告董事会和管理层，并跟踪落实缺陷整改。

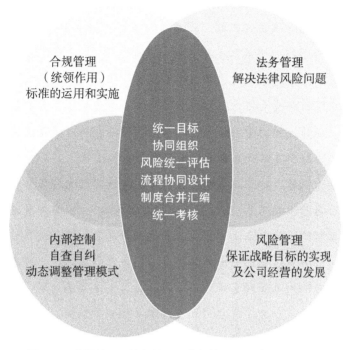

图2-2　合规管理、法务管理、内部控制、风险管理的关系

四、案例

越来越多的企业将合规、法务、内控、风险一体化作为强化管理的抓手，其中不乏以好的工具作为载体，将管控风险的措施和手段串联起来，制度和流程首先应从内容上进行串联，把外部的要求转化为内部的规范，再从信息化的角度，保障内部规范的实施，从系统的逻辑上阻断不合规的现象。把规范要求变成流程环节的具体做法，就是将管理层面的内容变成可操作的实践内容，合规管理部门与业务部门之间的经验视角不同，就像人的自然语言与机器能够识别的语言不同，编程是将自然语言转化成程序代码，让机器能够识别并执行指令，而形成流程化的控制也是将合规管理

部门能理解的要求,转化成业务部门能够理解的操作要求的过程,更是将各体系一体化的关键。

某电力公司——合规、法务、内控、风险一体化管理机制

依法治企是一项系统工程,贯穿于企业生产经营运行管理的全过程。近年来,公司围绕"强内控、防风险、促合规",在已有法务、风险、内控与合规管理体系的基础上,着力探索构建法务合规内控风险一体化管理机制,形成了以制度为根基、以流程为载体,各业务单位与职能管理部门紧密衔接、运转流畅的管理体系,充分发挥管理合力,确保将法治的理念落实到公司的每项具体业务和每个生产经营环节之中。

以制度为根基,建立业务全覆盖,横向到边、纵向到底的规章制度体系,构建公司治理的根基。"经国序民,正其制度",规章制度是公司依法治企的基本框架。为保证法律法规监管要求等在企业经营运行过程中落到实处,公司法务管理部门全面统筹建设公司规章制度体系,定期识别评估外部合规要求和内部管理需求,科学编制公司制度修编计划,建立制度分层分级审批机制,创建了集公司和内部各单位制度审批、印发、浏览、动态、统计、检索以及重要岗位可视化权限指引为一体的信息化制度管理平台,有效提升了公司制度管理水平和制度执行使用效益,筑牢了依法治企的制度基础。

以流程为载体,建立基于岗位职责的内控与合规审查机制,推动合规、风险、内控管理融合。业务流程是企业运行的血脉和经络,为保障在依法合规风险可控前提下业务流程的高效顺畅运转,公司以业务流程链条梳理为起点,通过多部门协同配合共同参与,厘清业务流程链中的审查人岗位,梳理各业务流程风险点和关键控制点,拟定各业务岗位的内控与合规审查要点;同时充分利用信息化手段,打通已有各业务信息系统数据库,将审查要点嵌入招标采购、合同管理等10多个重要业务流程,形成基于岗位职责的内控与合规审查机制,实现了业务信息系统在流程处理过程中对业务经办人、业务负责人、法律审核人等不同审查角色按岗位进行内控与合规审查要点的逐一提示和确认的功能,通过流程审核的信息化、标准化与

可视化确保公司业务开展能够"看得清风险，守得住底线，管得了流程，用得好法律"，实现法务、内控、合规和风险管理在业务中的融合。[①]

五、总结

合规、法务、内控、风险管理相互联系、互有交叉、各有侧重、相辅相成。当前，企业内部上述部门存在职能不分、效能发挥不足的现象。推动合规、法务、内控、风险管理协同运作，是大型企业加强统筹协调、提高管理效能的必然结果，对于企业的职能统筹、风险评估及规范管理等均存在一定的价值。通过统一目标、协同组织、统一风险评估、统一流程设计、制度整合、统一考核等方式，合规、法务、内控、风险管理可以有效融合，其各自功能也能够最大限度地发挥出来。

---

① 《完善依法治理体系，健全法务管理职能，为建设世界一流清洁能源上市公司提供法治动能》，载人民政协网，http://www.rmzxb.com.cn/c/2022-03-28/3082124.shtml，最后访问日期2023年10月2日。

第三章

合规管理制度建设热点问题

【导读】

合规管理制度体系作为合规管理体系中的一部分，也是合规管理体系最全面的载体，组织架构、职责、流程及责任的承担等都需要通过制度来法定化、规则化。本章以企业应当怎样搭建合规管理制度体系作为出发点，以合规管理基本制度包含哪些重点内容（是不是越多越好）、合规管理专项制度、合规手册应该如何制定等具体问题作为切入点，系统地回答关于合规管理制度建设的热点问题，旨在为企业构建科学合理、有效可行的合规管理制度体系提供参考。

第 22 问　企业应当怎样搭建合规管理制度体系？

一、概述

　　合规管理制度体系是合规管理体系中最为关键的子体系，也是合规管理工作中最为"有形化"的部分。搭建合规管理制度体系，重点在于根据企业实际情况和风险特点，全面梳理企业的合规义务和合规风险，制定适宜、充分、有效的合规管理制度。建立健全合规管理制度不是建设某一项或某几项单个的制度，而是要形成框架完整、层级清晰、具有严密逻辑关联的制度体系。该制度体系应当以基本制度为统领，以重点领域的合规管理具体制度或专项制度为枝干，融合到企业已制定的各项制度以及日常制度管理过程中。

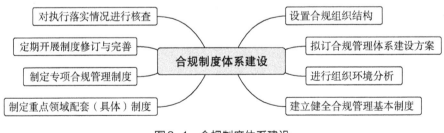

图 3-1　合规制度体系建设

二、依据

　　1. 2019 年 10 月 19 日，国务院国资委印发《关于加强中央企业内部控制体系建设与监督工作的实施意见》对中央企业完善管理制度提出了明确要求。

一、建立健全内控体系，进一步提升管控效能

（三）完善管理制度。全面梳理内控、风险和合规管理相关制度，及时将法律法规等外部监管要求转化为企业内部规章制度，持续完善企业内部管理制度体系。在具体业务制度的制定、审核和修订中嵌入统一的内控体系管控要求，明确重要业务领域和关键环节的控制要求和风险应对措施。将违规经营投资责任追究内容纳入企业内部管理制度中，强化制度执行刚性约束。

---

2. 2021 年 4 月 13 日，国际标准化组织（ISO）颁布 ISO 37301（亦即国标 GB/T 35770–2022），采用 PDCA（Plan：计划、Do：执行、Check：检查、Act 处理）理念完整覆盖了合规管理体系建设、运行、维护和改进的全流程，基于合规治理原则为组织建立并运行合规管理体系、传播积极的合规文化提供了整套解决方案。作为 A 类管理体系标准，ISO 37301 附录第 A.4.5 条提出，合规不仅要符合强制性的合规义务，如法律法规（外规），还要遵循组织自愿选择遵守的要求，如组织的要求、方针和程序（内规）。

3. 2022 年 8 月 23 日，国务院国资委令第 42 号正式发布《中央企业合规管理办法》，进一步提出中央企业应制定合规管理基本制度，结合实际制定专项合规管理制度，及时对规章制度进行修订完善，对执行落实进行检查。

第十六条 中央企业应当建立健全合规管理制度，根据适用范围、效力层级等，构建分级分类的合规管理制度体系。

第十七条 中央企业应当制定合规管理基本制度，明确总体目标、机构职责、运行机制、考核评价、监督问责等内容。

第十八条 中央企业应当针对反垄断、反商业贿赂、生态环保、安全生产、劳动用工、税务管理、数据保护等重点领域，以及合规风险较高的业务，制定合规管理具体制度或者专项指南。

中央企业应当针对涉外业务重要领域，根据所在国家（地区）法律法规等，结合实际制定专项合规管理制度。

第十九条 中央企业应当根据法律法规、监管政策等变化情况，及时对规章制度进行修订完善，对执行落实情况进行检查。

以上文件的陆续出台，为我国各类企业（组织）建立健全合规管理制度提供了系统化的解题思路。

三、分析

上述思路指明，合规管理制度体系的搭建过程实际是如何有效贯彻外部监管要求，规范企业以及企业内部主体行为，以规章制度为指引，将合规监管风险点嵌入企业经营管理的各领域、各环节，贯穿决策、执行、监督的全过程，并落实到各部门、各单位和全体员工，实现多方联动、上下贯通，实现企业（组织）的主体行为、经营活动与法律、规则和准则相一致的过程。

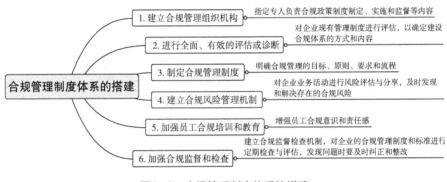

图3-2　合规管理制度体系的搭建

具体来说，关键步骤一般如下：

（一）建立合规管理组织机构

设置合规管理机构，并配备专职的合规管理人员负责制定、实施和监督合规管理制度，确保合规管理工作的顺利运行。例如，建立合规管理部门，明确部门职责和权责，并将其纳入企业治理结构中。

实务中，从顶层角度重新设计或更新企业的组织架构并确认各部门职责至关重要，按照企业流程审批、更新组织架构，根据新的组织架构组织各部门重新梳理部门职责和岗位说明书，制度归口管理部门再组织各部门调整流程，从而对应调整权限指引表，让其固化和落实到企业各部门各环节的流程中，为合规管理制度的有效运行奠定"有形化"的基础。

（二）进行全面、有效的评估或诊断

在搭建合规管理制度体系前，通常要对企业现有的管理制度或管理体系进行全面、有效的评估或诊断，以确定建设合规管理制度体系的方向和内容。

这一步往往要寻求专业机构以及法律相关专业人士的帮助，相关领域专家团队所具备的知识、技能和经验，能够为企业进行全面的评估和诊断提供准确的结论和建议。ISO 37301也明确了"理解组织及其环境、理解利益相关方的需求和期望、确定合规管理体系的范围"的内容，实践中，已经有不少优质企业通过对标、贯标ISO 37301有效地管控企业所面临的合规风险，全面提升企业合规管理的水平。

（三）制定合规管理制度

根据诊断结果或自身情况（所处行业、环境和法规），制定一套适合企业本身的合规管理制度，通过拟订合规体系建设方案，明确合规管理的目标、原则、要求和流程，包括合规管理的职责、权限、程序、监督和处罚等方面的内容，确保制度的严谨性和可操作性。

（1）从制度分级角度来看，合规管理制度建设在效力层级的分类上总体可分为三层，从上到下依次为章程，合规基本制度（合规管理办法、合规管理手册），以及合规配套制度、合规专项制度、公司其他规章制度。

图3-3 合规管理制度在效力层级上的分类

一般情况下，一级、二级制度按照公司法规定批准，三级制度一般经总办会批准。具体依据企业所属基本法律法规，结合企业规定的权责来确认批准层次。

（2）从制度分类角度来看，通常，企业主要围绕法律法规、内部控制、员工培训、监督管理、风险应对五个方面的内容来制定合规管理制度。

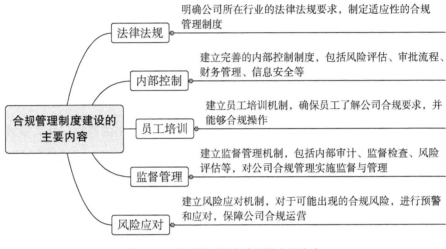

图3-4　合规管理制度建设的主要内容

例如，实务中，《企业内部控制应用指引》中有十八个模块的基础分类，企业通常会根据实际情况进行增减。例如，文化类企业通常无工程项目模板，会减少或不涉及该模块等。

须注意的是，在这一关键步骤中，对制度进行清理、对制度分级分类、对制度"立改废释"、提出改进方案、制作专项指引、落实合规管理责任、完善合规管理运行机制、打造和加强合规文化建设等，每一个环节都需要通过落实到纸面、落实到规章制度层面的形式来体现。

（四）建立合规风险管理机制

建立合规风险管理机制，是指对企业的业务活动进行风险评估和分析，及时发现和解决存在的合规风险。例如，制定风险识别、评估、控制和监测等流程，为企业管理行为提供有效的保障；再如，采用现代化的信息技术手段，进行数字化合规管理系统、数据安全保护等，提高合规管理的效率和精准度等。

下述模板为某企业合规风控类制度及重点工作的整理归类：

二、合规风控类	
7	合规管理试行办法
8	风险管理控制办法（试行）
9	合同管理办法
10	合同合规管理指引（试行）
11	诚信合规手册
12	合规承诺书
13	关于进一步加强法律风险管理的通知
14	关于进一步加强合同合规管理的通知
15	关于对标业务开展合规检视工作的通知

图3-5 某企业合规风控类制度及重点工作的整理归类

（五）加强合规培训和教育

加强对员工的合规培训和教育，使其了解企业的合规管理制度和标准，增强合规意识和责任感，减少违规行为的发生。例如，开展全员、全方位的合规培训教育，提升员工的合规意识和专业知识水平；再如，建立合规文化，增强员工的合规意识和责任感，并建立相应的激励机制来激发员工的积极性。

（六）加强合规监督和检查

建立合规监督和检查机制，对企业的合规管理制度和标准进行定期检查和评估，发现问题及时纠正和整改，确保企业合规管理工作的顺利实施。例如，制定监督和检查机制，及时发现问题并采取有效措施；再如，建立风险管理机制和应急处理预案，确保企业能够应对各种风险和突发事件。

须注意的是，合规管理制度及其实施细则，可视企业实际情况，需要一个制定一个，成熟一个颁布一个，不是所有的都要一次制定齐全。

通过以上关键步骤不难看出，合规管理体系制度建设是贯穿合规管理体系最全面的载体，组织架构、职责、流程及责任的承担等都需要通过制度来法定化、规则化。

四、案例

接下来，我们再来看看企业成功搭建合规管理制度体系的代表性案例。

案例 1：某船舶集团有限公司以《公司章程》为统领搭建三个层级的规章制度体系建设[①]

某船舶集团有限公司是较大的造船集团，具有产业链条长，市场化、国际化程度高，合规要求严格的特点。该公司高度重视合规管理工作，按照"筑牢工作基础，总部以上率下，推动先行先试、逐步全面展开"的总体思路，深入开展合规管理各项工作，以合规护航世界一流船舶集团建设。

其在制度体系建设中采取如下措施：

（1）按照党组关于制度体系建设的部署安排，某船舶集团有限公司推进以《公司章程》为统领，包含基本制度、专项制度、具体制度三个层级的规章制度体系建设。

（2）结合集团公司实际，将外部规范要求转化为内部规章制度，筑牢合规管理的前提和基础。

（3）开展各个业务领域的规章制度建设工作，基本构建起集团公司总部规章制度体系，为生产经营管理各主要环节提供合规管理制度依据。

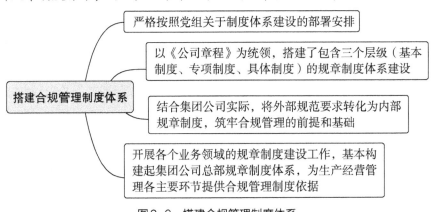

图 3-6 搭建合规管理制度体系

---

① 参见《合规创造价值 | 某船舶：合规护航世界一流船舶集团建设》，载法人网，http://www.farennews.com/qyhegui/content/content_8805735.html，最后访问日期 2023 年 10 月 12 日。

案例2：某国际经济技术合作集团有限公司合规管理制度化（制度体系建设）和标准化（贯标 ISO 37301）[①]

某国际经济技术合作集团有限公司是全国最早一批综合性国营外经企业，以国际工程、国内工程、国际贸易和城镇投资为主业，海外业务占据了核心地位。在不同的国家和地区，如何做到遵守当地法律法规，规避经营风险，是某国际经济技术合作集团有限公司面临的关键问题。对此其从健全管理机制、强化制度支持、培育合规文化入手，推进合规管理与经营业务深度融合、与相关部门协作联动、与内部控制风险管理一体发力，统筹兼顾国内国际因素，探索出一套独具特色的合规管理体系。

某国际经济技术合作集团有限公司合规管理制度体系建设：

（1）某国际经济技术合作集团有限公司在实践中形成了由基本合规管理制度、专项合规管理制度、合规管理办法和合规管理流程四个部分组成的合规管理制度体系，让制度成为合规管理有效运行的保障。

（2）印发《合规管理履职评价实施办法》，在所属二级企业领导班子和领导人员考核工作中全面实施法律合规考核与评价，开展有效合规考核工作。

（3）对内制作并发布某国际经济技术合作集团有限公司《诚信合规手册》和《廉政协议》，为员工和所属企业加强合规管理提供了规范性文件。

某国际经济技术合作集团有限公司通过 ISO 37301 认证：

（1）某国际经济技术合作集团有限公司通过 ISO 37301 合规管理体系认证。

（2）集团总部各部门和各所属企业根据《合规风险评估流程》排查合规风险，研判风险等级，研究防控措施，最终形成适合自身的合规风险清单和合规风险评估报告。

（3）某国际经济技术合作集团有限公司在实施过程中将合规管理目标层层分解为 4 项年度合规目标和 32 项合规绩效参数，明确指标值、统计周期和责任部门，强化责任，加大了落实力度。

---

① 参见《以科学化制度化标准化为抓手 奋力开创合规管理工作新局面》，载某国际经济技术合作集团有限公司网站，http://www.zjgj.com/news/4162.html，最后访问日期 2023 年 10 月 12 日。

五、总结

综上可见，企业（组织）的规章制度是连通法律、法规、政策与企业内部的桥梁，遵循外规内化的合规要求、管理机制的固化要求、权责分配的机制要求和风控合规的基础要求，才能建立符合企业实际情况和法规要求的合规管理制度。

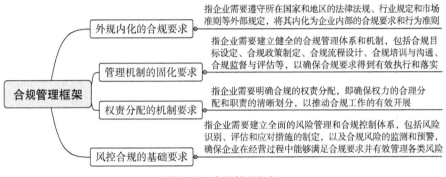

图 3-7　合规管理框架

在有制度和体系的情况下，合规管理工作的开展就有了相应的依据。合规管理体系作为一种管控型管理体系无法一蹴而就，必须依赖企业内的规章制度、得益各企业和全体员工明确的职责分工与参与，贯穿决策、执行、监督全过程，才能得以落地实施、有效运行。

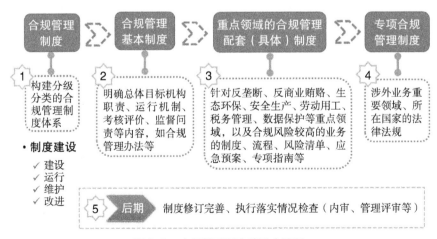

图 3-8　合规管理制度建设全流程

六、实务模板

（一）合规管理制度体系建设的主要内容及职责分工

总体要求			
✓ 根据适用范围、效力层级等，构建分级分类的合规管理制度体系			
✓ 对重点领域实时动态监测			
建设内容	**主体**	**职责**	**建设要求**
合规管理基本制度	合规管理部门	组织起草	◇ 明确总体目标、机构职责、运行机制、考核评价、监督问责等内容，如合规管理办法等
	经理层	拟订	
	董事会	审议批准	
合规管理配套/具体制度	业务职能部门	建立健全	◇ 针对反垄断、反商业贿赂、生态环保、安全生产、劳动用工、税务管理、数据保护等重点领域
	合规管理部门	组织起草	
	经理层	组织制定、审议批准	◇ 合规风险较高的业务的制度、流程、风险清单、应急预案、专项指南等
专项合规管理制度	可参考合规管理配套/具体制度执行		◇ 涉外业务重要领域 ◇ 所在国家（地区）法律法规等

（二）某集团合规管理制度体系建设阶段的工作计划

工作阶段	工作内容	工作目标
合规管理制度体系建设	制订合规体系化建设工作方案	进行组织环境分析 完善合规管理基本制度与配套制度
	结合某集团业务及管理特色，起草或修订《合规管理办法》，进一步明确合规管理体系建设组织架构及合规管理体系建设重点内容	
	梳理某集团合规管理制度，起草或修订《合规手册》	
	起草或修订合规风险识别预警制度（包括合规风险识别与评估）	
	起草或修订针对重点领域的专项合规管理制度	

续表

工作阶段	工作内容	工作目标
合规管理制度体系建设	起草或修订合规审查制度，保障重大决策未经合规审查不得提交决策机构审议并组织实施	
	起草或修订合规体系有效性评估制度	
	起草或修订合规举报和调查问责报告制度（包括合规举报、合规问责、违规纠正等）	
	完善合规管理信息化建设（含通过信息化手段优化管理流程，记录和保存相关信息）	

第23问　合规管理基本制度应包含哪些重要内容（是不是越多越好）？

一、概述

合规管理基本制度通常是指企业经营管理中全员需要共同遵守的重要行为准则，适用于整个企业的运营管理，是企业合规管理的基础框架。合规管理基本制度主要内容来源于国家法律法规、行业规范和公司内部规章制度。核心内容通常涵盖公司的基本合规要求，如公司治理、经营管理、内部控制、人力资源、法律合规、财务管理、风险管理、纪检监督等方面。

合规管理基本制度一般以"办法""规定""实施细则"的形式出现，作为公司的基础性规范，叙述通常比较宏观和概括。例如，《合规管理办法》，主要内容通常包含总则、合规管理应当遵循的原则、机构职责、合规管理的制度管理、合规风险管理、合规管理工作的考核、合规运行效果的评价、监督与违规问责、附则。

另外，根据《中央企业合规管理办法》第十七条规定，中央企业应当制定合规管理基本制度，明确总体目标、机构职责、运行机制、考核评价、监督问责等内容。

以上这些都是企业制定合规管理基本制度应包含的重要内容。但合规管理相关制度并非制定得越多越好，合规管理的制度应该是合理、有效、可操作的。制定过多的制度可能导致烦琐、冗长，增加企业的管理成本和负担，且难以得到有效执行。同时，合规管理的制度应该是动态的，随着法律法规的更新和企业的发展需要，及时进行修订和完善。

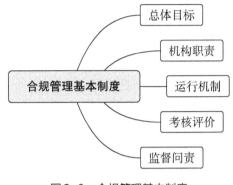

图 3-9　合规管理基本制度

二、依据

1.《中央企业合规管理办法》规定，中央企业制定合规管理基本制度应明确总体目标、机构职责、运行机制、考核评价、监督问责等内容，应完善违规行为追责问责机制，应建立所属单位经营管理和员工履职违规行为记录制度，应将合规管理作为法治建设的重要内容。

> 《中央企业合规管理办法》第十七条规定："中央企业应当制定合规管理基本制度，明确总体目标、机构职责、运行机制、考核评价、监督问责等内容。"第二十五条规定："中央企业应当完善违规行为追责问责机制，明确责任范围，细化问责标准，针对问题和线索及时开展调查，按照有关规定严肃追究违规人员责任。中央企业应当建立所属单位经营管理和员工履职违规行为记录制度，将违规行为性质、发生次数、危害程度等作为考核评价、职级评定等工作的重要依据。"第二十八条规定："中央企业应当将合规管理作为法治建设重要内容，纳入对所属单位的考核评价。"

2. ISO 37301 明确运行控制的一个基本要件是行为准则，其中规定了本组织对相关合规义务的全面承诺。行为准则宜适用于所有人员并使其能够获得和适用（ISO 37301 A.8.1）。控制包括：清晰、适用且易于遵守的文件化运行方针、过程、程序和工作指示；系统和例外报告；批准；分离不相容的岗位和职责；自动化过程；年度合规计划；人员绩效计划；合规评估和审核；证实的管理层承诺和模范行为，以及其他促进合规行为的措施；就员工的预期行为进行积极、公开和频繁的沟通等（ISO 37301 A.8.2）。另外，ISO 37301 第六章"策划"提出了以下三个方面的内容：

建设项	建设要求
应对风险和机遇的措施	策划合规管理体系时，应根据"理解组织及其环境"提及的事项和"理解相关方的需求和期望"提及的需求，确定需要应对的风险和机遇
合规目标及其实施的策划	在相关职能和层级上确定合规目标，应确定：要做什么，需要什么资源，由谁负责，何时完成，如何评价结果
针对变更的策划	结合以下因素对合规管理体系进行变更： ✓ 变更目的及潜在后果 ✓ 合规管理体系设计和运行的有效性 ✓ 足够资源的可获取性 ✓ 职责和权限的分配或再分配

上述标准勾勒了企业制定合规管理基本制度的框架，代表合规管理基本制度的主要构成内容应至少包含：

（1）合规政策和程序：确定组织的合规目标和原则，并建立相应的合规程序。

（2）合规监督机构：设立专门的合规监督机构或委员会，负责监督合规事务。

（3）风险评估和管理：开展风险评估，确定潜在合规风险并采取适当控制措施进行管理。

（4）教育和培训：提供必要的合规培训，确保员工了解合规要求，并知道如何遵守。

（5）内部控制和合规检查：建立内部控制机制，定期进行合规检查和审计，以确保合规措施的有效性。

（6）合规报告和违规处理：建立合规报告和违规处理机制，鼓励员工报告合规问题，并采取适当的纠正和处罚措施。

（7）合规记录和档案管理：建立合规记录和档案管理系统，及时保存和维护与合规相关的文件和记录。

除遵循上述规定要求，企业（组织）制定合规管理基本制度可进一步参考如下要求：

（1）合规管理基本制度中的总体目标应至少包含"合规""合规管理""合规风险"的定义，明确企业合规管理基本原则，还可以考虑将企业合规文化、合规理念等内容纳入其中。

（2）合规管理基本制度中的机构职责应确定合规管理的主管部门及其合规管理职责，阐述各部门／所属单位为合规主体责任部门并明确其具体职责。

（3）合规管理基本制度中应包含合规管理运行机制的内容，包括但不限于明确合规风险识别评估预警机制、合规审查机制、合规风险应对报告机制、违规问题举报调查整改机制、合规管理体系评价机制等方面的内容。

（4）合规管理基本制度中应包含合规管理考核评价的内容，具体可参考《中央企业合规管理办法》第二十五条和第二十八条的相关规定。例如，建立所属单位经营管理和员工履职违规行为记录制度，将违规行为性质、发生次数、危害程度等作为考核评价、职级评定等工作的重要依据；再如，将合规管理作为法治建设重要内容，纳入对所属单位的考核评价等。

（5）合规管理基本制度中应包含合规管理监督问责的内容。例如，针对违规行为建立追责问责机制，明确责任范围，细化问责标准。

同时，在操作中应注意，根据 ISO 37301 4.3 组织应确定合规管理体系的边界和适用性，以确立其范围。范围应作为文件化信息可获取、4.1 组织应确定与其宗旨相关的并影响其实现合规管理体系预期结果的能力的内部和外部事项、4.5 组织应建立过程以识别新增及变更的合规义务确保持续合规，在制定中明确合规管理体系的范围、内外部环境分析及合规义务识别维护策划等内容。

三、分析

由上可知，制定合规管理基本制度的目的是确保整个企业在经营和业务运营中遵守法律法规和道德规范，建立合规文化和管理机制。但不同的企业面临的合规风险和要求不同，不同行业存在不同的法律法规、行业标准和监管要求。例如，金融机构需要更加关注金融合规方面的制度，医疗机构需要更加关注医疗行业相关的合规要求。大型企业通常拥有更为复杂的业务结构和组织管理，需要建立更为严密和完善的合规管理制度，而小型企业则可以根据其规模和管理需求进行适当的简化和调整。这些因素决定了合规管理基本制度的表现形式和具体内容最终需要根据公司的业务性质、行业要求、规模和管理需求来确定。

另外，合规固然离不开其最基本的维度（对法律法规的遵从），但离开了其他三个维度（合规管理、合规管理体系建设及合规文化的培育），则如同盲人摸象。这就要求企业、专业机构、法律专业人士等对合规的难度既要有足够的认识（需要掌握很多新的管理知识和合规技能），同时也要有足够的自信（对合规基本维度法律法规的理解）。合规管理的制度应该根据企业的具体情况和风险需求，进行合理的规范和控制，以确保企业能够遵守法律法规、行业规范和内部规定，促进企业的合规经营和可持续发展。

图3-10　合规的四个维度

因此，合规管理制度不是越多越好，内容亦是。

本书前文在阐述"二八法则"（20% 的合规义务引发 80% 的风险）时曾提出："在合规管理体系建设的过程中，我们经常碰到一个问题，那就是合规风险清单是不是越长越好？如果不是，那么合规风险清单该多长才合适？"并以某公司为例，论证合规风险清单绝不是越长越好，表明合规风险清单过长，风险数量过多，眉毛胡子一把抓，其导致的结果可能有两个：一个是风险清单被束之高阁，没有人过问；另一个是什么风险都管，结果什么风险都没管。

我们曾多次遇见，为企业提供服务的服务商帮助企业识别风险，会在风险清单中列举高达上千项的风险，但当我们询问该企业的相关员工：这些风险你们平时看吗？这些员工的回答多为："我们根本不看。"

为了解决在编制"风险清单"中所形成的这样一个尴尬局面，ISO 37301 在附录 A.4.6 中增加了一个概念 Compliance risk situation（风险场景），可供实务中借鉴。

以《反垄断法》当中的"转售价格维持"或"纵向垄断协议"为例，《反垄断法》第十八条第一款规定："禁止经营者与交易相对人达成下列垄断协议：（一）固定向第三人转售商品的价格；（二）限定向第三人转售商品的最低价格；（三）国务院反垄断执法机构认定的其他垄断协议。"

但是，从合规管理实操的角度来看，这些法律规定不够具体。一个公司往往需要把这些适用于所有公司的原则性的规定根据公司的实际情况识别出对公司适用的"风险场景"。

以下是某快消品行业的企业针对"转售价格维持"所梳理的适用于自己公司的"风险场景"，这些"风险场景"是风险的具体表现形式——风险是纲、风险场景是目，纲举则目张。

C 公司推行制度简约化，搭建"1+2+N"制度体系。C 公司是全球较大的炼油公司。2021 年 8 月，C 公司开始全面部署合规管理体系建设工作，构建以制度建设为基础、以风险管控为导向、以内控体系为平台、以合规管理为抓手、以法律支撑为保障的"五位一体"法治工作格局，全方位推进合规管理体系建设，搭建了 C 公司合规管理"1+2+N"制度体系。

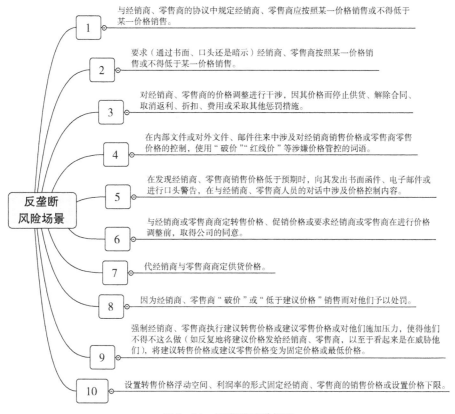

图 3-11　反垄断风险场景

（1）C公司推进制度简约化，总部层面制度减少30多项，将制度执行情况纳入巡视、审计、内控监督检查。

（2）建立合规管理"1+2+N"制度体系。推进专项合规与业务流程相融合，让合规管理要求进内控、进业务、进流程、进岗位、进职责。

（3）建立重点领域合规风险清单，与重要岗位合规职责清单、关键业务合规管控清单一并构成业务及职能部门合规手册。

须注意的是，每个组织都需要确保其合规管理制度的数量与其实际需求相匹配。制定过多的合规管理制度可能导致冗余、混乱的复杂性。这可能会给员工带来困惑，并增加管理和维护的成本。相反，制定适量的合规管理制度可以更好地集中精力和资源，确保符合法律法规，保护组织的利益。

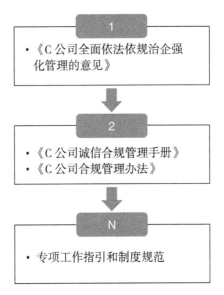

图 3-12　C 公司合规管理"1+2+N"制度体系

四、总结

合规管理基本制度应包含的主要内容需要根据企业的性质、规模和经营活动来制定。对外需要明确企业在各个业务领域相关的法律法规，并制定相应的操作规程和流程，确保企业的行为符合法律法规的要求；对内需要建立完善的内部控制体系，明确职责和权限分配、流程和流程控制、内部审计、风险评估和管理，确保企业运作的透明度和合规性。

规章制度是连通法律、法规、政策与企业内部的桥梁，制度不是越多越好，制定的内容也并非越多越好，根据公司的业务性质、行业要求、规模和管理需求来确定合规管理基本制度的内容，可以使制度更加贴合企业实际情况，提高制度的可操作性和有效性。同时，也可以避免将无关的制度内容强加于企业，减少管理成本和工作负担。

合规管理的制度是动态的，随着法律法规的更新和企业的发展需要，应及时进行修订和完善，如及时识别新增及变更的合规义务等。

五、实务模板

模板 1: 合规管理基本制度的重要内容

合规管理总体目标

合规承诺书

1.合规管理总刚指导思想

2.合规管理组织及职责

3.合规管理制度建设

《反垄断合规管理制度》

《反商业贿赂合规管理制度》

《生态环保合规管理制度》

《安全生产合规管理制度》

《劳动用工合规管理制度》

《税务合规管理专项指南》

《数据保护合规管理专项指南》

《合同管理合规管理制度》

《流程合规管理制度》

《采购合规管理制度》

《业务合规管理制度》

4.合规管理运行机制

《合规风险识别评估预警制度》

《合规审查管理制度》

《合规风险应对措施及报告管理制度》

《合规管理违规问题整改制度》

《合规管理违规举报制度》

《合规管理违规举报受理、调查和处理制度》

《举报保密及防止对举报人打击报复管理制度》

《合规管理违规行为追责问责制度》

《合规管理履职违规行为记录制度》

《合规管理内部协同运作制度》

《合规管理有效性评价制度》

5.合规文化建设

《常态化合规培训制度》

6.合规信息化建设

《合规管理信息化建设制度》

7.合规监督问责

《合规管理监督问责制度》

模板 2: 合规管理基本制度 (合规手册)

目录

使用说明

1.Why: 手册制定目的

2.Who: 手册适用范围

3.How: 如何遵守手册

4.Ask: 如何解决疑问

5.Rev: 修订与解释

合规理念
管理原则
管理架构

1. 合规理念

2. 管理原则

3. 管理架构

合规的基本要求

1. 维护公司声誉和利益

2. 正确使用和保护公司资产

3. 保护国家秘密和公司商业秘密

4. 禁止商业贿赂

5. 避免利益冲突

6. 禁止内幕交易

7. 合理对待商业伙伴

8. 遵守信息披露规定

9. 遵守财务税收监管要求

10. 遵守国际合规义务

公司与员工

1. 平等对待员工

2. 尊重和维护员工合法权益

3. 保持良好工作氛围

4. 依法处理劳动争议

公司与社会

1. 保持良好的政府关系

2. 维护社区公共利益

3. 尊重地方风俗习惯和宗教信仰

4. 提升产品与服务质量

5. 强化安全生产、安全运营

6. 推进环境保护和资源合理利用

举报、调查与奖惩

1. 举报途径

2. 合规调查

3. 合规奖励与问责

员工合规承诺

第24问 合规管理专项制度应当怎样制定?

一、概述

合规管理专项制度通常是针对特定领域或特定问题而制定的,也被称为配套制度或具体制度,适用于企业内部特定部门、特定岗位或特定业务活动,制定目的是解决特定领域或特定问题的合规风险,加强管控和防范。

与合规管理基本制度相比,合规管理专项制度的内容主要围绕特定领域或问题展开,如财务合规、反腐败合规、信息安全合规等,旨在提出重要领域的普遍性的合规要求。主要表现形式有"××领域管理办法"或"××指引"或"××指南"等,如安全生产、劳动用工、税务管理、反贿赂反腐败、数据保护与网络安全合规管理办法等。

根据《中央企业合规管理办法》第十八条第一款规定,中央企业应当针对反垄断、反商业贿赂、生态环保、安全生产、劳动用工、税务管理、数据保护等重点领域,以及合规风险较高的业务,制定合规管理具体制度或者专项指南。

通常,企业需要根据内部、外部环境变化,结合公司实际情况,明确公司重点领域、重点环节、重点人员及合规风险较高的业务后,分类建立专项制度/指南/指引/手册配合基本制度形成合规管理制度体系,切实防范合规风险,如公司治理、合同管理、市场交易、产权管理、投资管理、债务管理、资本运作、融资担保、工程建设、安全环保、产品质量、财务税收、知识产权、信息安全、礼品与商务接待、捐赠和赞助等重点领域制定合规管理具体制度或专项指南，完成从"人管人"向"制度管人"的转变。

二、依据

1.《中央企业合规管理办法》要求中央企业针对反垄断、反商业贿赂、生态环保、安全生产、劳动用工、税务管理、数据保护等重点领域，以及合规风险较高的业务，制定合规管理具体制度或者专项指南，对涉外业务重要领域结合实际制定专项合规管理制度。

《中央企业合规管理办法》第十八条规定："中央企业应当针对反垄断、反商业贿赂、生态环保、安全生产、劳动用工、税务管理、数据保护等重点领域，以及合规风险较高的业务，制定合规管理具体制度或者专项指南。中央企业应当针对涉外业务重要领域，根据所在国家（地区）法律法规等，结合实际制定专项合规管理制度。"

2. ISO 37301 作为一个普适性的合规管理体系，对于各类企业（组织）的合规管理能力建设、政府监管活动、国际贸易交流、沟通合作改善等具有重要的意义，其提供了整套解决方案，标明专项标准没能解决的，ISO 37301 要予以解决，专项标准已经解决了的，ISO 37301 要从组织治理、文化建设的角度予以融合并拾遗补阙。而 ISO 所有管理体系标准在高阶（high-levelled）条款上的一致性也为所有管理体系的融合提供了必要的前提和基础。

无论是基于 ISO 37301（或 ISO 19600）标准，还是基于《中央企业合规管理办法》，企业在建立全面合规管理体系之后，其重心都应该转向专项合规管理。

三、分析

在我国，业务活动类专项合规管理通常包括：融资合规管理、投资合规管理、采购合规管理、销售合规管理、市场宣传合规管理、工程建设合规管理等方面的内容。专项法规类合规管理通常包括：反垄断合规管理、知识产权保护合规管理、安全生产合规管理、环境保护合规管理、网络安全合规管理、数据保护合规管理、个人隐私保护合规管理等方面的内容。不同行业、不同规模、不同经营范围的企业需要制定的专项制度或指引均不相同。最终要结合企业具体业务和管理需要来制定，以确保真正实现企业的合规经营和风险防范。

1. 大多数企业的选择

（1）合同管理：规定企业在签订合同过程中应该遵守的法律法规和规范，明确合同的审批、签订、履行和变更程序，以加强合同管理。

（2）财务管理：规定企业在财务管理方面的合规要求，包括财务核算、内部控制、审计监督等，以确保企业的财务管理合规。

（3）知识产权管理：规定企业在知识产权管理方面的合规要求，包括知识产权的保护、申请和使用等，以保护企业的知识产权。

（4）市场竞争管理：规定企业在市场竞争中应该遵守的法律法规和规范，明确企业的反垄断、反不正当竞争等要求，以保障企业的市场竞争合规。

（5）环境保护管理：规定企业在环境保护方面的合规要求，包括环境风险评估、环境保护措施、排污标准等，以确保企业在生产经营过程中不影响环境。

（6）人力资源管理：规定企业在人力资源管理方面的合规要求，包括招聘、劳动用工、劳动关系等，以确保企业的劳动用工合规。

（7）数据安全管理：规定企业在数据安全管理方面的合规要求，包括数据分类、存储、传输和保护等，以确保企业数据安全。

2. 特殊行业企业的选择

（1）制造业企业：制造业企业需要制定生产安全、环境保护、质量管理、职业健康等方面的合规指引和专项制度，以确保产品质量、生产安全和环境保护。

（2）服务业企业：服务业企业需要制定服务流程和质量管理制度，如客户投诉管理、客户服务标准、服务质量控制等，以保证服务质量和客户满意度。

（3）金融业企业：金融业企业需要制定金融风险管理、内部控制、防范"洗钱"等方面的合规指引和专项制度，以规范业务运作和风险控制。

（4）互联网企业：互联网企业需要制定信息安全、用户隐私保护、公平竞争等方面的合规指引和专项制度，以保障用户权益和公平竞争。

（5）外贸企业：外贸企业需要制定进出口合同管理、货运保险、关税税则等方面的合规指引和专项制度，以确保贸易合规和风险控制。

（6）创新型企业：创新型企业需要制定知识产权管理、研发管理、技术创新等方面的合规指引和专项制度，以保护知识产权和促进技术创新。

（7）投资类企业：投资类企业需要制定投资管理合规指引，包括投资决策、投资程序、投资风险控制、投资回报等方面的规范和流程。投资类企业还可能需要制定投资人信息保护、内部信息保密、反腐败、反洗钱等专项管理制度。海外投资企业还可能需要制定法律合规、风险控制、安全保障、人员保护等专项管理制度。

（8）融资类企业：融资类企业需要制定融资管理合规指引，包括融资决策、融资程序、融资风险控制、融资回报等方面的规范和流程。融资类企业可能还需要制定客户信息保护、内部信息保密、反腐败、反洗钱等专项管理制度。

（9）上市企业：上市企业需要制定上市公司管理合规指引，包括股权结构、公司治理、信息披露、股东关系、内部控制等方面的规范和流程。此外，上市企业可能还需要制定内幕交易、操纵股价、证券投资者保护等专项管理制度。

实务中，合规管理专项制度的制定主体一般为企业的业务部门、职能部门，具体实施中，可由合规管理部门就重点业务要制定哪些专项制度指引提出要求，业务部门、职能部门根据企业实际需求，在合规管理部门或者外部咨询机构的指导和协助下制定。合规管理部门负责确定专项制度的具体内容和流程，并确保企业在特定领域内的合规经营。同时，相关部门的领导和监督部门也需要参与审批和监督制度的制定和实施情况。

合规管理专项制度的制定和制定合规管理基本制度步骤差异性不大，具体制度的制定均需要先识别外部环境，再梳理合规义务（包括外部合规义务和内部合规义务），明确核心要求，然后再结合实际情况拟定企业具体应对措施以及罚则。

一般操作流程如下：

图3-13　合规管理专项制度编制流程

四、案例

案例1：某汽车公司及时识别风险，制定合规管理专项制度和准则 [①]

根据统计的合规处罚原因，警示了汽车行业合规管理的红线：（1）安全质量环保合规；（2）反垄断合规。其中，一汽—大众、奥迪、上汽通用汽车、克莱斯勒（中国）、宝马、东风日产、奔驰7个品牌因为反垄断被罚金额已经超过10亿元。

基于此，2016年，某汽车公司的合规委员会制定了新的《反垄断合规制度》，这项制度强制适用于某汽车公司全球的员工，避免非法限制竞争。同时，修改和扩充了某汽车公司《法律合规准则》，解释了法律合规对某集团的重要性，并且全面阐述了与合规相关的业务领域。合规委员会还将

---

① 参见《一年来中国汽车反垄断开出超20亿元罚单意味着什么？》，载新华网，http://www.xinhuanet.com/world/2015-09/10/c_1116523946.html，最后访问日期2023年10月12日。

这份文件印刷成了小册子供集团全体员工查阅，并在网站上提供这份文件并翻译成九种语言的文本。某汽车公司要求全体员工都有义务以负责任的方式行事，并遵守相关的法律和规范。

案例2：ISO 37301的作用

集团公司普遍存在的如何对下属企业进行充分合理管控而引发的公司治理风险，其中既涉及集团公司与下属企业权限如何进行划分，是否存在授权不充分或者授权过度的问题，也涉及下属企业存在通过拆分项目规避集团审批的情形，还涉及外派董监事无法充分发挥其作用等问题，这些问题需要系统化的整套方案予以解决，而非专项管理体系所能解决的，甚至专项管理体系因为靶向其所锚定的特定风险根本不会提及。

ISO 37301从颁布到现在，辅导咨询机构及认证机构的思路也在发生变化。很多机构在ISO 37301颁布初始时的作业是在ISO 37301下选择一个或几个合规专项来咨询或认证。

五、总结

1.不同类型的企业需要针对其行业特点、经营模式、风险特征等因素，制定不同的专项制度或指引，以确保企业的合规运营和可持续发展，同时，企业还应不断完善和更新管理制度，以适应市场环境和法律法规的变化。

2.从本节案例1中不难看出，合规管理专项制度的效力是强制性的，企业必须按照制度的规定进行操作和管理，否则将承担相应的法律责任。同时，专项制度的制定和实施也能够有效提高企业合规风险防范和管理水平，保障企业合法合规经营。

3.本节案例2表明：ISO 37301为各类企业（组织）提高自身的合规管理能力提供系统化方法。所有的企业都需要建设质量管理体系ISO 9001，但并不是所有的企业都需要建设信息安全管理体系ISO 27001、环境管理体系ISO 14000、反贿赂管理体系ISO 37001和其他专项标准，但企业还有很多风险是这些专项所不能覆盖的，如外向型企业高管出入境风险、员工舞弊风险、反垄断合规风险等，都可以通过获得 ISO 37301 专项认证来得以解决，这对于企业制定合规管理专项制度也是一个借鉴。

六、实务模板

1. 中央企业合规管理专项制度系列指南示例

中央企业合规管理系列指南

目　录

2. 合规管理专项指引选择方案示例

序号	专项合规指引	备注
1	股权投资合规指引	规范股权投资的事前、事中、事后投资合规管理重点事项
2	固定资产投资合规指引	规范固定资产投资的事前、事中、事后投资合规管理重点事项
3	工程建设合规指引	结合工程建设重点流程和环节，提出具体环节的合规要求
4	采购合规指引	规范物资采购的具体流程和环节，确保采购计划编制、审批、合同谈判和签订、收货、储存等流程或者环节的操作合规
5	招投标合规指引	规范招标、投标各流程和环节的合规操作

续表

序号	专项合规指引	备注
6	市场营销合规指引	提出市场营销主要环节的明确合规举措
7	合同管理指引	围绕合同的关键环节，结合公司经营管理所涉合同类型，提出合同调查、谈判、签署、审批、履行、争议解决等事项的合规管理方式
8	涉外经营合规指引	围绕境外投资和跨境贸易两大涉外领域，提出不同领域、不同环节的合规要求和举措
9	环境保护指引	结合国家环保和节能要求，提出公司工程建设、运营管理等各个环节的环保要求，保障公司经营管理符合国家环保规定
10	安全生产指引	立足国家安全生产监管规范和强制标准要求，为公司安全生产领域提出具体场景及详细的合规要求，保障生产安全
11	财税资金	围绕财税资金的各个领域，如银行账户、资金、预算、会计、税务、发票、票据、资产、金融事务、信贷等，提出具有可操作性的合规要求
12	知识产权和秘密保护	围绕著作权、专利技术、商标、商业秘密的不同领域的合规要求，提出知识产权和秘密管理的具体合规操作
13	招待和捐赠合规指引	对招待、捐赠礼品等事项如何进行合规管理提出要求
14	廉洁管理合规指引	结合公司生产经营管理的具体情况，提出不同场景下的廉洁合规要求
15	网络安全与数据保护合规指引	梳理网络安全和数据保护强制性法律法规和强制性国家标准规定，提出如何实现网络和数据合规的具体要求，保障网络安全管理和数据保护合规
16	劳动用工合规指引	针对用工的不同情形，梳理用工招聘、在职、离职等不同合规管理事项的合规要求
17	产品和服务质量合规指引	为公司提供的产品和服务的功能性、适用性、安全性、可靠性、节能环保等符合相关法律法规规范的强制性要求和相关质量标准要求提供具体指南

序号	专项合规指引	备注
18	反垄断合规指引	根据公司生产经营领域，围绕反垄断不同情形，提出合规风险管控的具体要求
19	刑事合规指引	围绕公司可能涉及的刑事合规风险，对风险进行分类，提出相应的合规要求
20	水路运输合规指引	规范水路运输各个环节的明确合规举措
21	港口运营合规指引	提出港口运营所涉领域的明确合规举措
22	信息披露合规指引	为上市公司做好信息披露工作提供可操作的指南

第25问 企业应当怎样制定《合规手册》？

一、概述

《合规手册》是企业规章制度的一种，一般应当按照企业规章制度的制定程序制作，也就是说，要满足民主程序、员工公示及内容合法合理等条件。

企业可根据自身实际情况和业务需求来制定企业专属的合规手册，其内容通常包含公司的简介、公司的组织机构和职责分工、公司与员工、公司与社会、维护公司声誉和利益、正确使用和保护公司资产、对外投资、数据保护与信息安全、采购与招标投标、商业伙伴管理、市场交易与公平竞争、知识产权管理、国家安全与保密管理、安全生产与职业健康、财务与税收、质量管理、劳动用工、反垄断、反不正当竞争、禁止商业贿赂、政府与社会等多方面，但《合规手册》的语言表达应准确规范、简明扼要、提纲挈领，能充分展示公司的核心价值观和道德准则。

《合规手册》是对企业经营管理活动的规范和要求，是企业生产经营活动中共同遵守的行为准则的总称，是企业规范运作的重要基础，制定时主要应当遵循以下原则：

1.全面性原则。《合规手册》应当全面覆盖企业和各级子公司的股东层、治理层、管理层、经营层及全体员工，应贯穿于企业经营管理各个环节的决策、执行、监督、反馈等流程。

2.系统性原则。合规管理牵头部门既要协调各部门落实本级合规工作，也要对下级单位进行有效的指导、协调、监督。

3. 独立性原则。合规管理应当从制度设计、机构设置、岗位安排以及汇报路径等方面保证独立性。合规管理牵头部门及人员承担的其他职责不应与合规职责产生利益冲突。

4. 及时性原则。合规管理牵头部门、业务部门、职能部门和各单位应当及时识别、评估及处理合规风险事件，及时按照规定汇报，高效完成企业合规管理工作。

5. 适用性原则。合规管理应从企业的实际规模及业务开展情况出发，兼顾成本与效率，强化合规管理的可操作性，提高合规管理的有效性。同时，应根据内外部环境的变化及时调整和改进合规管理体系。

此外，企业应当加强合规宣传教育，及时发布《合规手册》，组织签订合规承诺书，强化全员守法诚信、合规经营意识。

二、依据

《中央企业合规管理办法》明确中央企业应及时发布合规手册，表明合规手册的制定对企业合法合规运营至关重要，可以提高员工的合规意识和行为，帮助企业降低风险。

《中央企业合规管理办法》第三十一条规定："中央企业应当加强合规宣传教育，及时发布合规手册，组织签订合规承诺，强化全员守法诚信、合规经营意识。"

三、分析

1.《合规手册》制定目的

《合规手册》是企业为了规范企业经营行为，确保企业合规经营而制定的制度文件。其主要目的有以下五个方面：

（1）明确合规标准：《合规手册》制定企业合规经营的标准和要求，确保企业的经营行为符合国家法律法规和行业规定。

（2）强化合规意识：《合规手册》通过详细阐述企业合规要求，来强化员工的合规意识，提高员工的合规意识和责任感。

（3）规范管理流程：《合规手册》规范企业的管理流程和制度，确保企业内部管理规范透明、高效，以此降低违规风险。

（4）提高管理效率：《合规手册》明确企业管理职责和权限，规范管理程序，提高管理效率和效果。

（5）保障企业利益：《合规手册》帮助企业识别和规避合规风险，保障企业的合法利益，降低企业面临的法律和金融风险。

2.《合规手册》制定原则

企业在制定《合规手册》时，除上文提到的一般应遵循全面性、系统性、适用性、独立性、及时性五大基本原则外，在具体制作中，我们还需要注意遵循以下原则：

（1）切实可行原则：《合规手册》应该以实际运营为基础，结合企业的实际情况和行业特点，制定切实可行的合规手册。

（2）法律合规原则：《合规手册》应该遵循国家法律法规和政策规定，确保企业的合法合规经营。

（3）持续改进原则：《合规手册》是一个不断更新和完善的过程，应该随着企业运营的变化和法律法规的更新而不断改进。

（4）风险管理原则：《合规手册》应该重视风险管理，对企业可能面临的风险进行评估和预警，并制定相应的风险管理策略。

（5）全员参与原则：《合规手册》的制定应该广泛征求企业内部各方面的意见和建议，确保全员参与，达成共识。

以上是制定《合规手册》的基本原则，企业应该根据实际情况予以适用。

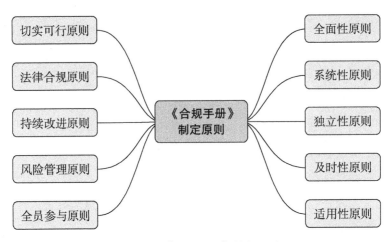

图3-14 《合规手册》制定原则

3.《合规手册》主要内容

《合规手册》实质为企业的合规基本准则，是企业合规管理制度体系的重要组成部分，主要为企业合规经营提供基本的行动指南。包含了企业的合规管理承诺、合规管理体系总体情况、各重点领域合规要求等内容。具体来说，《合规手册》通常包含以下内容：

（1）合规管理承诺：企业高层对合规管理的承诺和要求，明确企业合规管理目标和方向。

（2）合规管理体系总体情况：企业合规管理体系的组织架构、职责分工、工作流程和制度完善等方面的总体情况。

（3）法律法规：对企业所涉及的法律法规进行全面梳理，明确企业应该遵守的法律法规和规范。

（4）风险评估：对企业运营和业务中可能存在的风险进行分析、评估和预警，明确制定了相应的应对措施。

（5）合规要求：对企业在重点领域的合规要求进行详细描述，包括合同管理、财务管理、知识产权管理、市场竞争管理、环境保护管理、人力资源管理、数据安全管理等方面。

（6）内部控制：对企业内部控制进行规范和完善，明确内部审核、监督和整改等方面的路径。

（7）沟通培训：定期对企业内部人员进行合规培训，提高员工的合规意识和素质。

（8）处理投诉和违规行为：制定投诉处理和违规行为的处理程序，对违规行为进行严肃处理和追究。

（9）合规监管：对企业内部监督和外部监管进行规范和完善，包括内部检查、外部审计和监管部门的监管等。

（10）应急预案：明确应急预案，应对突发事件和风险事件的处理途径。

4.《合规手册》制定过程

《合规手册》通常由企业的合规管理部门牵头，联合法务团队或合规负责人与相关部门合作制定。他们应该具备对法律法规的深入了解和适用经验，能够理解企业的运营情况和风险特点，并在与各部门合作收集信息、制定政策和流程、进行内部审核和培训的基础上制定。通常法律事务部门会作为合规管理部门牵头，组织、协调和监督合规管理工作，以及为其他部门提供合规支持。

在制定《合规手册》时，语言表达应准确规范、简明扼要、提纲挈领。需要考虑企业管理情况、合规理念、重点领域风险管控情况等，在综合企业的内外部环境、文化价值观以及现行有效法律法规等规范的基础上制定，并随着法律法规、监管政策等变化情况，及时对规章制度进行修订完善，对执行落实情况进行检查。

制定《合规手册》通常需要按照以下七个步骤进行：

第一步，明确目的和依据：明确《合规手册》制定的目的和依据，确定范围和工作计划，确保《合规手册》能够有针对性地满足企业合规管理的需求。

第二步，梳理法规和政策：梳理企业所涉及的法律法规和政策规定，逐一编写相应的合规管理制度，确保企业能够全面遵守相关法律法规和政策规定。

第三步，评估和预警风险：评估企业可能面临的风险，并制定相应的风险管理策略，通过《合规手册》规范风险管理流程，减少潜在风险对企业的影响。

第四步，制定内部控制制度：包括内部审核、监管程序和投诉处理等，确保企业内部合规管理的有效运行和监督。

第五步，规范和完善内部管理：规范和完善企业内部的合规培训、沟通和监管机制，提升员工合规意识和能力，加强内部合规管理。

第六步，制订应急预案：应对突发事件和风险事件，确保能够快速、有效地应对和处置，降低损失。

第七步，审核、审批和发布：制定合规手册的审核、审批和发布程序，确保相关制度的实施，并定期对《合规手册》进行效果评估和更新，持续提升企业合规管理水平。

以上七个步骤有助于确保企业制定的《合规手册》全面、系统地规范企业的合规管理，提高企业合规能力和整体风险控制水平。《合规手册》是企业建立健全合规管理制度的重要组成部分，是企业合规管理的重要依据之一，对于保障企业合法合规经营和降低合规风险具有关键作用。企业在实际操作中还应该注意根据具体情况进行动态调整和完善。

5.《合规手册》合规宣贯

进行合规宣贯可以帮助企业内部员工强化合规意识和素质，提高企业的合规管理水平。《中央企业合规管理办法》将《合规手册》作为合规文化建设的重要方式，强调企业应当加强合规宣传教育，及时发布《合规手册》，组织签订合规承诺，强化全员守法诚信、合规经营意识。

通过《合规手册》对企业进行合规宣贯，可以帮助企业内部员工更好地了解和遵守企业的合规管理制度，提高企业的合规管理水平。将《合规手册》融入合规文化建设体系中，加强对《合规手册》的管理和监督，可以有效确保合规管理制度的实施和效果评估。

以下提供一些方法以供参考：

（1）内部培训：使用《合规手册》作为培训材料，邀请内外部专家讲解有关法规和企业内部合规管理制度的知识。

（2）宣传海报：将《合规手册》中的重要内容制作成海报，贴在企业内部显眼位置，提醒员工遵守有关法律法规和企业内部合规管理制度。

（3）发放宣传资料：制作易于理解的合规宣传资料，向员工发放，提高员工的合规意识和素质。

（4）内部通知：通过企业内部通知的方式，定期向员工宣传合规相关知识和制度，强化员工的合规意识和素质。

（5）合规文化建设：通过合规文化建设，营造良好的合规氛围，提高员工对合规管理的重视程度。

（6）挖掘案例：通过挖掘合规违法案例，进行案例分享和分析，引导员工识别和避免合规风险。

（7）内部通报：对于违反合规管理制度和法律法规的员工，及时进行通报和处理，强化合规风险防范。

（8）内部交流：定期组织内部交流会议，鼓励员工分享合规经验和心得，提高员工的合规意识和素质。

案例：某汽车公司为加强合规管理制定并发布《合规手册》[①]

各地国资委积极推动监管企业加强合规管理，通过试点不断积累经验，取得了较好的成效。比如，2023年3月，中央直管的某汽车集团有限公司发布《合规手册》，坚持"全面合规、主动合规、持续合规"的合规理念，将合规融入公司血液，化为企业文化的重要组成部分，成为公司全体员工的自觉行为和核心竞争力。

四、总结

综上可知，《合规手册》是一种面向内部的实体规范，是对企业员工、管理人员、子公司或直属单位加以内部监管的依据，是上述人员和组织行为的依据和指导，也是危机发生后分割企业责任和上述内部人员、组

---

① 参见《深化法治建设　加强合规管理》，载某汽车集团有限公司工会网站，https://dfgh.dfmc.com.cn/zx/jqyw/9856.htm，最后访问日期2023年10月12日。

织责任的依据。《合规手册》可以是综合性的，也可以就某一领域或重大领域单独做员工手册。企业在进行合规培训、合规风险评估、合规尽职调查、合规审计、合规奖惩等活动时，都要将《合规手册》的遵守情况作为基本的评判依据。

五、实务模板

某合规项目《合规手册》目录如下所示。

第四章

合规管理运行机制建设热点问题

【导读】

    合规管理运行机制是企业合规管理的动态过程。缺乏完善的合规管理运行机制，合规管理将难以落地生根，只能浮于表面。从合规管理机制运行逻辑来看，合规运行机制包括事前、事中、事后合规管理，从而形成了合规风险闭环管控机制。事前管控通常包括合规风险识别评估和预警、合规调查等，事中管控主要包括合规审查、合规报告、合规风险应对、合规风险提示等，事后管控主要包括合规考核、合规举报、合规问责、违规纠正、合规体系有效性评估等。本章从合规管理运行机制的各环节出发，系统讲述了合规风险管控机制如何有效实施，对合规风险管理"三道防线"如何协同管控风险具有较大的参考价值。

第 26 问　如何识别合规风险?

一、概述

合规风险是违反合规义务可能引发的不利后果，包括民事索赔、行政处罚、刑事责任和国际制裁等。识别合规风险的基本要求在于识别合规义务，识别合规风险的其他方法，还包括基于企业过往违规案例以及同行业相似案例、内部风险控制情况等。合规风险识别应当具有全面性、持续性和动态性，将其作为一项长期性工程，从而持续发挥其风险前置管控的作用。

二、依据

《中央企业合规管理办法》第二十条规定："中央企业应当建立合规风险识别评估预警机制，全面梳理经营管理活动中的合规风险，建立并定期更新合规风险数据库，对风险发生的可能性、影响程度、潜在后果等进行分析，对典型性、普遍性或者可能产生严重后果的风险及时预警。"第十三条、第十四条规定，合规管理部门应当组织开展合规风险的识别，企业各部门应具体开展本部门的合规风险识别工作，编制风险清单，将合规要求落实到岗位职责等。

ISO 37301/GB-T 35770 要求企业应将其合规义务与其活动、产品、服务、运行的相关方面联系起来，以识别合规风险。据此，识别合规风险是两大合规管理体系语境下的共通性要求，是合规管理的重要环节。

三、分析

无论是《中央企业合规管理办法》，还是 ISO 37301/GB-T 35770，都要求企业重视识别合规风险。ISO 37301 附录部分对企业合规风险识别提出了更具体的要求，要求企业合规风险识别包括合规风险源的识别，并要求将合规风险识别和合规义务联系起来，可以作为企业合规风险识别的根本指导方法。此外，ISO 31022：2022《风险管理　法律风险管理指南》提供的合规风险的常见信息源和合规义务类别同样可以作为合规风险的识别依据。实践中，企业识别合规风险需准确把握合规风险和合规义务的关系，将合规风险精细化融入企业管理，建立常态化的合规风险机制。

1. 厘清合规风险与合规义务的关系

全面梳理合规风险需要准确把握合规风险的内涵。根据《中央企业合规管理办法》第三条第二款规定，合规风险是指企业及其员工在经营管理过程中因违规行为引发法律责任、造成经济或者声誉损失以及其他负面影响的可能性。简言之，合规风险是指因违反合规义务要求导致不利后果的可能性。

根据 ISO 37301 规定，合规风险包括固有合规风险和残余合规风险。固有合规风险是指组织在未采取相应合规风险处理措施的情况下，处于非受控状态所面临的全部合规风险。残余合规风险是指组织现有的合规风险处理措施不能有效控制的合规风险。固有合规风险主要通过合规义务来识别。残余合规风险主要通过分析企业对风险的控制情况来识别。

无论是哪种类型的合规风险，合规风险的产生根源均在于违规行为或者违规行为发生的可能性，这里的"规"是指合规义务，既包括外规，又包括内规，既包括强制性规范，又包括自愿性遵守。因此，识别合规风险的前提在于识别合规义务，合规风险和合规义务是一体两面的关系。目前，通过业务及模式识别合规义务，并通过合规义务有效地识别企业的固有合规风险，是广大企业识别合规风险的普遍做法。

实践中，可以把违反合规义务具体分为违反国家法律法规规定的强制性义务、违反公司内部管理制度规定的义务、违反行业准则和合同义务等规定的义务、违反境外国家 / 地区 / 国际组织规定的管制等义务。违反上述合规义务引发的不利后果通常包括民事损失（包括经济损失和名誉损失）、行政处罚、刑事责任、国际管制和制裁等。所以，合规风险识别存在以下两个基本要求：一是解决合规义务来源问题；二是解决合规义务和合规风险的关系问题。

一方面，合规风险识别需要解决合规义务来源问题，只有明确了企业的内外部监管环境，才能为各部门识别合规风险提供有力的参考。因为合规风险识别工作往往需要事先识别法律法规。合规义务来源的确定需从三个视角进行分析：一是确定企业的通用监管要求；二是确定企业的性质，如对于上市公司，要适用上市公司的特殊监管规定；三是根据企业行业范围确定特殊监管范围。例如，对于施工企业，更多的是受住房和城乡建设部监管，对于远洋海运企业，要考虑国际条约的监管要求等。合规义务来源要覆盖企业经营管理的各个方面才能有效发挥作用，但不同经营管理领域的颗粒度需要根据企业性质、经营领域、风险管理情况来确定。

另一方面，要区分合规义务和合规风险。合规义务和合规风险虽是一体两面的关系，但两者又有不同的要求，前者属于企业要遵守的合规义务，后者则是根据企业管理现状，对不遵守合规义务的可能性进行研判，以确定是否属于合规风险。不考虑企业对合规义务的控制情况，不仔细甄别违反合规义务情况的发生概率等，而直接将合规义务作为合规风险看待，容易导致合规风险识别不充分，也可能使得合规风险识别的风险前移作用失效。企业应当将合规风险的识别工作落实到各部门，由各部门根据对职责领域的风险控制情况识别自身职能范围内的合规风险，将管控不足或者容易导致严重后果的合规义务作为合规风险，并与业务场景紧密结合起来。

2. 准确把握合规风险识别的"二八法则"

企业所面临的不同合规风险导致的后果也不同。因此，在识别合规风险的过程中，企业应当突出合规风险识别的全面性和重点性，对不同的合规风险合理提供不同程度的管控资源。

ISO 37301 在附录 A.4.5 中提到的"帕累托原则"便可以为重点合规义务和风险识别工作提供帮助，即"20% 的合规义务引发了 80% 的合规风险"。企业应当将这部分 20% 的合规义务作为关键少数，具体判断可以根据合规风险的发生频率、后果严重性、企业控制情况、同行业相关事件概率、来源等。企业应当优先识别和关注后果严重性的紧迫风险，确保合规资源分配合理。

对于识别出的重大风险，企业应及时发布预警信息，合规风险预警信息通常由合规部门发布。在日常风险防控中，合规部门应做好专业支持，指导各部门有针对性地识别合规风险和优化改进风险控制措施。

3. 建立常态化的合规风险识别机制

企业适用的合规义务有很多，且合规义务具有动态性，同时企业的风险管控情况也在不断发生变化，这就要求企业必须建立常态化的合规风险识别机制，保障合规风险的持续识别和管控。

企业合规风险的识别应根据业务管理实际，结合合规调研、法律研究、类似企业案例、纪检监察、审计、内控发现的问题、合规风险预警、接收的举报信息及其他合规相关信息，通常可以采取小组讨论、业务访谈、案件启发等形式，持续完善和更新风险识别与评估清单。

合规风险识别目前已经是企业合规管理的重要方式。比如，××省国资监管企业在合规管理体系建设的过程中，将识别合规风险作为合规管理的重要内容，压实各部门合规风险识别责任。在具体识别的过程中，该企业要求各部门结合本部门管理职责，识别合规风险源，明确合规风险的发生环节；要求各部门将合规风险具体到各岗位，将合规要求纳入岗位职责；要求评估合规风险的发生频率、后果严重性，并一一分析合规风险的控制情况，针对重大合规风险制定或者优化管理措施。通过全面的风险识别，该企业有效地发现了上百个重大合规风险源，为后续有针对性地加强风险管控奠定了基础。

4. 加强合规风险要素识别与企业管理相结合

全面梳理合规风险有利于企业有针对性地管控风险，合规风险识别可以与岗位职责、业务流程相结合。通过将合规风险纳入岗位职责、融入业务流程，进一步加强合规风险识别的针对性，从而实现合规风险的精细化管理。

一方面，在全面识别合规风险点的基础上，根据《中央企业合规管理办法》有关规定，企业可以将合规风险管控职责落实到重点岗位，即制定重点岗位合规职责清单，明确重点岗位的合规管理职责和合规注意事项。

对于重点岗位合规职责清单，一般有三个理解维度，具体如下：第一个维度是从宏观角度来看，区分各部门既有的部门管理职能，岗位的职责要求；第二个维度是从合规管理职责的正面角度明确重点岗位的正面合规管理职责，如识别和控制合规风险、合规风险报告、参与合规培训、配合违规调查、配合参与合规文化建设等；第三个维度是根据岗位的职责要求，明确岗位在相关履职过程中应当注意的强制性、禁止性合规义务，特别是导致单位承担重大合规责任的外部义务，重大合规责任通常包括重大经济损失、重大行政处罚、刑事责任等。重点岗位合规职责清单是对企业部门管理和岗位职责的补充，也是对合规管理三道防线部门职责的进一步细化，通过对具体岗位合规管理职责和应当履行的合规义务的描述，可以为员工履职提供更加直接的合规指引，确保合规要求具体到人、落实到岗，实现合规风险的责任人管理。

另一方面，合规风险识别的成果可以和企业管理流程充分结合。企业可以梳理现有的关键业务流程，查明在业务流程条线、环节和管控事项上是否存在合规管理缺失或者不足，通过将合规要求和管控措施嵌入企业业务管理流程的关键节点，推进合规管理体系与业务管理体系相融合，进一步提升风险管理效率，这便是编制流程合规管控清单。

流程合规管控清单不是对企业内部管理流程的替代，而是对企业内部管理流程的进一步优化和补充，流程管控清单的设计可以进一步帮助企业各级管理人员、法律人员和业务人员提升依法合规经营能力，确保经营行为、管理活动符合国家相关法律法规和监管要求，进一步保障合规管理体系的有效运行。流程合规管控清单可以通过单独的表单形式存在，如企业存在完善的信息化流程，流程管控清单也可以实现信息化，发挥信息系统的风险管理优势。此外，如果企业存在内部控制流程，流程管控清单也可以完全和内部控制流程紧密结合，补充内部控制的风险源和管控节点，促进合规管理和内部控制的一体化发展。

编制流程合规管控清单的关键在于确定业务流程关键环节，并将合规管控与关键环节融合，关键环节的确定应当结合考虑国家法律法规和企业相关规章制度对相关流程的环节划分，如企业规章制度对相关业务环节规定不全面，流程合规管控清单要求结合外部监管进行优化和完善。在制定流程合规管控清单的过程中，需要从中选取合规风险高发的关键环节，如有必要，可以对关键环节进行拆解，形成具体步骤，以便对各关键环节的相关步骤中所涉合规风险进行识别、评价及控制。识别关键环节和具体步骤后，企业只需要将合规风险识别成果通过"填格子"的形式嵌入具体流程中即可。

四、总结

识别合规风险是合规风险事前防范的基本要求，旨在通过合规风险的事前识别和控制，将合规风险的管控时间节点前移，防范违规事件的发生。如果合规风险识别工作不充分就容易让企业产生合规危机，妨碍发展。以合规义务为基础，并结合违规案例、企业内部风险控制情况等因素识别合规风险。企业可以加强合规风险识别和管理的结合，将合规风险管理落实到岗位、融入业务流程，推进合规风险识别的针对性，促进实质合规。实践证明，企业应当持续化识别合规风险，针对合规风险采取控制措施，方能降低违规风险。

五、实务模板

合规风险清单模板具体如下。

合规风险清单

风险识别区				风险描述区		风险评价区			风险控制区	
一级分类	二级分类	三级分类	风险源	合规风险	合规义务来源	后果严重性	风险可能性	风险值	控制措施索引	管理部门

第27问　为什么要管理商业伙伴的合规风险?

一、概述

商业伙伴的合规风险，是指因商业伙伴不合规行为引发本公司承担法律责任或者造成其他不利影响的可能性。管理商业伙伴合规风险对于企业合规管理具有重要意义，有利于遵守合规义务、避免风险连带和传导，是企业合规管理的重要一环。

二、依据

《中央企业合规管理办法》第四章"运行机制"要求企业全面梳理经营管理中的合规风险，针对合规风险编制应对预案（措施）。这就要求企业不能忽视商业伙伴的合规风险管理。

ISO 37301/GB-T 35770明确提出相关方的需求和期望是企业建立并允许合规管理体系的重要因素，企业的核心相关方即商业伙伴，包括但不限于买方、供方、投资合作伙伴等；而且，ISO 37301/GB-T 35770同时要求企业加强第三方管控，如组织识别和评估第三方合规风险，聘用第三方时应组织有效的尽职调查，订立合同时采取措施确保相关的商业活动得到适当管理等。

三、分析

两大合规管理政策或者标准均要求企业管理好商业伙伴合规风险，这是因为企业面临的合规风险不仅可能来源于自身的违规行为，也可能来自商业伙伴的违规行为，如果忽视对商业伙伴的合规管理，则可能引发合规风险。具体分析如下：

1. 遵守强制合规义务的要求

国务院国资委要求中央企业投资并购要按照规定开展尽职调查，并进行风险分析，尽职调查的一个重要内容即对商业伙伴的合规情况和资信情况进行调查，避免商业伙伴合规风险传导。如果中央企业违反该项合规义务，造成重大损失的，即可能引发行政监管责任。

因此，企业应根据自身业务要求，立足于适用的合规义务，准确识别出对商业伙伴进行合规管理的强制性义务，并根据合规义务要求履行相应的行为条件，促进自身业务合规发展。

2. 避免商业伙伴风险传导

在很多合规语境下，虽然对商业伙伴进行合规管理并非法律的强制性要求，但企业如果不做好商业伙伴合规管理，则容易引发风险传导问题。

以我国劳务派遣为例。我国法律明文要求劳务派遣单位应当依法取得资质，并与劳动者签订劳动合同。对于被派遣单位，我国法律法规并没有要求被派遣单位（用工单位）如与违反上述要求的派遣单位合作会引发处罚。但这并不意味着，用工单位就可以完全忽视上述风险，因为如果用工单位与未依法取得资质，或者没有与劳动者签订劳动合同的单位合作，可能导致用工单位与劳动者形成事实劳动关系风险，用工单位需要承担不与劳动者订立劳动合同的风险。这就要求用工单位试用派遣员工前，必须对商业伙伴的相关资质、被派遣员工是否与派遣单位具有劳动关系进行审查，否则可能因商业伙伴的违规行为导致自身遭遇风险。

四、总结

加强商业伙伴合规风险的管理是企业合规管理的重要环节，是企业防范外部合规风险的关键。企业防范商业伙伴合规风险既是遵守合规义务的要求，又是避免风险传导的重要方式，企业应重视管理好商业伙伴合规风险的重要意义，保障商业交往合规。

第 28 问 如何管理商业伙伴的合规风险？

一、概述

企业应当对商业伙伴进行合规管理，重视管控商业合作伙伴的合规风险。在对商业伙伴进行管理的过程中，企业应秉承穿透管理、联合管理、主动管理思想，掌握好商业伙伴的异常行为，明确商业伙伴合作的廉洁底线，从而实现对商业伙伴的闭环管理。

商业伙伴管理机制具体如下（见图 4-1）。

二、依据

《中央企业合规管理办法》第四章"运行机制"要求企业全面梳理经营管理中的合规风险，识别合规风险同样包括商业伙伴合规风险。

ISO 37301/GB-T 35770 要求企业加强第三方管控，防范合规风险。例如，通过组织识别和评估第三方合规风险，聘用第三方时，应组织有效的尽职调查；再如，订立合同时，采取措施确保相关的商业活动得到适当的管理；等等。

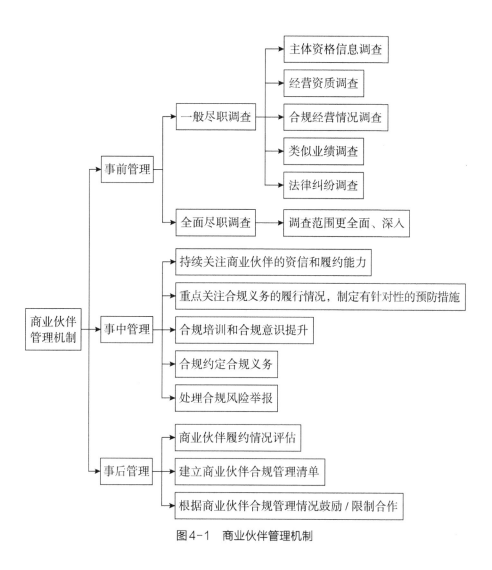

图4-1　商业伙伴管理机制

三、分析

　　管理好商业伙伴合规风险需要做到对商业伙伴进行穿透管理、联合管理、主动管理，具体分析如下：

　　1. 穿透管理

　　对商业伙伴进行穿透管理意味着，企业在和商业伙伴合作前，不仅要重视商业伙伴自身的风险，还要对商业伙伴的上下游、股东进行风险管理。

穿透管理既有助于遵守合规义务，也有助于避免风险传导。

企业在与商业伙伴的具体交往中，识别商业伙伴异常行为有助于管理商业伙伴合规风险。商业伙伴的自身异常行为通常可以帮助企业识别和评估合规风险，商业伙伴的异常行为具体包括商业伙伴自身的异常行为和商业伙伴利害关系人的异常行为，识别商业伙伴自身的异常行为和利害关系人的异常行为也是对商业伙伴穿透管理的基本要求。

商业伙伴自身的异常行为，是指商业伙伴自身出现某种行为导致与该商业伙伴合作的合规风险偏高的行为。通常包括：商业伙伴提供虚假的资质证明材料的；商业伙伴近三年被重大行政处罚、刑事立案，或者巨额民事赔偿的；商业伙伴被列入全国法院失信被执行人名单、行业黑名单、企业黑名单或本企业高风险供应商名单的；商业伙伴正在面临重大舆情的；商业伙伴信用不足的；商业伙伴是本企业内部人的利害关系人，或者是受企业内部人的推荐的；商业伙伴是无实质运营业务的空壳公司，且实际控制人不明或在公司股权结构、组织架构、运营方面存在不符合商业惯例的异常情况的；商业伙伴正处于重大法律纠纷中，且存在违约行为的；商业伙伴涉及出口管制、经济制裁、反洗钱领域的特定行业、国家、区域的制裁名单和黑名单主体的；商业伙伴无正当理由明确拒绝接受合同中的合规条款、合规陈述和保证或拒绝签署合规承诺书的；商业伙伴经常作为巨额债务的担保债务人的；商业伙伴坚持采用与交易惯例不符的现金交易、全额付款条件等，或要求企业向该商业伙伴所在国家或者地区以外且与该项业务无关联的国家或地区第三方支付款项，或该商业伙伴坚持使用与该项业务无关联的第三方离岸银行账户或空壳公司账户向企业支付款项，或有其他金融结算异常情况等。

商业伙伴利害关系人的异常行为是指商业伙伴的利害关系人自身出现某种行为导致与该商业伙伴合作的合规风险偏高的行为。通常包括：商业伙伴控股股东、董事、监事、高级管理人员关联方、实际控制人是否被列入全国法院失信被执行人名单、行业黑名单、企业黑名单或本企业高风险供应商名单的，或者上述人员（或其利害关系人，如近亲属、担保债务人等）正处于可能面临巨额赔偿的法律纠纷乃至刑事立案等。

如果商业伙伴及其利害关系人出现上述异常行为，这就意味着本企业与其合作的合规风险增大，需要采取特别措施，如全面调查等，加以防范或者应对，否则企业可能因商业伙伴单方行为引发合规风险。

2. 联合管理

对商业伙伴进行联合管理是避免风险传导的有效方式。企业应当建立商业伙伴常态化联合管理机制。

企业在与商业伙伴合作前，应对商业伙伴的资信状况和履约能力进行调查，以判断对方是否为合格的潜在合作商。尽职调查的方式既包括要求对方提供相关的证明材料，也包括通过公开数据调查，如利用裁判文书网、国家企业信用信息公示系统、天眼查等获得的信息。对于不符合合作资信要求的潜在合作商，应不与其合作。尽职调查分为一般尽职调查和全面尽职调查，一般尽职调查通常适用于金额较小、性质简单的项目，调查的内容通常包括商业伙伴主体资格信息调查、经营资质调查、合规经营情况调查、类似业绩调查、法律纠纷调查等；全面尽职调查通常适用于金额较大、性质重大的项目，如对外投资，或者经过一般尽职调查发现重大疑虑的潜在合作商，调查的范围应更加全面和深入。尽职调查结果应作为企业内部签订合同的重要审批依据，必要时嵌入企业信息流程。

对商业伙伴调查不充分容易引发传导风险。比如，2009 年，国企 A 公司在没有对商业伙伴详细调查并做好风险分析和管控的情况下，即与国外 B 集团签署战略合作协议，即 A 公司与 B 集团合作共投入 195 亿美元，其中约 72 亿美元用于认购 B 集团发行的可转债。然而，不久后，B 集团却与其他公司达成了收购协议，A 公司收购计划宣告失败，前期投入的大量成本付诸东流，这是中国国企海外并购未对交易对象资信做充分调查导致投资失败的典型案例。

在企业与商业伙伴合作的过程中，应持续关注商业伙伴的资信和履约能力情况、重点合规义务履行情况，对商业伙伴实行动态管理，防范和控制商业伙伴的合规风险。企业应持续关注商业伙伴合规状况，定期通过公开信息查询等方式，确定商业伙伴的合规信息，如果商业伙伴的合规风险增大，企业应制定有针对性的预防措施，如要求对方出具承诺、中止合作等。企业也可以通过与商业伙伴联合合规培训等方式，帮助商业伙伴理解本单位的合规理念和合规管理要求，督促商业伙伴遵守相关合规义务。联合合规培训应重视培训的针对性、有效性，做走心的合规培训。此外，双方还可以在合同中约定一方在特定情况对另一方履行合规义务的情况进行检查，并有权针对检查中发现的问题要求对方整改，并根据情况提交整改报告。

企业应在合作结束后，对商业伙伴的资信和履约能力、合规状态持续情况、合规义务履行情况、合规风险整改情况等方面的表现进行综合评估，评价结果作为商业伙伴后续合作的重要依据。对于评价不好的商业伙伴，后续限制与其开展合作，并为合规评价等级较高的商业伙伴创造更好的合作机会。因此，企业应当建立商业伙伴合规管理清单，明确商业伙伴的类别、选择方式、合作频率、整体评价、评价等级、管控部门等，并做好清单的持续更新与维护工作，为业务经营活动提供有力支持。

此外，企业与商业伙伴交往过程中应严守廉洁底线。在商业交往中，商业伙伴合规风险表现形式多样，但最紧迫的合规风险当属廉洁风险。企业在与商业伙伴的交往过程中，要严格遵守廉洁底线，廉洁要求的具体行为类型主要包括四个方面：第一，严格遵守行贿或者受贿禁止性规定。无论是一系列国际条约，还是各国强制性监管要求，均明确反腐败和反商业贿赂的立场，违反商业贿赂义务要求可能导致巨额索赔和行政处罚，甚至有刑事风险。因此，公司在商业交往中，不得以公司或个人名义接受或者给予商业伙伴任何不正当馈赠，包括金钱财物馈赠和非金钱财物馈赠。例如，不给任何商业伙伴报销应由个人支付的各种费用；不使用公款给任何商业伙伴支付与公务行为无关的吃喝玩乐；不得私自接受或者给予商业伙伴佣金、折扣等，接受或者给付的佣金、折扣要如实入账管理等。如果违反了反贿赂合规要求可能面临严重处罚。第二，职务消费合法合规。应严格遵守职务消费标准和规定，不搞虚假报销，不虚开发票，不以任何方式让企业承担应由个人承担的支出。第三，保守商业秘密。严格保护本企业和对方企业的商业秘密，不泄露公司和商业伙伴的任何商业秘密，包括财务数据、销售数据、客户名单、供应商信息、产品信息及政策、公司发展战略等信息。侵犯商业秘密容易引发民事索赔，甚至刑事责任。第四，职务行为按照权限办理，不实施超越权限等违规行为。不违反法律法规规定和企业规定办理业务，包括但不限于合同谈判、审批、签订、资产评估、融资等事项。

3. 主动管理

主动管理，是指企业要求或者督促商业伙伴对自身合规风险进行主动管理。主动管理体现了商业伙伴对其合规风险进行管控的主体责任。商业伙伴主动管理合规风险常见措施为合规审计、签署合规承诺协议等。

商业伙伴对自身合规情况进行合规审计是主动管理的重要方式。商业伙伴可以根据合作需求对自身相关业务进行合规审计，以明确双方合作可能存在的合规风险。商业伙伴应当根据合规审计结论，制定或者优化风险控制措施，并对风险控制措施的执行效果进行评价，确保风险管控措施执行的有效性、充分性和适宜性，直至将风险控制在双方均可接受的水平。商业伙伴根据合作需求可以将合规审计和整改情况提交给另一方。

目前，很多企业在与商业伙伴合作中要求对方签署廉洁协议、合规承诺书等，这实际上就是要求商业伙伴对合规风险进行主动管理的重要方法。商业伙伴应根据签署的协议要求，监督员工的履职行为符合相关协议的要求，确保商业伙伴诚信履约，不违反合规要求，否则需要承担违约责任。

此外，商业伙伴在主动管理过程中，应重视对不合规事件的联合处理。对于违反商业合作要求的不合规举报，商业伙伴应认真对待，及时受理并展开调查，必要时可以联合合作方一同展开调查，根据调查结果采取相应的应对措施，并及时弥补另一方因此遭受的损失。

最后，应注意的是，企业督促商业伙伴对合规风险进行主动管理需要在合作协议中明确，即在协议中约定商业伙伴主动管理合规风险的义务和要求，确保商业伙伴主动将管理合规风险上升到合规义务层面，避免企业一方陷入"无权干涉"的困境。

四、总结

在合规管理工作中，企业要重视防控商业伙伴的合规风险，在自身适用的合规要求基础上，加强对商业伙伴的合规管理。管理好商业伙伴合规风险应当基于主动管理、穿透管理、联合管理原则，在与商业伙伴合作前，特别是重大合作前，应当对商业伙伴的合规情况进行全面调查，针对调查结果采取针对性措施；在合作过程中应持续关注商业伙伴的合规情况；合作完成后应及时对商业伙伴开展评价，优先与合规评价好的商业伙伴合作，避免商业伙伴违规行为引发自身合规风险。

五、实务模板

尽职调查文件清单

编号	所需资料		提供情况（已提供 / 未提供 / 无 / 缺失）	备注
1. 公司的设立及变更文件				
1.1	请于公司注册地工商行政管理局调取公司自设立以来的全部工商登记注册档案（包括设立登记、变更登记、年检登记）			
1.2	请按以下顺序提供相关文件			
	1.2.1	公司成立及历次变更时的政府主管部门（如行业主管部门）或上级主管单位的批准、备案		
	1.2.2	公司成立以及历次注册资本变动等所需的验资报告、资产评估报告等有关文件		
	1.2.3	涉及历次国有股权变动事项的，请提供相应的国资主管部门批复、评估备案、产权登记等文件		

编号	所需资料	提供情况（已提供 / 未提供 / 无 / 缺失）	备注
1.3	请提供公司现任董事、监事、高级管理人员的名单、工作简历及其任职文件；请说明上述人员在其他公司的任职情况并提供该等公司名单		
1.4	请说明公司的现任董事、监事、高级管理人员是否直接或间接持有其他任何公司的股权或代其他人士持有股权；如有，请提供相关人员的名单、持股公司名称及基本信息、持股比例以及任何与该等持股相关信息的说明		
1.5	公司自身的股东会、董事会、监事会、总经理办公会（如有）自 2019 年 1 月 1 日以来召开之会议的会议记录和会议决议		
1.6	公司的内部组织结构图及各部门职责		
2. 公司的各项法律资格、登记和备案			
2.1	请提供公司的开户许可证、最新企业信用报告		
2.2	请说明公司目前从事的经营事项和业务种类，并提供公司从事之经营事项所需要的全部政府登记、许可、备案文件、经营资质等		
3. 公司的股东			
3.1	请提供公司股东名单，并在该名单上注明股东各自的出资额和持股比例 请提供股东的股东直至股东的最终权益持有者的名单及注明各自的出资额和持股比例 请提供股东之间签订的一致行动人协议（若有）		
3.2	请提供公司股东现行有效的企业法人营业执照和公司章程；如公司股东存在委托他人代持公司股权或通过信托持有公司股权等情况，请提供相关的委托代持协议或信托协议		
3.3	请说明与公司股权有关的任何质押、优先购买 / 出售权、其他产权负担的详情，并提供相关文件 请说明公司股东持有之本公司股权是否存在产权争议的详情，并提供相关文件		

编号	所需资料	提供情况（已提供／未提供／无／缺失）	备注
4. 重大合同			
4.1	请分年度（2019 年、2020 年、2021 年）提供公司签订及履行的重大业务合同（请先以合同金额 500 万元为基准提供） 这些合同包括但不限于买卖合同、销售合同、框架合同、合作合同等，以及虽无具体金额，但对公司生产经营有重大影响的合同，包括但不限于长期合作合同、战略合作合同或框架协议等		
4.2	与公司生产经营有关的所有特许权合同和特许经营合同（如有）		
5. 债权、债务和担保			
5.1	请提供公司目前有效、仍在履行的借款合同，包括人民币或外汇币种贷款合同及有关批文、登记文件等		
5.2	请提供公司目前有效、仍在履行的任何形式之担保情况，包括所有合同、文件、抵押和质押证明等		
5.3	请提供公司目前的债权清单（包括但不限于对外借款、企业间拆借、应收账款、其他应收款），包括欠款单位名称、金额、期限、担保方式等；并提供该清单所列各项应收款的合同文件、担保（保证、抵押、质押）文件		
5.4	请说明自 2019 年 1 月 1 日至今，公司是否有与其他公司之间的资金拆借情况，并提供相应的合同		

第 29 问　如何制作合规风险库?

一、概述

企业应在坚持全面性、动态性、持续性原则的基础上，定期根据业务管理实际，结合合规义务、合规监督发现的问题、合规风险预警、接受的举报信息及其他合规相关信息，识别合规风险，并将合规风险纳入合规风险库中。合规风险库至少包括合规风险类别、合规风险源、合规风险内容和不利后果、风险等级、控制措施和管理部门等要素。

二、依据

根据《中央企业合规管理办法》第二十条规定，中央企业应当建立合规风险识别评估预警机制，全面梳理经营管理活动中的合规风险，建立并定期更新合规风险数据库，对风险发生的可能性、影响程度、潜在后果等进行分析，对典型性、普遍性或者可能产生严重后果的风险及时预警。

ISO 37301/GB-T 35770 要求企业识别和评估合规风险，针对合规风险制定并实施控制措施，将合规风险文件化，合规风险管理文件化的重要成果便是合规风险库。

三、分析

合规风险库的建立是企业合规管理体系建设的必然要求，是风险排查的重要成果；以合规风险库为牵引，将合规风险预警与应对运用在经营活动中，最大限度规避合规风险的发生，保障企业的平稳运行。建立合规风险库需要明确合规风险库建立原则、合规风险库信息收集方法、合规风险库的构成要素等重点问题。

1.遵循合规风险库的建立原则

建立合规风险库要遵循以下三大基本原则。

一是全面性原则。企业对合规风险识别的充分性影响着合规风险库的风险预防作用发挥。合规体系有效性评价的重要要素之一就是合规风险库是否能够全面覆盖各种合规风险，不能全面识别各种合规风险的合规风险库依旧存在"漏网之鱼"，使得企业合规运营存在潜在风险。不同企业的合规风险既具有普遍性，又具有特殊性，普遍性合规风险包括但不限于：公司治理风险，即公司治理机构和成员未能依法履职造成不利后果的可能性；合同风险，即企业在合同签订、履行过程中没有遵守法律法规、监管规定、合同约定等造成不利后果的可能性；用工风险，即企业未按时足额缴纳保险、公积金，劳动合同签署、变更、履行、解除等过程中操作不规范、不合法造成不利后果的可能性；财税合规风险，即企业财务体系不完善，职能分工不合理，出现违反强制性规定的行为，导致不利后果的可能性；安全生产合规风险，即企业未能依照安全生产相关法律法规履行安全生产义务的，可能承担行政责任或者刑事责任；知识产权风险，即企业未能遵守知识产权相关法规导致企业知识产权得不到有效保护或者侵犯他人知识产权。特殊性风险需要根据企业的行业属性、经营范围确定，如对于建筑施工企业而言，其特殊风险主要包括招投标风险、工程管理风险等；对于投资性企业而言，其特殊风险主要包括投资管理风险等。同时，全面性原则要求企业对重点领域的风险进行重点关注，由此不同板块的合规风险颗粒度可能存在差异。

二是持续性原则。建立企业合规风险库不能不留痕迹，应将其视为企业维护自身生存发展的基础保障，必须作为企业重点关注事项，融入企业运营管理的基本思维模式和行为习惯当中，像本能反应一般始终保持对合规风险的敏感度和重视度。因此，企业应当建立合规风险库更新的常态化机制，要求合规风险库根据企业内外部环境的变化及时予以调整，以更好地适应监管要求。

三是动态性原则。动态性原则是持续性原则的补充，风险识别工作不可能是一劳永逸的。首先，任何企业在不同发展阶段，合规风险的关注点是不同的，对不同的合规风险点的重视程度也是不同的，企业合规管理的方式和能力是伴随企业发展和合规实践而不断成长的，即合规风险与企业对风险管控情况紧密相关；其次，企业经营的范围会发生变化，这导致其外部监管环境会发生变动；最后，企业外部监管环境的随时更新也要求企业必须对合规风险进行重新定义和识别。

2. 合规风险库的信息收集方法

企业应根据业务管理实际，结合合规义务、合规监督发现的问题、合规风险预警、接收的举报信息及其他合规相关信息，以小组讨论、业务访谈、案件启发等形式，定期组织识别重大合规义务风险。合规风险库的信息收集方法主要包括以下方式：

一是问卷调查。企业可以向各部门发放合规调查问卷，问卷内容以各部门职责和业务流程为基础，要求各部门逐一判断每一职责或流程节点是否可能存在某种合规风险源或合规风险事件，并尽可能地列举这些事件，形成初步的合规风险数据库。企业也可以根据外部合规义务和各部门职责，以合规义务调查问卷的形式向各组成部门发放调查问卷，内容主要包括部门对相关的合规义务是如何遵守的，通过部门回复判断部门是否对职责范围内的合规义务进行了控制和遵守，从而判断合规风险。

二是访谈调研。企业应制作访谈提纲，对各部门领导及关键岗位员工进行访谈，合规工作人员对访谈内容进行梳理，分析其中与合规风险有关的信息。需要注意的是，合规风险的判断不应以被访谈人员的口头回复为准，而应当有相应的证明资料佐证。访谈调研通常需要和问卷调查结合使用。

三是案例梳理。企业可以组织各部门分析本企业或者同行业类似企业发生的诉讼、仲裁、投诉、行政处分、处罚案例产生原因，并根据发现的问题整理出合规风险事件，并将该风险作为本企业合规风险库的重要组成部分。

四是法律法规梳理。企业应持续收集现行有效的法律法规、地方性法规，找出与企业业务、管理活动相关的合规义务，结合企业业务、管理活动实际，整理出容易产生的风险源，作为风险库的重要内容。通常而言，企业应当把容易产生刑事责任、重大行政处罚、领导责任、重大民事责任的合规义务作为合规风险内容。法律法规梳理方法是企业识别合规风险的最主要方法，以某省国资监管企业为例，在梳理风险库过程中，该企业全面梳理企业面临的外部监管要求，提炼容易引发重大合规责任的义务，与内部控制情况进行对比从而梳理出企业重大合规风险。

3. 合规风险库的构成要素

企业合规风险库应覆盖经营管理主要领域，重视全面性和重点性。对于重要领域的风险清单内容颗粒度应该更细化。合规风险库由若干不同板块组成，各板块覆盖了企业经营管理的各个方面。合规风险库各板块的构成要素通常包括风险种类、风险源、风险描述、风险依据、风险评估、控制性措施、管理部门、典型案例等。

风险种类是对风险类型的概括。风险种类通常包括治理风险、用工风险、投资风险、财税风险、知识产权风险、合同管理风险、安全生产风险、环境保护风险、信息安全风险等，风险种类应覆盖公司的主要经营管理领域，企业需根据企业经营业务性质和类型合理确定风险种类。

风险源是指发生风险的环节和原因，包括但不限于企业运转过程中存在违法违规、制度缺陷、技术缺陷、监控缺失等一切可能引发合规风险的行为或者因素，如越权签署合同对应的风险源是合同签署。如果一个合规风险出现多个风险源，应同时揭示。

风险描述是对合规风险的具体描述，通常包括正面描述和负面描述两种方式。正面描述即企业应当……否则要面临……责任和不利后果；负面描述即企业未能遵守……要求，引发……责任和不利后果。风险描述要同时描述风险行为和合规责任。

风险依据是指该风险的合规义务来源和合规责任依据。如果相关条文过多，可以用条文号替代。

风险评估是合规管理体系实施以及分配适当和充分的资源和流程来管理已发现合规风险的基础，企业应考虑不合规行为产生的根本原因、来源、后果、后果发生的可能性，以分析合规风险。例如，后果可能包括人身和环境损害、经济损失、名誉损害、行政变更以及民事和刑事责任。但是，以风险为基础的合规管理方法并不意味着企业在合规风险较低的情况下可以接受不合规行为，而是为了帮助组织将主要精力和资源优先集中在更高风险上，并最终扩展至全部合规风险。实践中，合规风险评估的方法存在差异，包括赋分法和"低、中、高"评价方式。无论采取哪种方式，企业都需要明确并统一评估规则。此外，合规风险评估并非一次性工程，当企业出现新情况时，应及时对相关合规风险进行评估。

控制性措施是对具体合规风险的控制要求。控制性措施的制定通常要结合企业内部管理制度要求，这也与外规内化理念相适应。如企业内部管理制度不涉及对相关风险的管控，控制性措施的制定应充分考虑以下方法：明确的制度规范、严格的审批程序、多重复核、上报备案制度和系统管理措施、加强培训、合规审查等。

管理部门是指对合规风险负责管控的部门。根据"谁产生风险，谁负责管控"的一般原则，合规风险的管理部门应与产生风险的部门保持统一。但同时存在例外，如对于一些跨部门的风险，应当按照企业部门职责分工确定责任部门。在确定管理部门的基础上，企业还可以确定具体的责任人，以寻求更精细化地管理合规风险。

典型案例则通常是指违反该风险面临的不利后果的相关案例，以便更好地发挥指引作用。案例的选择优先次序分别为刑事案例、重大行政处罚、重大民事纠纷、普通行政处罚、普通民事纠纷。

在识别合规风险的基础上，企业可以对合规风险进行分级分类管理，对风险进行编码。比如，企业可以将合规风险分为三级，合规风险一级分类根据企业经营管理领域一般可以分为治理风险、安全生产风险、用工风险、知识产权风险、市场交易风险、投资风险等；在一级分类的基础上，可以对其进行再分类，如合同管理可以作为合规风险的一级分类，合同管理又可以二级分类为合同前期磋商、合同订立，合同起草、签署和审批，合同履行等环节；企业在二级分类的基础上编写第三级风险，即本单元最小单位，并对各个风险进行意义编号，如 1.1.1 即代表一级分类为 1、二级分类为 1、三级分类为 1 的合规风险，如此可以起到方便管理和检索合规风险的作用。

在企业合规管理实践中，建立合规风险库已经是一种通行做法，并成为国务院国资委合规管理强化年的重要部署安排之一。以某国有企业 A 为例，该企业在建立合规管理体系的过程中，深入梳理企业经营管理合规义务，建立涵盖风险识别—风险描述—风险评价—风险应对四大板块的合规风险库。通过建立合规风险库，该企业实现了合规风险的动态管理，确保合规管理工作为业务工作提供全面有效的支撑。

四、总结

建立合规风险库并非一蹴而就的，而是一项长期性工程。企业应建立合规风险库维护机制，明确合规风险库的维护工作要求，从而持续发挥好风险库的牵引作用。企业各部门应结合部门职责、部门流程持续识别合规风险，合规管理部门应在风险识别工作中持续发挥好牵头作用，将各部门识别的合规风险统一汇总、发布，以便及时采取措施避免合规风险事件，提高合规管理实效。

第 30 问　如何进行合规审查?

一、概述

合规审查应当作为必经程序嵌入经营管理流程。在具体操作上,目前存在两种基本审查模式:一是法务/合规部门单一审查模式;二是各部门—法务/合规部门二次审查(初审—复审)模式。无论采取哪一种合规审查模式,对于合规审查不通过的事项,企业都不得提交决策或者发布实施。

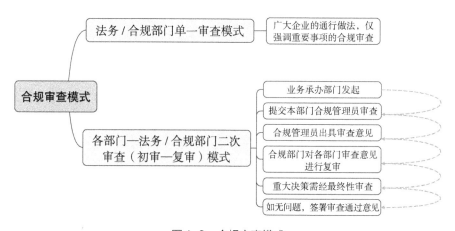

图4-2　合规审查模式

二、依据

《中央企业合规管理办法》第二十一条规定:"中央企业应当将合规审

查作为必经程序嵌入经营管理流程，重大决策事项的合规审查意见应当由首席合规官签字，对决策事项的合规性提出明确意见。业务及职能部门、合规管理部门依据职责权限完善审查标准、流程、重点等，定期对审查情况开展后评估。"

ISO 37301/GB-T 35770 要求组织建立和实施控制程序以管理其合规风险，合规审查作为经营管理活动的前置程序，也是组织建立和实施控制程序的基本要求。

三、分析

合规审查是指企业经营管理活动，如合同签署、决策、规章制度修订实施前要经过合规性审查，未经合规审查或者合规审查不通过不得实施。相比于《中央企业合规管理指引（试行）》，《中央企业合规管理办法》对合规审查的范围进行了拓展，对合规审查提出了更高的要求，要求中央企业将经营管理的所有事项纳入合规审查范畴，而不局限于合同、决策和规章制度。据此，企业应当结合实际逐渐扩大合规审查的范围，制定合规审查事项清单，直至将其拓展到全部经营管理活动中来。

1. 区分合规审查和法律审查

理解合规审查最重要的是区分合规审查和法律审查。不同于法律审查或者合法性审查，合规审查无论在范围、内涵上都远大于合法性审查。合规审查的依据是企业应遵守的合规义务规范，包括但不限于国家法律法规、监管规定、行业准则和国际条约、规则，以及企业章程、相关规章制度等，合规审查的内容一般是有关事项是否超越职权、程序是否违规、内容是否违反监管规定或者自愿承诺等；而合法性审查的审查依据主要是企业外部监管要求，审查的内容主要是有关事项是否违反了法律规定或者是否存在法律风险等。在合规管理实践中，法律审查与合规审查通常合并开展，避免两头审查，影响经营效率。

2. 建立合规审查模式

根据《中央企业合规管理办法》第十三条、第十四条规定，合规审查职责应当设定为：业务及职能部门负责本部门经营管理行为的合规审查，合规管理部门负责规章制度、经济合同、重大决策等重要事项的合规审查，如此安排可在确保合规审查全覆盖的同时保障合规审查的专业性和科学性。目前，实践中主要存在两种合规审查模式，即各部门—法务/合规部门二次审查（初审—复审）模式和法务/合规部门单一审查模式。

各部门—法务/合规部门二次审查（初审—复审）模式，是指企业各部门负责本部门的合规审查，合规牵头部门原则上对各部门的合规审查结果进行形式审核，并对规章制度、经济合同、重大决策等重大管理事项进行实质性复审。各部门—法务/合规部门二次审查（初审—复审）模式下，合规审查由业务承办部门发起，合规审查事项的承办部门起草人在起草相关材料后，应当将合规审查事项的有关材料提交给本部门合规管理员或者其他人员进行合规审查；合规管理员在进行全面、充分审查的基础上出具明确的审查意见，合规审查意见一般包括有关法律法规适用情况、事项合规性基本分析及结论、事项合规性问题解决建议（如有）、认为有必要说明的其他合规性问题，如存在的法律风险等；合规部门原则上应当对各业务部门提交的合规审查进行形式复审，并对合同、规章制度、重大决策等事项进行实质性复审，最终意见以复审意见为准。对于重大决策，首席合规官应在合规牵头部门合规复审基础上进行最终性审查（或者联合合规牵头部门对重大决策进行复审），如无问题，签署审查通过意见。目前，各部门—法务/合规部门二次审查（初审—复审）模式正在逐步推广。以某省国资监管企业为例，该企业即将合规审查分为初审和复审，其中：一般事项仅由各部门负责合规审查，重大事项由合规管理部门复审后才能交办执行，如此可以提高合规审查效率，落实合规人人有责，实现专业有分工。

实践中较多企业采用法务/合规部门单一审查模式，但由于此种模式下的企业往往强调重要事项的合规审查，并没有将合规审查拓展到所有经营管理事项，存在一定的缺陷。企业第一道防线、第二道防线相关人员均应进行合规审查。

合规审查的效果需要分情形处理：审查事项的依据、程序和内容合法合规的，按照有关制度实施决策；审查事项有关主体超越权限、程序违规的，作出纠正违规行为的建议；审查内容违反法律规定的，作出修改方案 / 合同的建议；审查事项内容严重违反法律规定的，作出终止相关行为的建议；审查的依据、程序和内容合法合规，但存在法律风险的，应当提示承办部门按照法律风险控制措施的要求采取有效的控制措施。

不做好合规审查工作不仅可能导致合规风险无法被及时应对，还可能直接导致违规处罚。以一个未经合规审查即开展对外活动引发处罚的案例来说明。

2021 年，某证券研究所有限公司的分析师刘某在不确定信息来源是否合法合规的情况下，撰写了一篇研究报告，随后未经公司相关部门的质量控制和合规审查程序，就在冠以公司名称的公众号上发布。随后，监管部门以该行为违反了《发布证券研究报告暂行规定》（2020 年修正）、《证券公司和证券投资基金管理公司合规管理办法》（2020 年修正）等规定，对刘某采取监管谈话措施，对该证券公司采取责令整改措施。

3. 建立合规审查制度

合规审查制度作为合规管理配套制度，根据《中央企业合规管理办法》第十四条规定，应当由合规管理部门负责具体起草和制定合规审查制度。合规审查制度主要包括合规审查总则、合规审查职责分工、合规审查方法和流程、合规审查后评估等内容。

合规审查总则应包括制度制定依据、合规审查定义、合规审查依据、合规审查内容、合规审查结论的效果等。

合规审查职责分工主要内容是科学界定各部门、合规部门等主体的合规审查职责和要求。

对于合规审查的方法和流程，合规审查的方法主要包括自行审查和联合其他部门共同审查，一般由各部门合规管理人员负责合规初步审查，合规管理部门进行复审。合规审查流程至少要涵盖合规初步审查的工作要求、审查流转的工作要求、合规复审的工作要求、首席合规官对重大决策最终性合规审查要求、合规审查意见对经营活动的影响等内容。

合规审查后评估则一般是合规牵头部门组织各部门定期对合规审查情况进行总结和评估，总结合规审查经验，并对不合规行为进行纠正。在合规审查后，评估应形成评估报告，对合规审查阶段性情况进行总结，为以后的合规审查提供经验或者教训。

为了保障合规审查工作，企业各部门应系统梳理本部门各经营管理活动所涉及的合规义务，在合规审查过程中充分对照实施计划和内外部合规要求的差异，研判合规与否的结论。企业可以定期组织开展合规培训，鼓励有关职能部门通过各类活动学习合规规范，强化业务部门合规审查的知识和能力。此外，企业可以将合规审查程序嵌入信息化流程，以便可视化地管理合规审查活动，保障合规审查的顺利实施。此外，企业还可以根据实际制定合规审查表单。

四、总结

合规审查是保障生产经营管理活动合规的重要环节，是对合规风险识别成果的具体运用，通过将合规审查作为重大经营管理事项决策前必经的关键环节，进一步推动合规管理融入业务、嵌入流程，及时识别及妥善处置合规风险，将风险防范的能力提前，减少违规决策的风险。实践充分证明，合规审查在企业对外活动中具有举足轻重的地位，不履行合规审查程序即对外开展有关活动将会增大违规风险，企业应根据自身规模、人员配置选择恰当的合规审查模式，做好合规风险事中管控工作。

五、实务模板

合规审查的实务模板具体如下。

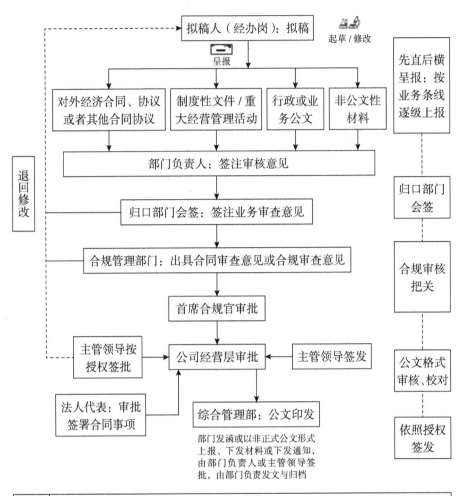

图4-3　合规审查

第 31 问　如何应对合规风险？

一、概述

　　即使合规风险事件可以做到零容忍，但完全杜绝风险也是不可能的。合规风险可以分为一般合规风险、重大合规风险等类型，不同类型的合规风险有不同的应对要求。应对合规风险的流程通常包括确定合规风险应对策略，根据风险应对策略制定具体的控制性措施，实施控制性措施，对控制措施的实施效果进行评价四个环节，应对合规风险的措施应当具有适宜性、充分性、有效性。

二、依据

　　《中央企业合规管理办法》第二十二条第一款、第二款规定："中央企业发生合规风险，相关业务及职能部门应当及时采取应对措施，并按照规定向合规管理部门报告。中央企业因违规行为引发重大法律纠纷案件、重大行政处罚、刑事案件，或者被国际组织制裁等重大合规风险事件，造成或者可能造成企业重大资产损失或者严重不良影响的，应当由首席合规官牵头，合规管理部门统筹协调，相关部门协同配合，及时采取措施妥善应对。"

　　ISO 37301/GB-T 35770 重视企业合规风险的应对：一方面要求企业应当确定应对风险的措施，验证风险控制措施的实施效果；另一方面要求企业根据风险管理情况及时变更风险控制措施。

三、分析

合规风险应对是直面合规风险的要求，合规风险应对的有效性是合规管理体系运行有效性的关键指标，企业应确定合规风险应对机制，明确不同合规风险语境下的应对要求，确保合规风险应对的充分性、适宜性、有效性。

1. 建立合规风险应对机制

应对合规风险的策略通常包括规避风险、接受风险、降低风险和分担风险四大类。规避风险，即直接改变或中止风险来源项目进程、改变交易相对方或中止交易行为；接受风险，即建立应急储备，提高抗风险能力；降低风险，即提前做好风险结果预估，提高风险应对效率，控制风险影响范围；分担风险，即提前做好相应免责声明，要求相对方、关联方合规承诺，从而隔离自身风险。

确定了合规风险应对策略，有关职能部门应针对不同类别的合规风险，制定具体的风险应对措施。风险应对措施通常包括以下七类：一是资源配置类，如设置或者调整合规风险应对的相关机构、人员、补充经费等；二是制度、流程类，即制定或者完善与合规风险应对相关的制度、流程；三是标准、规范类，即制定特定风险，编写标准或者规范文件，供有关人员使用；四是技术手段类，即利用技术手段规避或者降低合规风险；五是信息类，即对风险发布预警信息；六是活动类，即开展某些活动规避或者降低合规风险；七是培训类，即开展合规培训和宣传，提高相关人员风险管控意识和风险管控技能。企业在制定风险控制措施的同时应明确风险管控部门或者人员。

案例

在一起泄露国家秘密的行政处罚案件中，某事业单位员工贺某由于初入职对工作情况和相关法律法规不了解，未履行涉密文件销毁管理规定，将三本秘密级汇编书籍交给保洁人员处理，保洁人员将书籍当作废品，卖到了流动废品收购站，被保密行政管理部门的工作人员及时发现，进行了收缴处理，事后，有关部门给予贺某记大过处分。

在该案件中，公司应当吸取教训，分析违规事件发生的原因，对可能接触国家秘密的新入职员工进行保密培训，确保新员工理解并遵守保密要求，避免违规事件的发生。

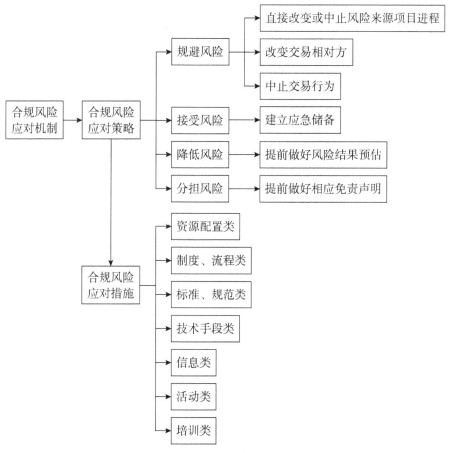

图4-4　合规风险应对机制

确定好风险应对措施后，企业责任部门和人员应严格执行风险控制措施，直至将合规风险完全规避或者降低到可接受的程度。合规风险得到控制后，责任部门应按照规定向合规管理部门报告风险处置情况。

企业合规管理部门应对合规风险措施的实施效果进行检查和评估，确保合规风险应对措施具有适宜性、充分性和有效性，将合规风险消除或者降低至企业可接受的范围内。此外，企业还应当针对不严格执行风险控制措施的行为制订违规纠正计划，必要时提请有关部门开展问责程序。

2. 应对三种不同语境下的合规风险

根据实践情况，可以总结出三类企业容易发生的合规风险，三者有不同的应对要求。

第一，企业内部发生一般合规风险。《中央企业合规管理办法》第二十二条第一款规定，中央企业发生合规风险，相关业务及职能部门应当及时采取应对措施，并按照规定向合规管理部门报告。据此，如果企业内部发生一般合规风险，产生风险的部门应及时采取应对措施，并向合规管理部门报告合规风险情况。合规管理部门应监控风险产生部门对合规风险的控制情况，对于风险应对不力的部门应及时提示。

第二，企业内部发生重大合规风险事件。《中央企业合规管理办法》第二十二条第二款规定，中央企业因违规行为引发重大法律纠纷案件、重大行政处罚、刑事案件，或者被国际组织制裁等重大合规风险事件，造成或者可能造成企业重大资产损失或者严重不良影响的，应当由首席合规官牵头，合规管理部门统筹协调，相关部门协同配合，及时采取措施妥善应对。据此，如果企业内部发生重大合规风险事件，首席合规官应组织合规管理部门、相关部门协同应对合规风险。合规管理部门负责监测风险控制情况，提供咨询和建议，相关部门负责具体处置合规风险。首席合规官、合规管理部门、出现风险的部门三方协同应对合规风险有利于提高合规风险管控效率，提高合规风险事件应对的专业性和科学性，降低合规风险事件的影响。

第三，企业的下属企业发生重大合规风险事件。企业的下属企业发生重大违规事件，应当由下属企业的首席合规官牵头，合规管理部门统筹协调，相关部门协同配合，及时采取措施妥善应对。下级合规管理部门应将合规事件及时报告给上级单位，上级单位首席合规官、对应管理部门、合规管理部门应指导下级单位妥善应对合规事件。

四、总结

严格落实好合规风险应对措施对企业防范合规风险具有重要意义，风险应对措施落实不好将可能导致合规风险事件的发生甚至引发违规后果。企业在应对合规风险的过程中，应针对合规风险的发生原因采取措施，并重视控制风险措施的适宜性、充分性、有效性，确保合规风险得到有效应对，避免或者降低直接违规事件的发生。

五、实务模板

应对合规风险的实务模板如下。

序号	风险名称	风险成因分析	管控目标	管控措施	责任部门

第 32 问　如何建立合规风险报告机制?

一、概述

合规风险报告机制包括定期报告和临时报告，前者通常是指合规管理年度报告，后者则包括一般合规风险事件的临时报告和重大违规事件的临时报告。合规报告不仅包括内部报告，还包括特定情况下的对外报告，如向监管机构报告或者公众报告。

二、依据

根据《中央企业合规管理办法》第二十二条第一款和第二款规定，中央企业发生合规风险，相关业务及职能部门应当及时采取应对措施，并按照规定向合规管理部门报告。中央企业因违规行为引发重大法律纠纷案件、重大行政处罚、刑事案件，或者被国际组织制裁等重大合规风险事件，造成或者可能造成企业重大资产损失或者严重不良影响的，应当由首席合规官牵头，合规管理部门统筹协调，相关部门协同配合，及时采取措施妥善应对。

ISO 37301/GB-T 35770 要求企业建立并实施合规报告流程，确保企业存在明确的报告标准和流程。

三、分析

合规报告是指企业有关机构将合规管理的情况通过一定的程序上报到其他机构的行为，因此，合规报告不应受到不恰当干预，企业应建立明确的合规报告流程，梳理整合报告条线，保障合规报告的及时性、准确性等。一般来说，合规报告分为定期合规报告、临时合规报告、所属单位向上报告、国家出资企业向国资委的合规报告、对外合规报告等。

1. 定期合规报告

定期合规报告通常包括合规管理情况季度报告和年度报告。定期合规报告的目的在于让企业管理层和治理层及时了解企业的合规管理情况，以便作出进一步的决策和部署。

企业应根据本单位实际情况建立合规定期报告机制。企业各组成部门每季度/年末，应结合部门合规目标的实现情况，对合规履职情况进行总结和分析，按照要求向合规管理部门提交本部门合规报告。合规管理部门根据各部门季度、年度合规总结情况，编制季度合规报告和年度合规报告，报企业治理层审议批准，由治理层评价合规管理体系的适宜性、充分性和有效性。定期合规报告的内容通常包括：合规管理的基本情况；合规规章制度的制定、评估和修订情况；重要业务活动的合规情况；存在的主要合规风险及应对措施；重大违规事件及其处理情况；合规绩效考核情况；合规培训情况；合规管理存在的问题和改进措施等。

2. 临时合规报告

临时合规报告包括一般合规风险的报告和重大合规风险的报告。突发风险或者突发违规事件报告的目的在于让企业风险管理机构及时获得企业合规风险和违规事件信息，以便对风险情况进行及时决策和处置。

对于企业发生的一般合规风险，报告流程一般是双向报告，即有关业务部门除部门内部向上报告外，还应当将其情况向合规牵头部门报告，两个报告流程彼此之间不应存在制约，部门合规管理人员应同时双向报告，以确保合规报告的独立性。

重大合规风险事件，是指企业在生产经营管理活动中发生的，造成或可能造成重大资产损失或严重负面影响的各类生产经营管理合规风险事件，主要包括因涉嫌严重违法违规被司法机关或者省级以上监管机构立案调查，或者受到重大刑事处罚／行政处罚，或者受到其他国家、地区或者国际组织机构管制、制裁等，对企业或者国家形象造成重大负面影响等。对于重大违规事件报告，涉及风险的部门除部门内部向上报告外，还应当立即报告给合规牵头部门，合规牵头部门根据职责要求上报给企业管理层或者治理层，合规牵头部门应根据企业管理层和治理层的要求，会同有关部门制定应对措施，有效应对突发风险。

3. 所属单位向上报告

对于企业所属单位，下级企业合规牵头部门应按照要求向上级企业合规牵头部门进行定期报告和临时报告。

对于重大违规事件报告，下级企业合规牵头部门在接到合规报告后应立即上报给上级企业合规牵头部门。

4. 国家出资企业向国资委的合规报告

在国家出资企业的公司治理中，国家出资企业对出资人同样具有报告义务。国家出资企业的报告主要包括年度报告、重大违规事件报告、下属企业的层报。国务院国资委之所以强调合规报告，目的在于及时获得国资监管企业合规信息，以便及时响应重大合规风险，维护国有资产的安全和稳定。

年度报告是指国家出资企业将合规管理年度情况以书面形式报告给国资委的行为。国家出资企业年度合规管理报告应得到公司治理层如董事会的批准。年度合规管理报告一般应包括以下内容：合规管理的基本情况；合规政策的制定、评估和修订情况；重要业务活动的合规情况；合规检查、考核、评估和合规审计结果；存在的主要合规风险及应对措施；重大违规事件及其处理情况；合规培训情况；合规管理存在的问题和改进措施；下一年度的合规目标；认为需要报告的其他内容。

重大违规事件报告是指国家出资企业将重大违规事件报告给国资委的行为。《中央企业合规管理办法》第二十二条第三款规定，中央企业发生重大合规风险事件，应当按照相关规定及时向国资委报告。将重大违规事件报告给国资委是国家出资企业尊重出资人权益的基本要求。重大违规事件报告强调及时性，报告责任人不得迟延报告或者违规不报，否则就要启动问责程序。以中央企业重大合规风险事件报告为例，说明企业如何对重大合规风险事件进行报告。根据《中央企业重大经营风险事件报告工作规则》规定，中央企业重大合规风险事件报告按照事件发生的阶段通常包括首报、续报和终报三种方式：首报通常是指事件发生后2个工作日内向国资委报告，报告内容包括事件发生的时间、地点、现状以及可能造成的损失或影响，向企业董事会及监管部门报告情况，以及采取的紧急应对措施等情况。对于特别紧急的重大经营风险事件，应当在第一时间内以适当便捷的方式报告给国资委。续报应当在事件发生后5个工作日内向国资委报告，报告内容包括事发单位基本情况，事件起因和性质，基本过程、发展趋势判断、风险应对处置方案、面临问题和困难及建议等情况。终报应当在事件处置或整改工作结束后10个工作日内向国资委报告，报告内容包括事件基本情况、党委（党组）或董事会审议情况、已采取的措施及结果、涉及的金额及造成的损失及影响、存在的主要问题和困难及原因分析、问题整改情况等。涉及违规违纪违法问题的应当一并报告问责情况等。

对于国家出资企业的所属单位，同样应当按照规定进行层报，最终实现向国资委报告。下属企业的层报是指国家出资企业的全资子公司、分公司、控股公司将合规管理情况通过年度报告和重大违规事件报告的形式上报给上级企业，上级企业将下级企业的相关报告内容报告给国资委的行为。下级企业的合规管理部门应当履行向上级合规管理部门报告的职责，按照规定及时报告，提供相关材料；上级企业合规管理部门按照规定的权限、要求将相关内容纳入本企业报告文件中或者直接上报给国资委。

5.对外合规报告

企业对合规信息除内部报告外，根据其适用的合规义务也可能涉及对外报告。

比如，根据《民法典》第五百九十条规定，因不可抗力不能履行合同的，应当及时通知对方，以减轻可能给对方造成的损失，并应当在合理期限内提供证明。这要求商业合作中一方因不可抗力无法履行合同时应当及时通知对方，否则可能对造成的扩大损失承担责任。

再如，《刑法》第一百三十八条、第一百三十九条等均规定了安全报告义务，负有报告职责的人员在安全事故发生后不报或者谎报事故情况不仅可能面临行政监管，还可能面临行政处罚。以一则案例说明不履行安全报告义务引发的合规风险。

2022年3月20日，××区××地块定向安置经济适用房项目施工作业时，两名作业人员将装有混凝土的推车推入电梯井内的防护板上，导致防护板坍塌，致使二人分别坠落，造成1人死亡、1人受伤，事故单位涉嫌瞒报。××区应急管理局经过调查认为，其房屋建筑工程有限公司现场安全生产职责履行不到位，未及时发现并消除施工作业人员未按照施工方案进行施工作业的安全隐患，导致生产安全事故发生，对事故发生负有责任。以上事实违反了《安全生产法》第四十一条第二款的规定，事故发生后未按照《生产安全事故报告和调查处理条例》第九条第一款规定上报事故情况，违反了《生产安全事故报告和调查处理条例》第四条第一款的规定，依据《安全生产法》第一百一十四条第一款第一项和《生产安全事故报告和调查处理条例》第三十六条的规定，决定给予壹佰捌拾伍万元整（1850000元）的行政处罚。①

又如，《上市公司信息披露管理办法》规定了上市公司及其他信息披露义务人如何开展信息披露行为，要求信息披露义务人应当及时依法履行信息披露义务，披露的信息应当真实、准确、完整，简明清晰、通俗

---

① 参见《某房屋建筑工程有限公司"3·20"一般高处坠落事故调查报告》，载天津市北辰区政府网，https://www.tjbc.gov.cn/zwgk/zfxxgk/xxgk_wbj/zjyq_xxgk_yjglj/xxgk_fdzdgk_yjglj/xxgk_zdmsxx_yjglj/xxgk_aqsc_yjglj/202301/t20230129_6089320.html，最后访问日期2023年10月12日。

易懂，不得有虚假记载、误导性陈述或者重大遗漏，披露的信息应当同时向所有投资者披露，不得提前向任何单位和个人泄露等，这是上市公司对公众的报告义务。《上市公司治理准则》要求上市公司对环境、社会和公司治理（ESG）方面的信息进行披露，这是上市公司对公众报告的又一个典型场景。

除上述法定合规报告外，企业根据自身选择遵守的合规义务可以对监管机构披露违规情况争取合规红利。但是，企业应当在自愿披露违规风险前做好风险审查，原则上自愿报告的事件范围为系统性风险，对于局部性、一般性风险，在遵守强制性义务要求的前提下，合规报告可能起不到良性效果。因此，企业在自愿报告前应严格审查报告的必要性，可以咨询外部专业机构报告的必要性，由外部专业机构独立分析，避免利益冲突影响报告质量。

6. 建立合规联席会议制度

合规报告在合规管理中很重要。实践中，企业联席会议制度是确保风险与风险事件能够横向、纵向得到下情上达的重要途径。建立联席会议制度需要明确联席会议的职责、召集主体、召集方式、召集条件、议事规则等内容。

合规联席会议的职责主要有两个，一是部署、指导跨部门的合规管理工作，如合规风险全面识别、合规评审等；二是连通三道防线，充分沟通内部合规风险信息，更好地落实风险管理职责，促进多部门风险管控的协同联动。相应的，联席会议的召集条件即解决和部署一些跨部门的合规工作。

建立联席会议制度需要明确召集人、召集方式、会议程序和规则等主要内容。联席会议的召集主体一般是合规管理负责人或者首席合规官；联席会议通常包括定期会议和临时会议，召集方式均包括线上召集和线下召集，但均需要提前将会议通知和相关资料发送到相关部门；联席议事的议事规则主要包括合格出席人条款、回避条款、表决条款、会议落实监督条款等，此处不再赘述。

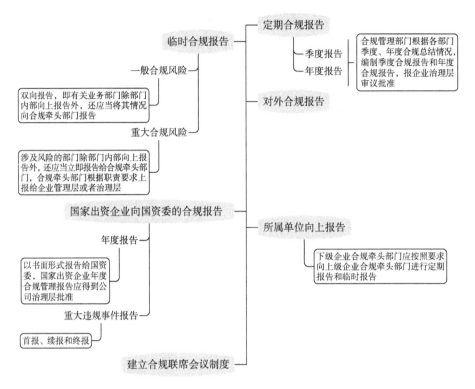

图4-5 如何建立合规风险报告机制

四、总结

合规报告是落实上下级合规沟通的必然要求，在合规运行机制中具有关键意义。企业应建立定期、临时报告机制，明确报告的情形和范围、责任主体、报告程序和工作要求等。对于适用的强制性报告义务，企业应严格遵守；对于自愿适用的报告义务，特别是对外披露违规行为，企业应做好审查和分析，避免不适当报告引发经营危机。

第 33 问　如何建立违规问题整改机制?

一、概述

违规整改的目的有两个:一是改正,二是预防。企业可通过健全规章制度、优化业务流程等来弥补合规管理的不足或者漏洞。建立违规问题整改机制需要明确违规信息的来源、违规整改机制的主要环节和流程。同时,违规整改机制应与合规报告机制协同发挥作用。

二、依据

《中央企业合规管理办法》第四章第二十三条规定:"中央企业应当建立违规问题整改机制,通过健全规章制度、优化业务流程等,堵塞管理漏洞,提升依法合规经营管理水平。"

ISO 37301/GB-T 35770 同样要求组织持续改进合规管理体系,分析违规行为发生的根本原因,吸取经验,通过更新制度、流程等优化合规设计,预防风险发生的情况。

三、分析

违规整改机制是合规风险事后管理的重要手段,旨在通过发现不符合项,并对不符合项进行纠正,以维护合规管理体系的有效性。实践中,需要重点关注收集违规事件信息、建立违规事件剖析整改机制、违规整改与合规报告协同等问题。

1.收集违规事件信息

违规整改的前提在于确定违规行为，这就要求企业指定某个部门持续收集违规事件信息。违规事件信息收集是指企业相对应的机构负责对违规事件的信息进行收集、分析。

企业通常存在审计、纪检，都在一定范围内承担收集违规事件信息的职责，因此，合规管理部门应当承担违规事件信息监测、收集的补充责任，确保合规风险监测及时，满足风险防控的需求。违规信息来源包括但不限于内部检查发现的违规信息、外部检查发现的违规信息、举报发现的违规信息、出现风险的部门主动报告的违规信息、其他渠道发现的违规信息等。

合规部门应主动对发现的违规事件信息进行收集、分析，相关部门按照职责权限明确责任部门，并通知相关责任部门对合规事件进行原因分析等，为违规行为的整改奠定基础。

2.建立违规事件剖析整改机制

在违规整改具体环节上，违规事件剖析整改机制通常包括分析违规行为的性质和原因、确定并实施违规整改方案、第三部门对整改效果进行检查和评估等。

根据《中央企业合规管理办法》规定，对于因一般违规行为引发的案件，应由归口管理部门组织对违规行为进行分析，找出违规行为发生的原因、性质、事实过程等。对于重大违规行为，首席合规官应组织合规管理部门、违规事件出现的部门协同分析违规原因。分析导致违规事件发生的原因，便于后续制定有针对性的整改措施。

在确定违规行为发生的原因之后，责任部门应制订整改方案，明确整改时间点、整改措施、责任人等。整改措施通常包括纠正措施和预防措施。纠正措施主要是对持续性违规行为的纠正或者对一次性违规行为的事后补救；预防措施是指企业针对违规行为再次发生制定的控制措施，如果违规行为的发生原因是业务制度或者流程不明确，企业可以通过优化规章制度、业务流程预防违规行为再次发生。纠正或者预防措施应当与不合格行为产生的影响相适应。违规整改责任部门须将整改措施提交给合规牵头部门等职责部门，合规管理部门等应对整改方案进行评价，确认没有问题后，再要求相关部门按照整改方案执行。违规整改责任部门应按照整改方案严格执行整改，不得不整改或者拖延整改。

对于违规信息的纠正或预防措施的实施结果，由相关风险措施实施部门的合规管理员负责对责任部门所采取措施的有效性进行跟踪验证，并将相关记录报合规牵头部门或者其他职责部门。若有关措施实施后的效果没有达到预期，接到报告的部门应督促有关部门重新制定和实施纠正或预防措施，合规管理员应再次跟踪验证，直到纠正措施或预防措施有效。对存在虚假纠正、拒绝或者拖延整改、整改不到位等事项，应按照有关规定启动问责程序。

建立违规事件剖析整改机制，要高度重视违规整改的有效性、适宜性、充分性，这是合规管理的重要一环。只有整改到位，才能促进企业可持续发展。以一则案例说明违规整改到位的重要性。

2020 年 6 月 16 日至 8 月 20 日，国资委党委××巡视组对××集团有限公司党委进行了巡视。9 月 27 日，国资委党委××巡视组向集团党委反馈了巡视意见。××集团有限公司收到巡查意见后，坚持立行立改、真改实改，对照反馈意见和问题清单，制订整改方案、整改台账和整改责任清单，压实整改责任，明确整改时限，确保巡视整改工作落到实处，见到效果。最终，整改行动取得了显著效果，全面完成了巡视整改任务，以整改的实际成效推动了企业高质量发展。[①]

3. 违规整改与合规报告协同

违规整改机制通常涉及多部门的协同和配合，因此保障企业多部门之间的沟通就显得极其重要，其中最重要的是，确保违规整改机制和合规报

---

① 参见《中国建材集团有限公司党委关于巡视整改情况的通报》，载国务院国有资产监督管理委员会网站，http://www.sasac.gov.cn/n2588020/n2588072/n2591770/n2591772/c18140762/content.html，最后访问日期 2023 年 10 月 12 日。

告紧密结合。

根据《中央企业合规管理办法》第二十二条第一款规定，中央企业发生合规风险，相关业务及职能部门应当及时采取应对措施，并按照规定向合规管理部门报告。据此，部门在发生合规风险时，应及时报告给合规管理部门。合规管理部门应按照职责权限要求对整改效果进行监督和评估；如果相关事项属于纪检部门或者审计部门的职责，合规管理部门在收到合规报告后应及时通知纪检等部门，由纪检等部门负责对违规事项的整改进行监督和评估。

合规管理部门应定期对本企业合规管理情况进行总结，通常包括季度报告和年度报告，总结本企业在当期的合规管理情况，总结经验，明确工作措施等。合规报告应揭示合规事件和整改情况，企业季度合规报告和年度合规报告须经企业治理层审批批准，确保企业治理层及时了解企业整体合规管理情况，针对具体情况具体部署和决策，及时向全体员工传达企业高层合规声音。

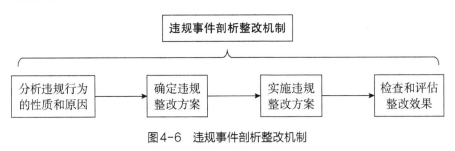

图4-6　违规事件剖析整改机制

四、总结

违规整改机制是企业合规管理"PDCA"的重要一环，是合规管理体系持续优化和提升的关键，如果整改不到位可能会导致经营风险增大。违规整改机制的建立应当重视整改措施的有效性、适宜性、充分性，杜绝形式整改、虚假整改。企业还应当将违规整改情况与合规报告紧密联系起来，将整改情况作为合规年度报告的重要内容，定期披露企业整改信息，加强内外部监督。

第34问　如何建立合规举报机制?

一、概述

企业应当建立公开的合规举报机制、公开的合规举报平台和畅通的举报渠道,确定合规举报信息的受理和调查主体,明确合规举报事项的调查要求、处理要求等,对举报和调查过程采取保密措施,保障举报人不受打击报复,从举报机制上给予举报人信心。对于国有企业,合规举报应当与纪检信访举报相衔接,避免各行其是。

二、依据

《中央企业合规管理办法》第二十四条规定:"中央企业应当设立违规举报平台,公布举报电话、邮箱或者信箱,相关部门按照职责权限受理违规举报,并就举报问题进行调查和处理,对造成资产损失或者严重不良后果的,移交责任追究部门;对涉嫌违纪违法的,按照规定移交纪检监察等相关部门或者机构。中央企业应当对举报人的身份和举报事项严格保密,对举报属实的举报人可以给予适当奖励。任何单位和个人不得以任何形式对举报人进行打击报复。"

ISO 37301/GB-T 35770 要求企业建立合规举报和调查机制,要求举报方式在整个组织内公开可见,保障举报的秘密性,允许匿名举报,保护举报者免遭报复,并确保调查流程的公正性等。

三、分析

两大合规管理体系政策和标准均要求企业建立合规举报机制，但对于如何建立举报流程的指引作用并不具体。对此，ISO 37002：2021《举报管理体系 指南》可以为企业建立健全合规举报机制提供具体指引。实践中，如何设置合规举报平台、如何对合规举报事项进行调查、合规举报与纪检调查等衔接是需要重点关注的问题。

1. 设置合规举报平台

企业应当建立公开的合规举报平台和畅通的举报渠道，主要包括以下几个具体要求：

第一，对举报人的身份和举报内容不应限制。企业不应限制举报人的身份，任何人，包括企业内部人员和外部人员都可以通过举报平台进行举报。合规举报的范围也不应设置限制，既可以包括违法违纪的线索，也可以包括一些合规疑虑。此外，企业不能强制要求合规举报人提供充分的证明材料支撑合规举报，一般仅要求提供初步线索即可。

第二，保障举报人举报方式的多样化。企业应设置多样化的合规举报平台，使得举报人可以通过书信、电话、邮箱、信箱、现场投诉等方式对违规违纪行为进行举报。企业应重视保护举报平台不受不当破坏和干扰，如对于信箱，采取措施防止遭到非法破坏。

第三，企业应公开举报方式。举报渠道公布方式可以分为内部、外部两种形式。内部公布方式包括但不限于公司书面通知或内网公告、张贴海报、内部会议等；外部公布方式包括写入业务合同、外部会议、宣传手册、微信公众号栏目、企业官网等。

在设置举报方式的过程中，公司高层应对外传达合规声音，表达公司对违法违规行为的零容忍态度，鼓励相关方提出问题，并通过行动严格执行举报机制，从而增加潜在举报人的信心和举报人的积极性。同时，企业也可以将违规举报作为员工义务和岗位职责，培育违规举报文化。

如果企业没有畅通的举报机制，可能会导致以下两个问题：一方面，相关问题可能得不到纠正；另一方面，相关方可能采用其他方式反映问题，如媒体、监管机构，将会导致更严重或更难以控制的后果。只有建立畅通的举报机制，才能有效应对内外部监督。

2. 调查合规举报事项

在建立合规举报平台的基础上，企业应当建立调查和处理机制，具体包括确定举报受理和调查主体、明确合规举报的调查要求、处理要求等。

企业应设置统一的合规举报受理主体，以便统一管理举报。合规举报主体在受理举报后，应安排专人认真做好记录，建立台账，进行分类处置：如果接受举报人当面举报的，应当分别进行，接待人员应当做好笔录，经举报人同意可以录音；接受电话举报的，应当细心接听，询问清楚，如实记录，经举报人同意可以录音；对举报信函和提交的书面材料，应逐件拆阅、下载、登记，并及时处理等。

举报受理主体应根据受理的举报事项分类移送，公司纪检监察、审计、合规管理等部门分别按照各自的职责对违规行为进行调查处理。在具体的合规调查过程中，企业应明确合规举报调查的工作要求。第一，企业应确定调查的最长期限，一般以 30 个工作日为限，并明确调查时间延长的批准要求。第二，调查部门应当具有一定的权限。调查人员在调查过程中有权约谈涉事人员、商业伙伴和员工以外的第三方，并收集文件等书面证据。公司所有员工和部门必须予以配合。第三，调查人员的选定应当基于回避和无利益冲突原则，由具有适当调查技能和经验的专业人员主导，如果需要人力、财务等专业领域人员对行为进行判断的，相关部门的人员应为调查提供支持。对于重大疑难复杂的合规举报事项，公司多个部门可以组成联合调查组或者与外部第三方机构共同组成调查组，妥善处理举报问题。第四，对于法律法规要求需要报告违规事件的，企业应在调查结束后及时将违规事件基本材料报告给监管机构，避免承担报告不力的法律责任。第五，调查完成后，调查部门应根据法规要求和内部规章制度出具违规处理建议，并报告给合规管理部门。合规管理部门等有关部门按照职责权限将调查处理意见和材料提交给公司相关会议研究讨论，并作出最终处理决定。合规举报如查证属实，企业应严肃问责，问责的方式包括但不限于降低薪酬、扣减绩效、解除劳动合同、限制晋升等。第六，举报事项的最终处理结果通常由调查处理部门通知举报人和被举报人，由相关职能部门执行处理意见。第七，对于举报人，企业可以给予一定的奖励，提高员工合规举报的积极性。第八，对于法律法规要求需要报告违规事件的，企业应在调查结束后及时将违规事件基本材料报告给监管机构，避免承担报告不力的法律责任。

3. 健全合规举报保障措施

企业应采取必要措施保护举报人，从制度上给予举报人信心。

一是在提倡实名举报的同时，允许接受匿名举报。

二是要求调查人为无利害关系人，并严格举报和调查纪律，要求相关人保守举报秘密，并建立严格的保密举措，对于泄密行为要严肃问责。

三是严厉查处以任何形式报复举报人、证人及调查人员的行为。

四是对于举报人，企业可以给予一定的奖励，提高合规举报人的积极性。

4. 明确哪些合规举报情况需要移交纪检监察部门

合规管理举报机制的建设要处理好其与纪检监察部门的关系。纪检监察部门作为我国党内监察机关，要依法承担纪检监督责任，纪检监督的重要内容则是举报受理和调查。

根据《纪检监察机关处理检举控告工作规则》等相关规定，任何组织和个人对以下行为有权举报：党组织、党员违反党的各项纪律行为；监察对象不依法履职，违反秉公用权、廉洁从政从业以及道德操守等规定，涉嫌贪污贿赂、滥用职权、玩忽职守等职务违法、职务犯罪行为。对于此类违规行为的举报，企业必须指定纪检部门受理和调查相关合规举报，如果其他部门受理了属于纪检部门应当调查的举报案件，应及时移送调查，否则可能造成纪检部门履职瑕疵，造成不合规。

因此，企业设置举报机制应充分考虑其与纪检监督的协调，最好的解决方案是将合规举报的受理主体和调查主体统一归属于纪检部门，这样就可以避免职责交叉和重复的问题，提高合规举报机制运行的顺畅性。

四、总结

合规举报机制是企业合规文化建设的重要途径，也是监督企业人员合规履职的必要手段，通过违规违纪知情人提供的线索，可以帮助企业快速地获知违规风险信息，降低企业整体运营风险。企业应建立有效的合规举报机制，既能让相关人员接触到举报平台，也能让相关人员敢于举报，严格举报保密措施，严厉打击报复行为，从制度上给予相关人员信心。

第 35 问　如何开展合规管理体系有效性评价和重点业务合规专项评价？

一、概述

合规管理体系需要定期开展有效性评价，确保合规管理体系持续具有适宜性、充分性和有效性。合规管理体系有效性评价包括全面评价和重点领域评价，全面有效性评估指标的确定，既要全面反映合规体系的构成要素，也要反映合规体系的运行效果，主要涉及合规管理机构配置和职责设定、合规风险识别、合规风险监控、合规风险应对、合规整改、合规文化建设等；重点领域评价重点内容在于重点领域的合规管理建设和执行情况，以及合规风险是否得到了有效控制等。

二、依据

《中央企业合规管理办法》第二十七条规定："中央企业应当定期开展合规管理体系有效性评价，针对重点业务合规管理情况适时开展专项评价，强化评价结果运用。"

ISO 37301/GB-T 35770 要求企业建立绩效评价机制，通过合规绩效考核、管理评审、内部审核三重管控手段确保合规管理体系的标准符合性和体系运行的有效性。

三、分析

企业合规体系不是一次性工程，合规体系在实际运行中也需要持续优化，企业应定期对合规体系的有效性进行评估，发现合规体系的薄弱环节，为企业优化体系打下基础。实践中，谁来负责对合规管理体系进行有效性评价、合规管理体系有效性评价的内容、ISO 37301 合规管理体系审核和管理评审、合规管理体系有效性评价的结果如何运用是需要重点关注的问题。

1. 明确开展合规管理体系有效性评价的主体

根据《中央企业合规管理办法》第八条规定，董事会负责推动完善合规管理体系，并对其有效性进行评价。据此，企业开展合规管理有效性评价，应当由董事会，或董事会授权管理层组织评估小组，或委托外部专业机构进行。

一是董事会对合规管理体系进行有效性评价。合规管理委员会或者合规管理部门应按照董事会要求，提交合规管理年度报告和各部门年度履职情况，董事会根据相关资料对合规管理体系的有效性进行评审，得出评审结论。

二是董事会授权管理层组织合规体系评估小组进行有效性评价。合规管理体系有效性评价小组的成员应跨部门、跨专业，以保证合规体系有效性评价小组可以正确履行职责。一般可由各部门合规管理员共同组成合规体系有效性评价小组。

三是委托外部专业机构进行合规体系有效性评价。企业可以委托专门的服务机构对合规管理体系的有效性进行评价，持续优化合规管理体系。

2. 确定合规管理体系有效性评价的内容

合规管理体系有效性评价包括合规体系全面有效性评价和重点领域合规体系有效性评价，二者有各自侧重的评价内容。

合规体系全面有效性评估指标的确定，既要全面反映合规体系的构成要素，也要反映合规体系的运行效果，主要涉及合规管理机构配置和职责设定、合规风险识别评价、合规风险监控、合规风险应对、合规整改、合规文化建设等。合规管理机构配置主要包括合规治理机构设置和合规管理机构设置，主要考虑企业治理机构和管理机构的设置是否符合企业合规管理需求；合规职责设定包括企业治理机构、管理机构、合规管理负责人、合规管理人员、各部门合规管理职责等主体的合规管理职责，不同主体有不同的要求；合规风险识别评价要求对组织内外部合规风险进行识别，并对风险进行评估和分级；合规风险监控要求企业对风险进行日常监控，鼓励举报，对风险进行内部报告，确保风险得到及时的控制和处置；合规风险应对要求企业具有控制风险的措施和流程，且风险控制情况良好；合规整改要求企业根据合规管理情况持续完善合规体系，对违规问题进行纠正，确保合规体系具有适宜性和有效性；合规文化建设要求企业具有合规履职的意识，形成合规履职的风气，企业能够通过宣传等手段将合规要求传达到员工和外部第三方。

企业应对重点业务合规管理情况适时开展专项评价。重点业务的合规体系有效性评价主要是围绕企业重点领域、关键环节展开检查，排查管理漏洞，研判合规风险，制定合规管控措施，推进企业重点领域和关键环节的合规治理。当企业部分领域风险增大时，如果发生了重要违规事件、外部监管环境发生重大变化等，企业应对重点领域进行专项评价，确保重点领域合规管控的有效性。合规重点领域的评价内容主要包括相关岗位的职责设置和履行情况、风险识别和控制情况、制度和流程落实情况、违规和整改情况等。

3. 定期开展合规管理体系审核和管理评审

ISO 37301 规定了合规管理体系审核和管理评审，二者均是确保合规管理体系充分、适宜、有效的最基本方法。通过内部审核和管理评审活动，针对违规行为制定预防或者纠正措施，以确保合规管理体系的有效性。

合规管理体系内部审核要求企业通过检查确保合规管理体系符合企业对合规管理体系的标准和要求，且合规管理体系得到了有效维护和实施。

企业至少每年开展一次全面的内部审核活动，制订年度审核方案，审核方案应涉及合规管理的各个方面，紧密围绕各部门职责进行；企业应当按照审核方案组成无利害关系审核小组实施合规管理体系内部审核，通过文件阅读、访谈、测试等方法，围绕制度建设和落实情况开展合规调查，及时发现合规管理体系运行的问题，并针对不符合项出具整改报告，最终形成审核报告；审核报告一般需要报公司治理层或者管理层批准；企业应针对内部审核发现的不符合项开展持续纠正工作，确保不符合项得到解决。

管理评审是指企业最高管理者通过组织企业管理层对企业合规管理体系的评审，以确保其持续的适宜性、充分性和有效性。

企业至少每年开展一次管理评审活动。管理评审应当对合规方针的充分性、合规管理部门的独立性、合规目标的达成度、资源的充分性、资源的充足性、合规风险识别和评估的充分性、风险控制措施的有效性、合规运行机制的有效性等方面进行评审，最终得出评审结论，编制评审报告；管理评审报告应当报公司治理层批准；对于管理评审结论，合规部门应认真进行分析，有针对性地制定预防或者纠正措施，并组织实施，必要时变更合规管理体系，以维护合规管理体系的充分性、适宜性和有效性。

合规管理有效性是对企业实质合规的基本要求，否则企业合规管理就是一副空架子。以一个合规整改案例说明合规管理有效性的意义。

××省××市×公司在投标××市公安局交警支队3个智能交通系统维保项目过程中，与其他公司串通，由×公司制作标书、垫付保证金，并派遣×公司员工冒充参与串标公司的投标代理人进行竞标，最终上述3个项目均由×公司中标施工建设，中标金额共计600多万元。案发后，公司主要负责人主动投案。2021年4月，××市公安局××分局以×公司、杨某某、王某某涉嫌串通投标罪向××市××区检察院移送审查起诉。在审查起诉阶段，检察机关在认真审查调查案件事实、听取行政机关意见以及审查企业书面承诺和证明材料的基础上，综合考虑企业发展前景、社会贡献、一贯表现及企业当前暴露出的经营管理机制疏漏，于2021年9月启动合规考察程序，确定了3个月的合规考察期。2022年1月，第三方组织对×公司企业合规整改进行验收，经评估通过合规考察。2022年1月，检察机关

依法对 × 公司、主要负责人作出不起诉决定。①

回顾本案，在合规整改效果评估上，检察机关逐条对照合规计划检视企业整改效果，防止走过场的"纸面合规"，避免合规建设流于形式。反之，如果涉案企业合规整改流于形式，则可能因其不具有有效性导致合规整改失败的后果。

4. 合理运用合规管理体系有效性的评价结果

合规管理体系的评价结果包括发现违规行为或者可优化因素，两者都是合规管理体系持续提升的重要信息基础。

对于违规行为，有关责任部门应制定违规纠正措施，并对违规纠正情况进行验证，确保不符合项得到纠正。违规行为应当与绩效考核联系起来，如涉及问责情形的，应严肃问责。比如，经内部审核发现企业合规风险识别不充分、不具体，企业有关部门应根据整改要求进一步识别合规风险，细化风险识别的颗粒度，保证合规风险识别工作的价值得到发挥。

对于合规管理体系的薄弱点 / 可优化因素，合规管理部门应根据管理评审结论，组织有关部门制定合规体系优化措施，并报上级批准后实施，合规管理部门应对措施的实施效果进行后评估，确保管理评审意见和优化措施落到实处。比如，如果企业经管理评审认为合规部门的职权不足以满足公司合规管理的需求，则需要进一步扩大合规管理部门职权。

四、总结

合规管理体系有效性评价是确保合规管理体系具有有效性、适宜性、充分性的基本要求，企业应根据本单位合规管理体系的运行情况及时开展有效性评价工作，并重视对重点领域开展有效性评价工作，确保及时发现

---

① 参见《涉案企业合规典型案例（第三批）》，载中华人民共和国最高人民检察院网站，https://www.spp.gov.cn/spp/xwfbh/wsfbt/202208/t20220810_570413.shtml#2，最后访问日期 2023 年 10 月 12 日。

不符合项和可优化因素，维护合规管理体系的有效性。

五、实务模板

合规管理体系有效性检查评估实施办法的实务模板具体如下。

合规管理体系有效性检查评估实施办法

第一章　总则

第二章　职责与分工

第三章　合规检查评估方法和流程

第四章　合规检查评估策划和实施

第五章　合规检查评估报告编写、审批及使用管理

第六章　附则

第 36 问　如何开展合规管理考核?

一、概述

合规管理考核包括对下属企业的合规考核和对企业各部门和全体员工的合规考核,合规考核可以视情况组建合规考核小组,与绩效考核结合起来,将合规考核结果作为职务任免、评先选优、职务晋升以及薪酬待遇的参考依据之一,增加员工参与合规管理工作的积极性。

二、依据

《中央企业合规管理办法》第二十八条规定:"中央企业应当将合规管理作为法治建设重要内容,纳入对所属单位的考核评价。"

ISO 37301/GB-T 35770 要求企业建立绩效评价机制,确定合规管理体系有效性评价指标,通过对合规管理体系进行监测,确保合规目标的实现,合规绩效的反馈来源应具有多样性。

三、分析

合规管理考核是指通过对特定主体的合规工作进行客观、公正的评价,将考核评价结果运用到企业经营业绩,个人职务任免、评先选优、职务晋升以及薪酬待遇等。按照《世界银行集团廉政合规指南概要》等要求,企业既要采取适当的激励措施，鼓励企业内部各个级别的人员遵守合规计划，并为其提供积极的支持，通过这种做法在整个企业内部推广计划；又要对企业内部各个级别的人员，包括管理人员和董事，凡参与了不当行为或其他违反计划的行为的，都采取包括终止合同在内的适当的惩戒措施。因此，合规管理考核的重要目的在于正负激励措施，倒逼企业和员工依法依规操作，提高合规履职的积极性，保障企业合规发展。根据被考核对象的不同情况，合规管理考核通常包括对下属企业的考核和对企业各部门和全体员工的合规考核，两者的合规考核方法存在差异。

1. 开展所属单位的合规管理考核

对下属企业的合规管理考核，是指上级单位将合规管理的要求纳入对下属企业考评体系，将考核结果作为企业薪酬、主要负责人职务任免依据的考核。企业对下属企业的合规考核通常并不单独建章立制，而是将合规的要素纳入对下属企业综合业绩考核中，并赋予合规管理考核一定的比重。

企业对下属企业的合规考核通常包括业绩考核和综合管理考核，前者通常是对企业经营业务回报、业务运营情况、企业发展情况等方面的考核，又称为通用指标；后者通常是对企业文化、管理能力、安全环保等方面的考核，又称为约束性指标。企业应当将合规管理的相关指标纳入约束性考核指标，具体可以将指标分解为依法合规情况、合规管理建设情况、风险管理情况、审计/纪检合规监督情况等，对具体评价要素进行赋分。企业在制定合规具体考核指标的时候可以参考 ISO 37301A9.1.3 要求，将合规管理指标分为通用性指标、反应性指标、预测性指标。通用性指标包括有效培训员工比例、监管机构介入频率、反馈机制的使用情况。反应性指标包括对识别的合规问题进行报告、不合规引发的后果、报告和应对措施的事件。预测性指标包括不合规风险的潜在损失、不合规趋势等。

上级企业对下属企业的合规考核通常需要上级企业各部门协同开展相关的考核工作，最终将考核结果汇总，通过既定的考核计算方式得出合规考核结论。

如果合规管理考核得不到有效落实，就很容易导致企业合规管理情况无法客观反映，引发危机。以 ×× 科技上市失败案例说明合规管理考核的重要性。

2019 年 10 月，证监会对 ×× 互联网科技股份有限公司的上市申请进行了否决，这是 ×× 互联网科技股份有限公司第一次因为数据安全合规问题影响 IPO。在本次事件中，证监会认为 ×× 互联网科技股份有限公司获取、使用用户数据的手段及方式存在合法合规问题，×× 互联网科技股份有限公司对此发表了官方声明，表示愿意积极配合整改，加强自我监察。反过来说，作为互联网企业，数据合规是重中之重，如果 ×× 互联网科技股份有限公司在上市申请之前就做好数据合规工作，加强对数据合规的考核工作，针对不合规的情况进行整改落实，恐怕也不至于落到上市申请被否决的地步。①

2. 开展全体员工的合规考核

合规考核是企业有效落实全员合规制的必要保障，通过对企业员工的合规考核，并将合规考核结果作为职务任免、评优评先、职务晋升以及薪酬待遇的参考依据之一，增加员工参与合规管理工作的积极性。企业应当每年组织对下属企业的合规管理考核，对于合规管理考核结果作为下属企业工资总额控制、任用员工、选优评先等工作的重要依据。

员工合规考核应与企业的员工绩效考核联系起来。对企业全体员工的合规考核指标应当进行细化，合规考核内容应涉及合规管理的各个方面，不应仅着眼于员工违法违纪行为，合规考核内容通常包括员工是否存在合规意识、是否按时参加合规培训、是否严格遵守合规管理制度、是否发生违规事件、是否按照规定报告违规事件、是否配合调查或者及时整改违规行为等。考核人员考核时应当客观、公正，不得徇私舞弊或存有偏见。因此，合规考核人员原则上应当跨部门组成。企业应持续细化考核指标，强化考核结果运用，将其与企业员工月度、季度、年度绩效考核有效结合起来。企业员工若出现严重不合规的情况，将在后续任用、选优评先等工作

---

① 参见《墨迹科技被否：今年 IPO 遭否第 16 家 发审委提 4 点质疑》，载中国经济网，http://finance.ce.cn/rolling/201910/12/t20191012_33325600.shtml，最后访问日期 2023 年 10 月 12 日。

上具有一票否决作用。

在对全体员工考核的基础上，企业应当对其各部门进行考核。对企业各部门的考核主要包括：部门是否出现违规记录，部门负责人是否支持并配合企业合规管理工作，部门合规目标的实现情况等，并将合规考核结果作为部门负责人后续任用、选优评先的重要参考因素，提高部门负责人对合规管理的重视度和支持度，促进企业培育和发展合规人人有责的文化。

四、总结

实践证明，合规管理设计方案要得到各部门员工自觉有效的执行，应设置合理的"正激励"与"负激励"机制，即设置合规考核机制，将合规管理设计方案的具体执行情况纳入企业整体绩效与考核体系中，并有针对性地设计合规考核指标。同时，企业应重视合规考核的多样化信息来源，充分利用一切可接触的内部、外部信息作为合规考核的基础，以确保合规考核的客观性，如实反映企业合规管理的成果。

五、实务模板

合规管理考核评价实施办法实务模板具体如下。

合规管理考核评价实施办法

第一章　总则
第二章　考核原则
第三章　考核方法和流程
第四章　考核内容
第五章　附则
附　件　合规管理考核表

第 37 问　如何进行合规风险提示？

一、概述

　　风险提示是风险应对和处置的要求。企业管理部门应当建立多元化的合规风险提示体系，明确合规风险提示的规范流程和工作要求。被提示部门应当对相应的合规风险认真研讨，有针对性地加强防控，并跟踪合规风险应对措施的有效性，保障企业合规经营。

二、依据

　　《中央企业合规管理办法》第十四条第一款第三项、第五项规定，中央企业合规管理部门应负责组织开展合规风险识别、预警和应对处置，业务和职能部门应组织或者配合开展应对处置。企业业务和职能部门组织应对合规风险的重要内容即在于对合规风险进行提示。

　　ISO 37301/GB-T 35770 要求合规职能部门能够接触到组织的所有层次，所有人员，其内在要求即合规职能部门有权对企业合规风险进行风险提示。

三、分析

　　合规风险提示是落实合规风险监测，促进合规风险应对的必要环节，企业应建立多层次、多路径的合规风险提示机制。

1. 明确合规风险提示的不同类型

目前，依据合规风险提示主体和被提示对象的不同，可以将合规风险类型提示分为以下六种：

一是合规管理部门对企业各部门和下属企业的整体合规风险进行监测，并及时发布风险提示函。根据《中央企业合规管理办法》第十四条、第二十二条等规定，企业合规管理部门应当对企业及下属企业整体合规风险进行监测。企业合规管理部门应当常态化地监测和分析整体合规风险情况，如果监测到合规风险的产生，或者某些领域合规风险增大，应及时向有关部门发布风险提示函。对于下属企业出现合规风险，上级企业合规管理部门应当将风险提示函及时下发到下属企业合规管理部门，由下级企业合规管理部门通报给风险部门。

二是上级企业相关管理部门对下属企业被管理部门出现的风险进行提示。在企业管理实践中，上下级企业通常存在相对应的管理部门，如上级企业的安全管理部门通常要指导和监督下属企业的安全管理部门开展相关工作。在合规风险管理上，上级企业如未能履行监督和指导职责，造成损失的，也可能因上级企业相关部门职责履行不力承担相应的责任。因此，上级企业各管理部门应切实履行对下属企业相关职能的指导和监督职责，如果下属企业相关职能部门出现新的合规风险或者风险增大，应及时单独或协同合规管理部门对所属公司进行合规风险提示；如果上级企业管理部门单独对下属企业进行风险提示，上下级企业的相关部门均应报各自企业的合规管理部门备案。

三是合规管理部门对企业重大风险事件的提示。根据《中央企业合规管理办法》第二十二条规定，如果企业存在重大的风险事件，应当由首席合规官牵头，合规管理部门统筹协调，相关部门协同配合，及时采取措施妥善应对。合规管理部门应对监测到的重大风险事件进行全企业范围内风险提示；在确定并实施补救措施的过程中，合规管理部门应对责任控制部门进行全过程监测，如果风险事件应对措施未得到及时的执行，或者执行不力，或者出现新情况，合规管理部门应根据相应的情况出具风险提示函。

四是年度重大风险事件的提示。合规管理部门应对年度汇总企业重大风险事件，在全企业范围内进行通报，明确风险事件产生的原因、造成的损害、控制过程和效果等。

五是企业针对监管部门的风险提示采取应对措施。以国务院国资委对中央企业的国资监管提示函管理为例，2020 年 1 月，国务院国资委印发《国资监管提示函工作规则》和《国资监管通报工作规则》，明确国务院国资委在特定情况下发出提示中央企业有效应对、整改存在风险和问题的公文，要求中央企业收到提示函后认真组织落实，采取有效措施，做好风险防控或整改落实工作。这说明，国资委将合规风险提示函作为国资监管的重要方式，凸显合规风险提示的重要性。

六是对公众进行风险提示。以上市公司对公众的合规风险提示为例，上市公司出现重大风险情况时，根据上市公司监管规则，上市公司需要进行即时披露，做好风险提示工作，否则将面临信息披露监管责任。

很多公司虽然不是上市公司，但仍负有风险提示义务，否则可能承担相应的责任。比如，我国《民法典》规定了出现不可抗力的一方应当及时将相关情况通知对方，以减轻损失。反之，如果出现不可抗力的一方未能履行该项义务，则可能需要对扩大的损失承担赔偿责任。

2. 健全合规风险提示流程

合规风险提示要遵守以下三个基本流程：

首先，合规风险提示职责部门出具风险提示函。如上所述，合规风险提示职责部门并不仅包括合规管理部门，还应根据企业的职责设定情况，特别是对上下级企业的管理关系进行判断。在相关的合规风险产生时，职责部门应首先评价是否有必要出具风险提示函，只有那些还没有及时得到控制的风险才有必要出具风险提示函。在确定风险提示函必要性后，职责部门应拟定风险提示函，风险提示函的具体内容特别是风险成因可以征求风险产生部门的意见。风险提示函拟定后，应及时移交给风险部门。

其次，风险产生部门在接到风险提示函后，应认真组织有关人员研判合规风险，必要时还可以向风险提示函拟定部门进行合规咨询。风险产生部门应按照风险提示函的要求，结合风险实际情况，及时采取风险控制措施，规避风险，或者将合规风险降低至企业可接受范围内。在控制风险后，风险产生部门应将风险控制情况报告给风险提示函拟定部门。

最后，风险提示函拟定部门应当持续监测相关风险控制情况，并对风险管控情况进行检查和评估。对风险处置不力的部门进行依规移送到合规监督部门启动调查和问责程序。

3. 明确合规风险提示函的内容

风险提示函应进行规范化管理，企业有必要制定统一的风险提示函格式文件。根据风险控制要求，风险提示函至少应明确风险种类、风险发生的原因、风险处置的建议、风险处置和回复期限等；风险种类应与企业风险库相适应，风险提示函应首先明确风险种类，如用工风险等；风险提示函应简明、准确地描述风险发生的原因；风险处置的建议应可操作，但不必然具体；风险处置和回复期限应根据风险控制的紧迫性、复杂性进行合理确定，明确具体的工作日。

风险管理部门接到风险提示函后，应对风险发生原因、建议等内容进行仔细分析和研究，如根据风险控制的需求需对风险提示函内容进行调整时，风险管理部门应在征求风险提示函拟定部门建议的基础上进行调整，情况紧急时，可先采取紧急应对措施后再报告给合规管理部门。风险提示函出具部门应对风险产生部门控制风险的情况进行过程跟踪，确保合规风险降低到企业可接受的范围内，甚至规避风险。

四、总结

合规风险提示已经成为企业风险管理的常见做法，这有利于加强风险信息互通，及时采取风险针对措施。在企业合规管理中，应有针对性地设计合规风险提示流程，落实好合规管理部门对企业各部门、主管部门对下级部门的风险提示主体责任，保障合规风险应对的及时性和有效性。

五、实务模板

合规风险提示函的实务模板具体如下。

合规风险提示函

编号:

提示部门		提示日期	
被提示部门		处置期限	
风险种类: 风险成因: 风险处置建议: 提示部门负责人: 年 月 日			
风险具体原因: 风险处置措施: 风险处置效果: 被提示部门负责人: 年 月 日			

第 38 问　什么是合规审计？

一、概要

合规审计，是公司主动开展合规风险识别和隐患排查、发布合规预警、对违规行为进行整改最重要的手段之一。与财务审计不同，合规审计的工作主要围绕合规管理工作展开。合规审计所做的控制性测试重点审查合规风险管控措施是否适宜、充分、有效。与管理体系内审不同，合规审计除做前述的控制性测试外，还要做实质性测试——对照实体法审查企业是否违反某个具体法律规定。与之相对应，管理体系内审（及外审）主要审查合规管理体系是否满足相关体系标准的要求。

二、依据

合规审计无论在《中央企业合规管理办法》或 ISO 37301 当中都没有直接的依据。《中央企业合规管理办法》中没有对"合规审计"进行规定，但提及一个看起来类似的概念"合规审查"：中央企业应当定期梳理业务流程，查找合规风险点，运用信息化手段将合规要求和防控措施嵌入流程，针对关键节点加强合规审查，强化过程管控（《中央企业合规管理办法》第三十四条规定）。这里所说的"合规审查"（详见本章第五节）与我们这里所说的"合规审计"在审查或审计的方法论上类似（都要对人员进行访谈、对文件进行审阅），但正如下面所分析的一样两者存在不同之处。

除此之外，ISO 37301 以及《管理体系审核指南》（GB/T 19011—2021/ISO 19011：2018）中提及另外一个看起来类似的概念"管理体系审核"，但这里所说的"审核"与上面所说的"审计"或"审查"不同。

三、分析

合规审计在实务当中以专项审计为主，如反贿赂审计、反垄断审计等。因此，我们在这里用专项反垄断审计的定义来说明什么是合规审计——下面这个反垄断审计的定义，在英美法下也被称为 Antitrust audit（反托拉斯审计），在美国 Antitrust Law Journal（《反托拉斯法律杂志》）上于 1988 年发表的一篇文章 antitrust compliance：how to conduct an antitrust audit（《反托拉斯合规：如何做一个反托拉斯审计》）被如下定义：

The term "antitrust audit" refers to an examination of the actual workings of a company to determine the adherence to and effectiveness of policies and procedures designed to avoid antitrust violations. Typically, an audit consists of two components：an examination of selected company files and interviews with selected company personnel, both calculated to identify specific business activities where the company has antitrust exposure. The results of the audit can then be used to structure a compliance program initially or to determine where an existing program needs modification, with particular emphasis on avoiding high risk practices. The audit will also provide the company with a concrete guide as to where antitrust counseling is likely to be most productive. [Robert P. Taylor, antitrust compliance：how to conduct an antitrust audit, Antitrust Law Journal Issue 136th Annual Spring Meeting, Washington, D.C, March 22, 1988/March 24 1988, 57 Antitrust L.J. 181.]

"反托拉斯审计"一词是指检查公司的实际运作情况，以确定旨在避免违反反托拉斯规定的政策和程序的遵守情况和有效性。通常，审计包括两个部分：检查选定的公司档案和访谈选定的公司人员，两者都是为了确定公司存在反垄断风险的具体业务活动。然后，审计结果可用于初步构建合规计划，或确定现有计划需要修改的地方，特别强调避免高风险做法。审计还将为公司提供一个具体的指南，说明反垄断咨询在哪些方面最有成效。对照上述的审计要求，我们可以看到这里所说的"反垄断审计"或者"反托拉斯审计"同样是针对特定目的（亦即"初步构建合规计划，或确定现有计划需要修改的地方，特别强调避免高风险做法"），收集相关资料（亦即"检查选定的公司档案和访谈选定的公司人员"），对照相关准则（亦即"避免违反反托拉斯规定的政策和程序"），作出结论及报告（亦即"确定旨在避免违反反托拉斯规定的政策和程序的遵守情况和有效性""为公司提供一个具体的指南""说明反垄断咨询在哪些方面最有成效"等）。

《管理体系审核指南》中的审核被定义为："为获得客观证据并对其进行客观的评价，以确定满足审核准则的程度所进行的系统的、独立的并形成文件的过程。"〔《管理体系审核指南》（GB/T 19011—2021/ISO 19011：2018），第3.1条〕"审核准则"在该指南中指："用于与客观证据进行比较的一组要求。"〔《管理体系审核指南》（GB/T 19011—2021/ISO 19011：2018），第3.7条〕如果审核准则是法定的（包括法律或法规的）要求，则审核发现中经常使用"合规"或"不合规"这两个词。要求可以包括方针、程序、作业指导书、法定要求、合同义务，但管理体系审核与合规审计专项有一个重大区别，那就是管理体系审核所对照的依据是管理体系本身，如就ISO 37301所进行的合规管理体系审核，审核所对照的相关准则是ISO 37301，但合规专项审计所对照的相关准则除了公司的政策、程序之外，还要对照相关法律法规等实体法。比如，反垄断审计，所对照的相关准则除了公司的合规政策、程序等，还包括反垄断法等实体法。

另外，这里所说的"审计"与"审核"，其所对应的英文都是"Audit"。Audit在合规语境中，尤其是一些合规审计专项中（如反贿赂、反垄断等），被翻译成审计（如反贿赂审计、反垄断审计）。但Audit在管理体系语境中被翻译成审核，如ISO 9001管理体系审核、ISO 37301合规管理体系审核。造成这种情况的原因是ISO标准一开始进入中国时，文本里面涉及Audit

时就被翻译成审核，因此这个习惯就被延续下来，但这个误打误撞却恰好区分了管理体系下的"审核"与合规（及财务）下的"审计"。

四、总结

合规审计是企业及时发现问题和解决问题的重要手段。与内部审核不同的是，合规审计更偏重专项审计，通常适用于重点风险领域，而内部审核侧重于全面审核；与审计不同的是，合规审计不仅强调事后监督，还重视事前判断行为的合规与否。用好合规审计可以显著降低企业运营风险，目前的合规审计适用范围已经逐渐拓展到对商业伙伴进行合规审计，成为企业合规管理的重要手段和方式。

五、实务模板

以下是我们在合规审计实务中所形成的一个报告目录：

目 录

　　　控制性测试

　　　风险评价

　　　风险管理方案

　　3. 某某 / 欺诈风险 / 关联交易

　　　风险实证

　　　实质性测试

　　　控制性测试

　　　风险评价

　　　风险管理方案

　　4. 某某 / 法律合规风险 / 不当支付

　　　风险实证

　　　案例一

　　　案例二

　　　实质性测试

　　　控制性测试

　　　风险评价

　　　风险管理方案

　　5. 某某 / 法律合规风险 / 垄断与不正当竞争

　　　风险实证

　　　案例三

　　　实质性测试

　　　控制性测试

　　　风险评价

　　　风险管理方案

四、其他检查事项

　　目标公司涉及诉讼、仲裁、行政处罚情况

　　　2016—2017 年涉及诉讼、仲裁情况

　　　2016—2017 年涉及行政处罚情况

五、客户股权投资业务合规管理的有效性评估

　　1. 立项阶段

　　2. 尽职调查与风险评估

　　　尽职调查资料获取应注意事项

　　3. 投资决策

　　（1）投资协议基本条款注意事项

　　　　投资主体

　　　　投资程序

第五章

合规文化建设热点问题

【导读】

　　合规文化建设是企业合规体系的重要组成部分和企业合规管理的重点之一，是确保企业稳健运行的内在要求，是企业主动适应外部监管新要求的需求，是企业提高制度执行力的核心所在。企业应当加强合规文化建设，让合规意识贯穿于企业所有高层和员工的行为中，成为一种自觉和必然的行为准则。本章从合规文化建设的意义、主要内容等重点问题入手，重点讲述怎样进行合规培训和宣传教育等难点问题，对提升合规文化建设实效提供了有力的参考。

第 39 问 什么是合规文化?

一、概述

ISO 37301 中提出:"合规管理体系的目标之一是协助组织培育和传播积极的合规文化",并将合规文化定义为:"贯穿整个组织的价值观,道德规范,信仰和行为,并与组织结构和控制系统相互作用,产生有利于合规的行为规范。"合规文化是企业在长期发展过程中形成、传承、积淀的依法合规、遵章守纪的思想观念、价值标准、道德模范和行为方式的集合,是贯穿整个组织的价值观、道德规范、信仰和行为。

二、依据

ISO 37301

3.28　合规文化

贯穿整个组织的价值观、道德规范、信仰和行为,并与组织结构和控制系统相互作用,产生有利于合规的行为规范。

三、分析

(一)合规文化是价值观、道德规范、信仰和行为

合规文化是企业在长期发展过程中形成、传承、积淀的依法合规、遵

章守纪的思想观念、价值标准、道德模范和行为方式的集合，是贯穿整个组织的价值观、道德规范、信仰和行为。价值观的确立是合规文化建设的重要组成部分，企业合规价值观是企业在生产经营过程中所推崇和遵循的基本信念和准则，是企业全体或大多数员工一致认同的价值判断体系。这些价值观和准则贯穿于企业的各项业务和管理工作中，影响和指导着员工的行为和决策。

企业道德规范是企业文化的重要内容，是企业文化的核心之一。它涵盖了企业道德观念、道德情感、道德理想、道德规范、道德行为以及影响企业道德的基本因素和途径等方面，通过企业道德的舆论、修养、教育、传统、习惯和信念来调节企业内外部的各种关系，形成了完整的企业道德规范体系。

企业信仰，是指企业中存在一种信仰，即对于遵守法律、尊重道德、追求公正的信仰。这种信仰强调企业在市场竞争和内部管理中，应该秉持遵守法律、尊重道德、追求公正的原则，以实现企业的长远发展和成功。企业合规信仰是企业合规文化的重要组成部分，它让企业员工对合规有强烈的信念和遵守意愿，使企业能够自觉地遵守法律法规和规章制度，避免违规行为的发生。

合规行为是在价值观、道德规范、信仰下形成的行为规范，在企业的合规文化建设中，价值观、道德规范是员工行为规范的基础。合规行为是员工在工作中所表现出来的行为方式，是合规文化的具体体现。价值观、道德规范和信仰对于员工行为规范的影响是深远的。企业员工在共同的价值观念、道德规范和信仰的指导下，能够自觉避免违规行为的发生。同时，员工还能更好地理解企业的合规方针，更加积极地参与到企业的合规管理中，为企业的发展作出贡献。

（二）合规文化贯穿整个组织

合规文化是企业文化的重要组成部分，贯穿于企业的各个方面和层级。其意味着合规理念、合规价值观、合规行为等要素在企业中得到普遍的认同和执行。员工在工作中不仅遵守法律法规和内部制度，还遵循企业的合规价值观和行为准则，形成了一种良好的合规文化。因此，员工意识到合规的重要性，增强合规意识，自觉遵守合规要求，并将合规理念和行为准则传递给身边的人，形成企业内部的合规氛围，在全员参与和共同努力下形成了企业的合规文化。

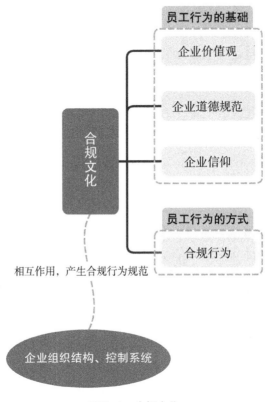

图5-1　合规文化

四、总结

　　合规文化是贯穿整个组织的价值观，是道德规范、信仰和行为的集合，并与企业组织结构和合规管理体系相互作用，产生有利于合规的行为规范。合规文化是实现合规管理的基础，是保障合规管理体系有效运行的重要支撑。《中央企业合规管理办法》对合规文化的建设非常重视，并在第五章对"合规文化"进行了阐述。ISO 37301 在引言中明确指出："为获得长远发展，组织必须基于利益相关方的需求和期望，建立并维护合规文化。"合规的可持续性体现在将合规融入组织文化，以及员工的行为意识中。

第40问　为什么合规管理体系离不开"合规文化"建设?

一、概述

合规文化是生产力，能够推动企业遵守法律法规和内部制度，在各个方面获得更好的成果和效益。合规文化有助于建立信任和声誉，提高工作效率和创新能力，避免行业"潜规则"。同时，合规文化具有趋利避害的功能和作用，可以帮助企业识别和评估潜在的风险，避免遭受法律处罚或社会舆论的谴责，保护企业声誉和品牌形象。

二、依据

ISO 37301

NA.2　合规文化

NA.2.1　合规文化的价值

合规文化通常由贯穿于整个组织的价值观、道德规范、信仰和行为构成，与组织结构和控制系统相互作用，产生有利于实现组织的使命、愿景和合规目标的一系列行为规范。合规文化反映了组织的治理机构、最高管理者、各级管理层、员工和其他相关方应对合规风险的意识和态度，是合规管理体系不可或缺的重要组成部分。

三、分析

对于合规文化具备什么样的价值，ISO 37301 在附录 NA（资料性）补充使用指南中作出阐述，合规文化是合规管理体系不可或缺的重要组成部分。

1.合规文化是生产力。合规文化是非常重要的生产力，当一个企业信仰合规，持有合规价值观时，合规意识会渗透到其生产经营活动的各个方面，并习惯性地成为其经营决策的基础。虽然短期内看起来可能会让企业吃了亏，但从长远来看，合规将会给企业带来好处，甚至会成为企业的经济增长点。

2.合规文化是金色盾牌。合规文化是金色盾牌，是指合规文化具有趋利避害的功能和作用。

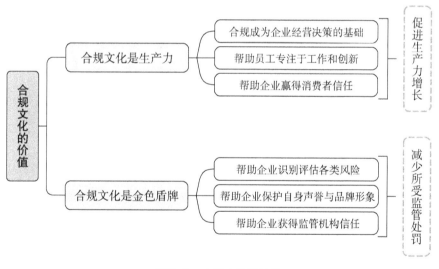

图5-2　合规文化的价值

案例：

B 公司通过制定合规管理制度并对员工开展合规培训，明确 B 公司不允许员工向第三方支付任何资金或其他利益拓展业务，不允许员工以非法方式获取消费者个人信息。同时，B 公司要求所有业务人员接受培训并签署承诺函，确保上述规定要求得到遵守。因此，在B公司员工以违法手段获取公民个人信息时，B公司通过提交上述制度、培训记录、承诺函等，证明违法行为属于员工个人行为，而非B公司的单位意志，有效防范了可能受到的刑事处罚风险。

四、总结

合规文化是生产力，它能够推动企业在日常运营中遵守法律法规和内部制度，从而在各个方面获得更好的成果和效益。合规文化有助于企业建立信任和声誉，获得监管机构的信任。合规文化可以促进企业提高工作效率和提升创新能力。当员工和管理层都了解并遵守合规要求时，他们可以更加专注于工作和创新，避免行业"潜规则"。

合规文化是金色盾牌，具有趋利避害的功能和作用。合规文化可以帮助企业识别和评估潜在的法律、道德和商业风险，并采取相应的措施来减少这些风险。通过制止不合法或不道德的行为，企业可以避免遭受法律处罚或社会舆论的谴责，保护自身声誉和品牌形象。

第 41 问 怎样培育合规文化？

一、概述

合规文化建设是企业合规体系的核心和基础，通过建立和加强合规文化建设，才能确保企业合规经营的持续性和有效性，提升企业的竞争力和声誉。合规管理体系离不开合规文化建设，通过将合规管理纳入党委法治专题、建立常态化的合规培训机制、加强合规宣传教育、引导员工自觉践行合规理念等方式，可以形成良好的企业合规文化，提高员工的合规意识和责任心，确保企业的经营活动符合法律法规和行业规范，为企业创造价值。

二、依据

《中央企业合规管理办法》

第二十九条　中央企业应当将合规管理纳入党委（党组）法治专题学习，推动企业领导人员强化合规意识，带头依法依规开展经营管理活动。

第三十条　中央企业应当建立常态化合规培训机制，制定年度培训计划，将合规管理作为管理人员、重点岗位人员和新入职人员培训必修内容。

第三十一条　中央企业应当加强合规宣传教育，及时发布合规手册，组织签订合规承诺，强化全员守法诚信、合规经营意识。

第三十二条　中央企业应当引导全体员工自觉践行合规理念，遵守合规要求，接受合规培训，对自身行为合规性负责，培育具有企业特色的合规文化。

三、分析

《中央企业合规管理办法》第五章从四个方面阐释合规文化对合规管理体系建设的重要性，包括将合规管理纳入党委法治专题、建立常态化的合规培训机制、加强合规宣传教育、引导员工自觉践行合规理念等方式，具体如下：

（一）将合规管理纳入党委法治专题

1. 制度要求

2015 年印发的《关于全面推进法治央企建设的意见》（国资发法规〔2015〕166 号）提出，到 2020 年打造治理完善、经营合规、管理规范、守法诚信的法治央企目标。国务院国资委《关于开展对标世界一流管理提升行动的通知》（国资发改革〔2020〕39 号）中提出，到 2022 年部分国有重点企业管理达到或接近世界一流水平。一流的企业不仅要有一流的技术、一流的产品这种"硬实力"，也要有一流的法治工作这样的"软实力"作为支撑保障。此外，在《关于进一步深化法治央企建设的意见》中提到世界一流水平的法治工作从五个维度理解：一流的法治理念、一流的治理机制、一流的管理系统、一流的业务能力、一流的价值创造。在一流的管理系统中着重提到："建立党委（党组）顶层谋划、主要领导亲自负责、总法律顾问全面领导、法务管理机构主责推动、各职能部门协同配合的法治建设管理系统，有效动员各方力量，汇聚依法治企工作合力。"

合规管理作为《关于进一步深化法治央企建设的意见》提到的健全法治工作体系的关键举措，也应由党委顶层谋划，以起到党委"把方向、管大局、促落实"的作用。将合规管理纳入党委法治专题学习，是依法治企的要求，也是保障依法治企的重要措施。

2.措施

将合规管理纳入党委法治专题的学习中，可以在党委设立合规管理委员会。以某集团为例，B集团党组专门成立合规管理委员会，确保依法合规治企正确方向，将合规管理作为各单位主要负责人履行推进法治建设第一责任人职责的重要内容。为突出"关键少数"领导作用，集团党组副书记、总经理组织召开合规管理推进会、涉外法治工作会等专题会议，统筹谋划合规管理工作。将合规管理纳入党委法治专题，可以使合规管理融入企业的核心工作中，更好地推进企业的合规管理工作。同时，通过党委的组织和领导，可以加强员工的思想教育，强化员工的合规意识，促进员工自觉遵守法律法规和行业规范。

推进企业领导班子签署领导层的合规承诺书，还是以上问中B公司为例。B公司推行领导班子签订"依法合规经营承诺书"制度，严考核、硬兑现，推动领导干部自觉做依法合规经营的坚决拥护者和坚定实践者。

实行党的建设与合规管理相结合的方式，以某供电公司为例。某供电公司将合规管理纳入法治专题学习，作为公司领导班子成员必修内容，通过解读新法新规，剖析合规典型案例，将合规理念、合规行为准则等规定和工作要求宣贯到领导班子成员中，有效提升全员合规管理知识和合规管理技能。并组织各支部全面深入开展"强诚信　促合规　讲文明"主题党日活动，通过支部带头讨论、党员带头研究，解决目前合规责任不明、合规标准缺失的问题，以"合规承诺""负面清单"等方式，将支部打造成违规行为"隔离带"，并对支部及党员的合规履职情况进行动态监督评价。

（二）建立常态化的合规培训机制

1.走心的合规培训

走心的合规培训才能打造金色盾牌，使员工从内心深处接受企业合规理念和行为准则，提高员工的合规意识，形成企业的合规文化。在具体规定不清、没有具体规定或处于灰色地带的情况下，为企业和员工提供原则性指引，及时应对合规风险。良好的合规文化可以正面影响员工的行为，提升员工的认同感和主动合规意识，有助于企业或员工及时发现不合规行为并自主采取补救措施。企业通过将支持合规文化发展的因素在合规方针中体现，以及与合规管理体系的其他要件共同作用，使得合规文化渗透到企业的各个层级和领域，实现预期合规结果。

良好的合规文化可以正面影响人的行为，提升认同感和主动合规意识。良好的合规文化就意味着企业有一个积极向上的道德和伦理框架，鼓励员工作出正确的决策，遵循适用的法律法规和内部规定。这种文化可以培养员工的责任感和诚信度，使员工认识到自己的行为对公司和社会的影响。通过走心的合规培训，员工知道企业的价值观和制度是公正、透明、道德的，他们会更愿意为公司的目标而努力工作，并对公司产生更强烈的归属感和忠诚度。反过来，员工通过合规培训知道如何避免不合规行为，并针对不合规行为进行汇报，有助于企业及时发现不合规行为并自主采取补救措施。

根据 ISO 37301 的要求，合规培训记录还应作为文档化信息予以保留。没有文档化的合规培训不能视为培训，某家公司面临政府调查，公司称对员工进行了合规培训，但培训没有留存文档，结果反而被加重处罚。合规培训的记录是证明企业实施培训的重要证据，所有培训的文件、员工的参与、培训的方式都应该以视频、文字、录音等方式予以保留。

2. 常态化的合规培训

提升合规管理有效性，促进实质性合规。企业通过将支持合规文化发展的因素在合规方针中予以体现，并通过走心的合规培训持续不断地加强合规方针的宣传，使得合规文化渗透到企业的各个层级和领域，实现预期合规结果。《中央企业合规管理办法》对合规培训提出底线要求，就是常态化的合规培训。要实现常态化的合规培训，企业还需要用丰富多彩的文化活动宣传和表现企业的合规文化。通过"寓教于乐"的文化活动，使员工了解领会企业合规文化的内涵，通过文化活动陶冶情操，提升员工精神境界。以 A 公司为例，在员工培训方面，其抛开单一的培训讲座式宣贯，大胆创新，推出了 APP 合规小游戏、咨询热线、常态化测试等积分模式，对于得分前十名的工作人员，由群众投票评选出各个部门的合规文化大使，并在公司年会上颁发奖杯、给予现金奖励。

除此之外，内审员也应开展常态化培训。内审员，又称合规管理体系审核员，根据《中央企业合规管理办法》第十三条及第十四条的规定，包括两类员工：第一类是业务及职能部门设置的合规管理员，由业务骨干担任，接受合规管理部门业务指导和培训；第二类是合规管理部门配备的专职合规管理人员。内审员应满足个人素质、知识技能、教育与工作经历等基本条件。内审员的培训是常态化的，基本培训包括合规管理体系知识、风险管理、管理体系标准解读三个模块，专业培训主要是合规管理实务培训。其中，合规管理体系知识包括合规管理体系基本概念、审核指南、审核技巧；风险管理，主要围绕企业风险管理实务，包括对已有合规风险清单的了解、合规风险清单的更新（识别、评估）等；管理体系标准解读，主要是对 ISO 37301 和 GB/T35770—2022 认证标准的了解。基本培训和专业培训都应常态化开展，以不断提升内审员的合规审核能力。

（三）加强合规宣传教育

企业应及时发布合规手册，组织签订合规承诺书，强化全员守法诚信、合规经营意识。合规文化除了需要员工观念上的转变，还需要合规手册作为工具来实现。

1. 合规手册的制度架构

合规手册的主要内容是合规管理制度，即合规管理办法及配套制度。通过使用合规手册可以建立一套完整的企业合规管理体系，确保企业在各个方面都能够符合法律法规、内部规定、道德准则等要求，从而提升企业的管理水平。《中央企业合规管理办法》对合规管理制度提出明确的要求："中央企业应当建立健全合规管理制度，根据适用范围、效力层级等，构建分级分类的合规管理制度体系。"合规管理坚持以制度管人，员工严格按照现代企业制度关于公司章程、人员权限、审批程序、内部审计等设置和规定进行履职，最大限度地做到有法可守、有章可依、有规可循。

《中央企业合规管理办法》作为开展合规管理工作的基础和制度依据，适用于全领域、各部门、各所属公司、全体员工，明确合规管理目标、合规基本原则、合规机构设置及职责、合规运行与保障、合规审查评估和考核评价、合规文化建设等内容。

在《中央企业合规管理办法》基础上，合规手册还包含合规配套制度，规范合规管理具体环节的方法、流程，确保各个合规管理环节得到有效控制。合规配套制度实则是对《中央企业合规管理办法》各个机制的具体细化，合规管理配套制度主要包括会议制度、风险识别与评估制度、报告制度、违规举报制度、问责制度、合规考核制度、合规审查制度、合规检查制度、合规有效性评估制度等。合规配套制度的不健全很容易导致企业合规管理体系难以真正落实，进而导致合规体系流于形式。

2. 合规手册的作用

合规手册明确企业对员工的合规要求，同时告知员工也应关注监管规定的更新，监管提出更严格要求的，员工也应遵守。合规手册提供员工操作指南，员工仅仅知道要求而不知道如何去做，也会为企业带来合规风险，因此，在合规手册中，应明确编写员工的合规指引，让员工一方面知道如何做，另一方面清楚不能做的事项，避免不合规行为。企业为员工提供合规手册，也是潜在告知员工合规管理的重要性。这也让员工，即使是新入职的员工也能重视合规问题，强化员工主动合规的意识，从而形成全员参与的合规文化。

（四）引导员工自觉践行合规理念

企业需要引导员工自觉践行合规理念，让员工从内心深处认同合规的重要性，并自觉遵守法律法规和行业规范。例如，可以在企业中树立优秀的合规员工典型，鼓励员工学习且模仿；也可以建立员工合规信用体系，对遵守合规要求表现优秀的员工给予相应的奖励和表彰。通过引导员工自觉践行合规理念，企业可以打造良好的合规文化。

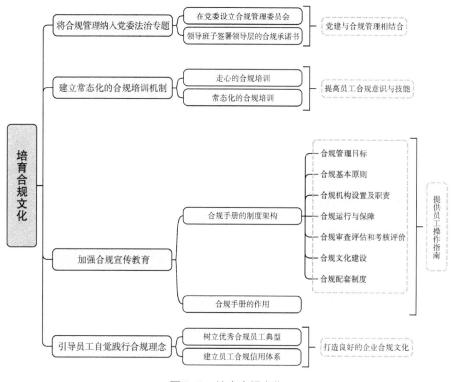

图5-3 培育合规文化

四、案例

1. J公司[①]

著名的民营企业J公司通过一系列跨国并购迅速成长为源于中国的全球公司,J公司于2014年开始培育合规文化。多年来,J公司不断探索合规文化建设,将合规文化作为一项长期的工作任务。J公司于2017年提出合规文化月,每年的合规文化都被赋予新的主题。在合规文化月,J公司举办合规知识竞赛、组织合规案例研讨、开展风险地图梳理、实行网上实

---

① 参见《德国总理默克尔表示,吉利收购戴姆勒股份不存在违规行为》,载人民网,http://world.people.com.cn/n1/2018/0228/c1002-29838691.html,最后访问日期2023年10月13日。

名考试、制发合规宣传视频、走访优秀企业进行对标、参观地方廉政教育基地、讨论热点合规话题、推送合规电脑屏保等活动。除一年一次的合规文化月进行合规文化集中强化教育外，每年还会组织常态化的四级合规培训，以及典型违规案例警示教育活动。[①]

强化合规文化为实现企业构建全球型企业文化的目标奠定了基础，也为 J 公司软实力提升创造了条件。J 公司在入股欧洲公司后，其国家政府官员公开表示，J 公司的收购目前看来不存在违规行为。从中，我们看到 J 公司成功建立了良好的合规文化。

2. M 公司

M 公司在合规培训方面，追求合规润物细无声，因此，不再是硬性要求所有人接受合规培训考试，而是将所有的合规课程制作成 15 分钟以内的线上微课，公司不必再去大规模组织集中上课。同时将合规培训、能力测评与任职资格结合，确定每一个岗位对应的合规能力级别，合规考试不通过不能进行岗位晋升。这些措施在文化层面上让所有人觉得合规无须被刻意反复强调，合规已经融入日常工作流程中。

五、总结

从上述案例可以看出，合规管理是一套管理方法和管理手段，它一定要融入企业合规文化之中。如果不能将二者有机融合，那它将是生硬的生产经营管理条例、挂在墙上的标语口号，不可能有效地防控企业风险。通过将合规管理纳入党委法治专题学习、建立常态化的合规培训机制、加强合规宣传教育、引导员工自觉践行合规理念等方式，可以打造良好的企业合规文化，提高员工的合规意识，确保企业的经营活动符合法律法规和行业规范，降低合规风险。

---

① 郭凌晨、丁继华、王志乐：《合规：企业合规管理体系有效性评估》，企业管理出版社 2021 年版。

第42问　为什么只有坚持合规文化才能做到"我要合规"？

一、概述

"我要合规"，是指相较于企业过去在监管规定下的被动合规转变为企业自觉、主动地强化合规。近年来，中国进入了强化全域合规监管的新阶段，从2015年中央企业法治工作会议明确将合规管理作为中央企业法律管理三项重要职能之一开始，中央企业就逐渐开始构建适合企业自身的合规管理体系。结合《中央企业合规管理办法》提出的要求，企业应通过引导全体员工自觉践行合规理念，遵守合规要求，接受合规培训，对自身行为合规性负责，培育具有企业特色的合规文化。"我要合规"，即企业及其员工形成下意识的合规意识，最终实现企业合规管理的转型升级。

二、依据

《中央企业合规管理办法》

第二十七条　中央企业应当定期开展合规管理体系有效性评价，针对重点业务合规管理情况适时开展专项评价，强化评价结果运用。

第三十二条　中央企业应当引导全体员工自觉践行合规理念，遵守合规要求，接受合规培训，对自身行为合规性负责，培育具有企业特色的合规文化。

三、分析

（一）形成下意识的合规意识

企业合规文化是企业文化的重要组成部分，它来源于企业生产经营活动，并强调企业的合规经营和诚信守法。只有通过建立和加强合规文化，才能真正做到"我要合规"，从而促进企业的可持续发展和市场竞争力的提升。合规文化与企业文化是相互关联、相互影响、相互促进的关系，企业应当加强合规文化建设，同时将合规文化与企业文化相互融合，共同推动企业的可持续发展。"我要合规"，即企业及其员工形成下意识的合规意识。

合规文化也是合规主体及其工作人员在长期合规实践中的经验、心理作用、本能反应以及心理和情感的暗示等不同的精神状态在客观行为上的反应。合规主体在面对一个有关合规的事件或风险时，在企业合规文化或者合规主体下意识的影响下，它和／或它的员工不受控制地所能做出的自然反应。企业建立合规文化其实不是靠奔走相告，而是靠每个员工尤其是关键岗位的人员都能真正认识到自身应该具备哪些合规的知识、技能和认知。将企业从"人治"转变成"法治"，把企业法务的思维从事后危机应对向事前全面的风险防控去牵引，这应该是公司管理人员最大的职业追求。同理，如果一个公司习惯了不合规，并形成了不合规的文化，那么这个公司和／或它的员工会不受控制地做出不合规的自然反应——不合规的下意识便自然而然地接管了合规的下意识。当合规文化建设达到一定程度，合规意识便会成为一个合规主体的下意识——组织或者公司的员工便会以廉洁为己任，变被动合规为主动合规，如果缺少了合规下意识的保驾护航，那么无论多么好的合规制度也会沦为形式。当一个组织或企业建设好合规文化的时候，合规就会成为一个自然习惯。

（二）为企业创造价值

如前所述，从长远来看，合规为企业创造价值。Z 央企曾提出"合规从高层做起，全员主动合规，合规创造价值"。J 公司董事长总结公司 30

多年实践与探索的经验提到："企业长期可持续发展的前提是依法合规、公平透明，必须以人为本，合作共赢"，也提出"我做合规是发自内心的，不是为了应景，也不是为了给别人看，企业要想走得远，必须依法合规"。企业对合规管理的热忱，来源于其有效的合规文化极大地提高了企业内部的运营效率，为企业拓展业务增添了一张通行证。①

（三）帮助企业以"合规"面貌走向世界

合规已经是一个跨国界的问题，引入 ISO 37301 并发展合规文化有助于建立和完善企业的合规管理体系和文化，从而帮助中国企业按照全球规则参与全球竞争，进而更好地帮助中国企业走向世界。中国企业"走出去"必须要适应当地的环境、遵守当地的法律规定。ISO 37301 对于中国全面适用，而非有限适用。因为在合规的轨道上跟国际接轨，大家需要用同一种语言来对话，这样对接起来更容易。像之前提到的 J 公司收购欧洲企业的案例，J 公司以合规经营的确定性有效地应对国际监管规则变化的不确定性，通过有效的合规文化搭建起和国际相通的轨道，方便、高效地实现公司收购在国外的审批。

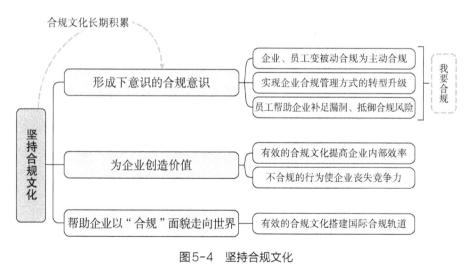

图5-4　坚持合规文化

---

① 郭凌晨、丁继华、王志乐：《合规：企业合规管理体系有效性评估》，企业管理出版社 2021 年版。

四、案例

1. M公司

在合规文化建设上，M公司董事长和总裁每年都会联名签发面向全体员工的管理层承诺声明，高级管理层也会不定期地通过录制合规视频或发布合规寄语的方式向员工传递合规声音，每年年底各位高管都会和与他对口提供合规支撑的合规总监一起签署合规承诺书并且内部公示，向全员展示高级管理层坚决支持合规的态度；每年都会组织上至高管、下至一线员工的面授和线上形式相结合的合规培训；设计一些年轻化、形式新颖的合规意识提升活动以吸引更多员工参与；还鼓励员工自行设计"合规创造价值"Logo并公开选拔优胜方案。M公司通过这些举措，实现了有效的合规文化。

2. Z央企[①]

Z央企在其官方网站公示集团合规理念，其中提到全员主动合规、合规创造价值。提出："第三条　全员主动合规。集团的合规是全员合规、主动合规。合规是集团所有单位和全体员工共同的职责，是集团健康发展的内在要求。第四条　合规创造价值。合规帮助集团管控风险，防范监管处罚、民事赔偿、商誉受损、刑事处罚等不利后果的发生，降低集团各级企业及其管理人员可能承担的违规问责和损失风险。合规管理帮助集团塑造一个信仰合规、诚信经营的价值观，合规意识和理念渗透到经营管理活动的所有方面和全部过程，成为集团的宝贵财富，吸引优秀的合作伙伴和客户，提升集团的品牌价值，成为集团可持续发展的内在动力和核心竞争力。"

---

① 参见《Z集团合规手册》，载Z集团网站，https://www.cmhk.com/main/a/2020/b04/a39654_40714.shtml，最后访问日期2023年10月13日。

五、总结

《中央企业合规管理办法》和 ISO 37301 都对企业合规管理体系建设中的合规文化提出了要求，企业合规文化来源于企业生产经营活动，而通过构建企业合规文化，又反过来促进企业和员工培养合法诚信经营的合规理念。没有合规文化的宣贯，就无法实现企业和员工的自觉、主动守法、守规意识。当企业合规管理制度、合规管理运行和保障体系出现漏洞时，良好的合规文化会使得员工帮助企业补足漏洞、抵御合规风险。"我要合规"的理念是企业拥有良好的合规文化后自发生成的理念，是员工拥护合规文化后才能坚守的习惯。

六、实务模板

在 ISO 37301 认证时，合规管理体系符合性诊断表对合规文化的有效性提出了明确的要求，具体如下：

合规文化	18. 是否将培育合规文化作为企业文化建设的重要内容，做出明确部署安排：
	□是，合规文化的表现形式： □ a. 行为准则　　□ b. 合规承诺 □ c. 经理层以身作则 □ d. 员工认同　　□ e. 外部相关方认同 □ f. 违规处罚一视同仁 □ g. 其他 □否 19. 是否有效利用"报、刊、台、网、端、微、屏、书"等，广泛宣传合规文化 □是　　□否

政策（合规方针）	20.请描述企业的合规政策（未来几年的合规策略、主要措施和工作重点）以及是否由董事会或经理层批准合规政策。
	21.是否以合规手册、合规行为准则等形式，明确企业合规方针、经理层对合规的公开承诺及必须遵守的合规要求等： □是　　□否

第43问 党委如何引领合规文化建设?

一、概述

根据《中央企业合规管理办法》第二十九条规定,中央企业应当将合规管理纳入党委(党组)法治专题学习,推动企业领导人员强化合规意识,带头依法依规开展经营管理活动。党委将培育法治文化作为法治建设的基础工程,使依法合规、守法诚信成为全体员工的自觉行为和基本准则。

二、依据

《中央企业合规管理办法》

第七条 中央企业党委(党组)发挥把方向、管大局、促落实的领导作用,推动合规要求在本企业得到严格遵循和落实,不断提升依法合规经营管理水平。

中央企业应当严格遵守党内法规制度,企业党建工作机构在党委(党组)领导下,按照有关规定履行相应职责,推动相关党内法规制度有效贯彻落实。

第二十九条 中央企业应当将合规管理纳入党委(党组)法治专题学习,推动企业领导人员强化合规意识,带头依法依规开展经营管理活动。

三、分析

（一）合规管理纳入党委法治专题学习

党建工作是国有企业的重点工作，合规文化是企业的精神展现。全面加强党的建设，应高度重视党建引领合规文化建设，将合规文化建设摆在企业发展的突出位置，与党建工作有效结合。党委法治专题会议是企业领导班子均需参与的会议，不管是央企、国企，还是民营企业，对于党委法治专题会议都非常了解，也均创建了日常开会的机制。把合规管理纳入法治专题学习，是与法治专题会议的属性相契合的。

以某公司召开党委理论学习中心组集体学习（扩大）会议开展法治专题学习为例，在专题学习中增加合规管理内容，阐述企业合规管理的内涵及其对于企业稳健发展的重要意义，并就加强国有企业合规管理提出了针对性建议。会议提到："作为国有资本运营公司，持续深化法治建设，不断构建切合公司实际的合规管理体系，既是贯彻党中央决策部署、落实国资委工作要求、持续提升依法合规经营管理水平的客观需要，也是打造国有资本运营升级版、实现高质量发展的必然要求。"党委可以在法治专题学习中加入第三方培训辅导、案例分析以及实践操作等方式，这有助于更加深入地了解合规管理的相关知识和技能。

（二）推动企业领导人员强化合规意识

推动企业领导人员强化合规意识，严格依法依规决策是合规文化建设对治理层的要求。在《关于进一步深化法治央企建设的意见》中明确提出："持续完善合规管理工作机制，健全企业主要负责人领导、总法律顾问牵头、法务管理机构归口、相关部门协同联动的合规管理体系。发挥法务管理机构统筹协调、组织推动、督促落实作用，加强合规制度建设，开展合规审查与考核，保障体系有效运行。强化业务部门、经营单位和项目一线主体责任，通过设置兼职合规管理员、将合规要求嵌入岗位职责和业务流程、抓好重点领域合规管理等措施，有效防范、及时处置合规风险。探索构建法律、合规、内控、风险管理协同运作机制，加强统筹协调，提高管理效能。"党委具有推动健全合规管理体系的使命，合规文化作为合规管理体系的关键，党委应加强自身合规意识并推动企业建立良好、持续的合规文化。

（三）以关键少数带头依法依规开展经营管理活动

党员是企业的核心力量，他们的合规意识对于企业的合规管理至关重要。党员应充分发挥带头作用，推动依法依规经营。党委是企业的决策者和推动者，党员的行为直接关系到企业的经营行为是否合法合规。通过党委法治专题学习，企业领导人员可以了解和掌握相关的法律法规和制度，熟知企业的合规管理制度，从而推动企业依法依规经营。在企业合规文化的培育中，党员干部要充分发挥带头作用，依法科学有序地开展合规管理，从而最大限度地引领企业走向"我要合规"，增强员工对企业合规的决心和信心。

以某国企为例，组织开展合规主题活动，与纪检警示教育、党日活动、安全生产教育和工会活动等联合组织实施，注重业法融合和宣传实效。另一国企，为强化"大合规"管理效能，着力提升法律合规系统管理人员的整体素质和业务能力。党委开展法律合规培训，通过"现场＋视频"的方式授课。党委副书记进行行业相关违法违规案例及政策文件讲解，通过相关法律案例对试验检测、工程测量中存在的法律合规风险深入分析；同时，结合监管规定及内部制度等剖析违法违规行为给企业、个人带来的追责惩罚。课程内容以主责主业为出发点，多角度、多视角进行行业合法合规重点、热点、难点内容讲解，使参培人员对身边的法律合规管理和风险防范有了更深刻的理解。其间，对《中央企业法律纠纷案件管理办法》进行了宣贯学习，深入理解央企法律合规体系建设工作的重要意义，为进一步健全"法治、合规、风险、内控"四位一体工作体系建设，助力高质量发展指引明确了方向。

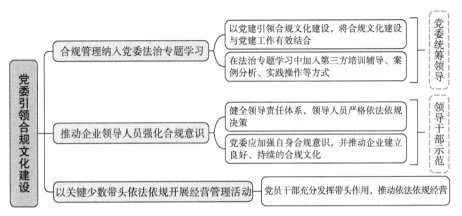

图5-5　党委引领合规文化建设

案例：

A集团党委理论学习中心组召开法治合规专题学习扩大会议，通过邀请第三方专业机构，围绕数据安全保护合规开展专题讲座。集团党委领导班子成员、职能部门负责人、成员单位班子成员、法务合规及信息安全部门均参加学习。

B集团党组专门成立合规管理委员会，确保依法合规治企正确方向，将合规管理作为各单位主要负责人履行推进法治建设第一责任人职责的重要内容。推行领导班子签订"依法合规经营承诺书"制度，严考核、硬兑现，推动领导干部自觉做依法合规经营的坚决拥护者和坚定实践者。为突出"关键少数"领导作用，集团党组副书记、总经理组织召开合规管理推进会、涉外法治工作会等专题会议，统筹谋划合规管理工作。

四、总结

党委引领合规文化建设，是保障依法治企的重要措施。充分发挥领导干部率先垂范作用，健全领导责任体系。同时，党委作为企业的核心领导层，应当引领企业朝着合规、法治的方向发展。带头遵守合规制度，做到言行一致，给企业员工树立良好的榜样，激发员工对合规的认同感和责任感。以关键少数带头依法依规开展经营管理活动，实现从"要我合规"发展为"我要合规"的转变。

第44问　如何让合规宣传走心入脑?

一、概述

根据《中央企业合规管理办法》的要求，企业应当加强合规宣传教育，通过及时发布合规手册，组织签订合规承诺书，以强化全员守法诚信、合规经营意识。合规宣传应该结合实际情况，注重实效，以生动、有说服力的方式呈现，以帮助受众更好地理解和接受合规知识，提高合规意识和行为水平。企业应当通过发布合规手册、组织签订合规承诺书的方式，强化企业全员守法诚信、合规经营意识。合规宣传应当能够清晰地向员工传递企业的合规期待，并且告知其哪些不合规的情况将得到相应的调查与处置，以及在必要的情况下员工可以向谁报告和寻求解决的办法。

二、依据

《中央企业合规管理办法》

第二十七条　中央企业应当定期开展合规管理体系有效性评价，针对重点业务合规管理情况适时开展专项评价，强化评价结果运用。

第三十二条　中央企业应当引导全体员工自觉践行合规理念，遵守合规要求，接受合规培训，对自身行为合规性负责，培育具有企业特色的合规文化。

三、分析

合规宣传走心入脑应遵循"结合实际，讲求实效"的原则，其是指在合规宣传教育中，企业应该结合自身的实际情况，采取切实有效的措施，以达到实际的宣传效果。具体而言，"结合实际"是指合规宣传教育的内容和方式应该结合企业的实际情况。企业应该了解自身的合规管理和经营状况，根据实际情况制订相应的合规宣传计划和措施。例如，针对不同岗位和层级的员工，应该制定不同的合规宣传教育内容和方式，以确保宣传教育的针对性和实效性。此外，合规宣传教育应该注重实效性和长期性。企业应该采取多种宣传形式和手段，如培训课程、宣传海报、手册、视频、社交媒体等，以多元化的宣传形式和灵活性，使员工能够长期接受到合规宣传教育，并逐渐形成合规意识和合规习惯。

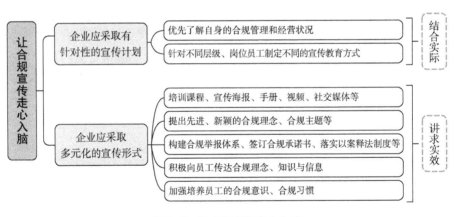

图5-6 让合规宣传走心入脑

以某国企为例，其设"领导干部谈合规"专栏，通过领导干部的带头示范，对全体员工起到了很好的合规宣传作用。先后提出"合规从源头做起，更要常抓不懈""合规不仅要防范风险，更要创造价值"等强有力的合规理念。J公司合规宣传月的活动，每年针对公司合规文化建设情况，陆续提出"合规人人有责，合规创造价值""强化合规意识，打造一流企业""强化合规理念，助力企业发展"等合规主题，有针对性地促进企业的合规文化建设。

四、案例

A集团在"合规强化年"中，以培育文化为抓手，不断深化合规管理文化。具体操作如下：首先，发布合规倡议，签署合规承诺声明。通过公司官网、微信公众号、《交通建设报》等多个宣传平台发布主要领导署名的合规倡议书，组织集团内员工签订合规承诺书，签署合规声明，合规经营理念不断深入人心，合规经营氛围日渐浓厚。其次，突出"关键少数"，组织合规培训。充分发挥领导干部"关键少数"的示范引领作用，各层级组织针对关键领域、关键岗位、重点人员的合规专题培训，不断增强员工合规意识。最后，强化"以案促管"，组织模拟法庭展演。围绕企业改革发展和生产经营中心工作，落实以案释法制度，将普法、合规工作与诉讼案件"一案两分析"相结合，宣传依法合规经营理念，组织开展了模拟法庭展演活动，通过工程建设领域的真实案例，警示、引导、促进、推动各经营主体依法合规经营。①

五、总结

企业应该注重合规宣传教育的实效性和长期性，采取多种形式和手段进行宣传教育，加强员工合规意识和习惯的培养。有效的合规宣传才能实现合规文化建设，营造全员参与、全员监督的文化氛围，形成自下而上的合规意识，增强员工对合规文化的认同。以真诚的态度和负责任的精神，

---

① 参见《某集团稳步推进"合规管理强化年"各项工作》，载国务院国有资产监督管理委员会网站，http://www.sasac.gov.cn/n4470048/n16518962/n20648677/n20648712/c26006866/content.html，最后访问日期：2023年10月13日。

向员工传达合规理念、知识和信息，使宣传内容更具有感染力和穿透力，从而更好地引导受众遵守合规要求。

六、实务模板

合规管理体系建设宣传短片

一、基本情况

宣传短片时长：3分钟。

出镜人物：A、B、C、D、E、F。

二、台词设计

0—5秒：片头简介。

6—15秒：A：合规是一个企业可持续存在的基石，合规就是机遇。

16—40秒：B：合规创造价值，构筑"治理完善、全面覆盖、有效运行、国际认证"的合规管理体系，是打造"动荡交革期"的企业核心竞争力的不二法门。

41—70秒：C：合规作为"金色盾牌"，不仅有利于企业在社会分工日益明显、专业槽日益加深的背景下减少违法违规风险，使企业在变幻莫测的国内环境下实现高质量发展，还有利于在商业合作、多边合作、政府合作中传递商业信任，营造公平、透明、规范的市场交易环境，大大激发市场活力。

71—96秒：D：ISO 37301:2021《合规管理体系　要求与实施指南》是ISO于2021年4月发布的国际标准，具有国际通用性，适用于所有规模的组织治理。

97—117秒：E：ISO 37301作为A类管理体系标准，不仅可以作为各类组织自我声明符合的及认证机构开展认证的依据，还是政府机构监管及司法机关对违规企业量刑与监管验收的重要依据。

第 45 问　如何让新员工快速融入合规管理体系？

一、概述

　　合规是一件需要调动基层力量，真正实现人人有责的事情。传统的自上而下的宣贯模式是远远不够深入的，去听听新人对企业合规的声音，是推广合规文化、使合规管理体系不断完善的重要举措。一方面，新人就像一张白纸，管理者多与新人进行交流，可以让合规意识更好地扎根在员工的心中；另一方面，现在的年轻人越来越有创意，听听新人对公司合规的声音，进而体现到公司的合规体系中去，才能使公司的整个合规管理体系以及合规文化深入公司的每一批员工中、每一个岗位上。

二、依据

　　《中央企业合规管理办法》

　　第三十条　中央企业应当建立常态化合规培训机制，制定年度培训计划，将合规管理作为管理人员、重点岗位人员和新入职人员培训必修内容。

三、分析

　　为了降低新员工的合规风险，企业需要为新员工提供全面的合规宣传和培训。根据 ISO 37301 的要求，在员工入职时，企业应该为他们提供全面的培训，包括企业合规政策、行为规范、风险控制和岗位合规事项等方面的内容。企业管理层多与新人进行交流，可以让合规意识更好地扎根在员工的心中。以 A 公司为例，A 公司会举办新员工的午餐会，企业管理层和 A 公司的新人一起吃饭、交流，去听新人们对企业合规的声音。

现在企业越来越重视对新员工的培训，以集团内某财务公司为例，主要的合规风险与廉洁相关联，因此，专门对新入职员工开展廉洁教育，打好入职前"预防针"。以 A 公司为例，最初 A 公司的法务和合规部门会"自作聪明"地采取群发邮件甚至是将电脑锁屏屏保设置为合规政策宣贯的方式来让员工关注公司的合规制度，但通过午餐会收集的反馈，了解到年轻的销售人员更多地使用手机客户端，并非常频繁地在公司 APP 上关注销量指标。随即 A 公司调整合规宣传方式，将合规的信息和文章以碎片化、易获取、趣味性高的方式整合到了 APP 上，让 A 公司的合规文化更好地走入了员工的视野和日常工作。某集团组织开展合规情景剧比赛，获奖作品通过讲述企业在合规体系建设、机制运行、风险防范化解等方面的故事，充分展示了集团"合规是我们的核心竞争力"的合规理念。以各子公司主要业务为主线，展示集团合规理念。还通过以新员工入职合规培训为背景，串联遵循国际业务规则、禁止超授权使用软件、个人数据保护和防止涉密文件外泄四个场景，宣贯了集团的合规管理要求。比赛结束后，集团通过多平台展播获奖作品，助力打造领导带头、全员参与、主动合规的文化。越是生动、有趣的合规宣传，越易于被新员工所接受。合规情景剧的形式对于新员工是很好的合规理念的宣贯方式，也使得新员工发自内心地接受企业合规文化。

同时，新员工可以为企业提供创新的合规宣传方式，合规若没有创新，必然不能跟上公司和行业的发展，就不能更好地积极支持公司业务的健康、快速发展，合规文化也就不能长久地创造价值。企业的合规文化各具特色，是不可复制的，也不会一蹴而就。企业合规文化是企业在生产经营活动中长期积淀而形成的，是在学习借鉴交流中不断发展完善的，是企业的软实力。根据新员工的新想法，A 公司推出了 APP 合规小游戏、咨询热线、常态化测试等积分模式，对于得分前 10 名的工作人员，由群众投票评选出各个部门的合规文化大使，并在公司年会上颁发奖杯、给予现金奖励。企业通过不断汲取新员工的新养分，改变落后的合规文化建设的做法，不断完善合规文化。

四、案例

某财务公司对新入职员工开展集体廉洁提醒教育，打好岗前廉洁"预防针"。某公司财务组织新员工集中观看警示教育片，学习公司行为规范要求，聆听历史廉洁典故。新入职员工纷纷表示，此次廉洁提醒教育形式多样、内涵丰富，既是职场廉洁从业的"第一课"，也是职业生涯岗前廉洁的"预防针"，很受教育和启发，将快速转变角色、适应岗位、融入文化，带着责任、敬畏和自律开启职业生涯美好前程。

某公司开展新入职员工合规培训，为提升全体员工尤其是新入职员工的合规观念，从源头上防范各类合规风险。公司发展合规部派员为 2023 年新入职员工开展合规培训，并举办合规宣誓活动。通过合规宣讲及合规宣誓活动，全体新入职员工进一步树立了合规观念，真正落实了"人人、事事、时时"的合规理念。

五、总结

企业应该为新员工提供全面的合规宣传和培训，包括企业合规政策、行为规范、风险控制和岗位合规事项等方面的内容。通过开展合规宣讲及合规宣誓等活动，普及全面合规理念，让合规意识更好地扎根在员工的心中。同时，新员工也可以为企业提供创新的合规宣传方式，推动企业合规文化的不断发展和完善。

第 46 问　如何让合规承诺不流于形式？

一、概述

合规承诺是指企业或个人在遵守法律法规、规章制度和道德准则的基础上，对自己或组织的行为进行规范和承诺，以实现合规经营和社会责任的目标。合规承诺是一种积极的态度和行动，是企业或个人对自身行为的自我约束和管理，也是一种合规文化的体现。合规承诺一般分为全员承诺和领导层承诺两种类型，也可以根据员工的具体岗位职责，再细化为更为具体的岗位合规承诺。合规承诺起到实效的前提在于员工对承诺的充分认可，同时还需要领导层的支持和承诺，以确保合规承诺在企业中得到一致的落实。为了实现这一目标，应使员工充分了解实施承诺的方式，并采取合规检查和考核制度，及时纠正不合规行为。最后，良好的合规文化的支持会使员工持续地履行合规承诺。

二、依据

《中央企业合规管理办法》

第二十七条　中央企业应当定期开展合规管理体系有效性评价，针对重点业务合规管理情况适时开展专项评价，强化评价结果运用。

第三十条　中央企业应当建立常态化合规培训机制，制定年度培训计划，将合规管理作为管理人员、重点岗位人员和新入职人员培训必修内容。

ISO 37301

5.1.2

组织应在其内部各个层级建立、维护并推进合规文化。

治理机构、最高管理者和管理者应证实，对于整个组织所要求的共同行为准则，其做出了积极的、明示的、一致且持续的承诺。

最高管理者应鼓励创建和支持合规的行为，应阻止且不容忍损害合规的行为。

三、分析

（一）分类作出承诺

1. 领导层承诺

合规承诺一般包括领导层承诺和全体员工承诺。根据 ISO 37301 的规定，治理机构、最高管理者和管理者应证实，对于整个组织所要求的共同行为准则，其做出了积极的、明示的、一致且持续的承诺。领导层承诺涵盖全体员工承诺事项，并基于其管理职能增加了特别的合规承诺事项。领导层包括公司领导班子、董事、监事、总经理、经理等，一般会公开宣读并签署，以起到领导的带头作用。相比而言，领导层的合规意识强，熟悉企业的战略发展、管理制度、企业文化等，相较于遵守外法内规的承诺，更重要的是起到引领、带头作用，还需要查漏补缺，及时发现、纠正合规管理的问题，处理合规投诉、举报等。成熟的企业领导层应做到使企业合规者得到应有的奖励和表彰，使不合规者得到应有的惩戒和处罚。

领导层承诺得到普遍的重视，对于合规承诺的实现也有重要意义。以某央企集团 H 公司为例，集团党组发挥"党委引领合规文化建设"作用，专门成立合规管理委员会，确保依法合规治企正确方向，将合规管理作为各单位主要负责人履行推进法治建设第一责任人职责的重要内容。推行领导班子签订"依法合规经营承诺书"制度，逐级压实管理责任。发挥考核作用，将合规管理情况纳入对成员单位考核和"业绩突出贡献奖"的约束性指标，合规管理提升为对成员单位的考核硬指标。还有 B 公司，以制定发布合规手册为契机，由领导带头，推动干部职工在知悉合规准则的基础上，对遵守合规要求、履行合规义务作出郑重承诺。

2. 全员承诺

根据 ISO 37301 的规定，企业应在其内部各个层级建立、维护并推进合规文化。企业各层级各职能部门因实际业务不同，合规义务、合规风险、合规目标也不一样，反映在合规文化建设上也各有侧重。这就要求各层级各业务部门培育与企业合规文化方针一致的、契合本层级本部门的合规目标，能够反映本层级本部门特色的合规文化，为企业整体合规文化建设作出贡献。要树立全员合规的文化理念，先进的合规文化具有强大的渗透力和教化作用，可以预防或消除合规风险于无形。各层级各部门要以人为本，充分发挥员工的主观能动性，全员参与合规文化建设。让合规理念、合规文化渗透到每个员工的潜意识中，从被动的"要我合规"升华到主动的"我要合规"。营造充满朝气、积极向上的合规文化氛围，让每个员工都成为合规文化建设的参与者、践行者。以合规文化为纽带，上下同心形成强大的凝聚力和向心力，使每个员工都能感受到自己是企业合规建设不可或缺的，都能在参与中实现自我价值。与企业共命运同荣辱从而产生强烈的责任感、使命感、成就感、荣誉感、归属感，全体员工均应作出合规承诺。

因此，员工承诺关注的是员工的自我管理，通常包含以下承诺：遵守外法内规，维护公司声誉；拒绝违法违规行为，并及时上报违法违规行为；廉洁从业；规范职务消费行为；积极参加合规培训。对于具有涉外业务的企业，还需增加对所在国法律法规、宗教信仰和风俗习惯的遵守，以及对国家利益的维护。对于上市企业，还需承诺遵守禁止内部交易的规定、防止利益冲突等事宜。

3. 专项承诺

对于近期发生过合规风险事件的企业，一般会对风险发生的业务领域出具专项承诺，如招标投标、采购管理、反垄断和反不正当竞争、出口管制等。企业可以让全体员工就该业务领域出具承诺书，也可以仅让关键岗位人员出具合规承诺书。通过专项承诺的签署，实现合规风险的有效防控。

（二）如何实现承诺

1.全员承诺

从实践来看，将合规承诺履行情况作为党员评比、评优评先、岗位晋升的重要依据，以合规考核保障合规承诺的实现。《企业境外经营合规管理指引》提出开展对外贸易、境外投资、对外承包工程等"走出去"相关业务的中国境内企业及其境外子公司、分公司、代表机构等境外分支机构应设立合规管理机构，合规考核应全面覆盖企业的各项管理工作，合规考核结果应作为企业绩效考核的重要依据，与评优评先、职务任免、职务晋升以及薪酬待遇等挂钩。

以M公司为例，M公司曾经出现不履行合规承诺的事件，合规承诺自然得不到有效落实。M公司就想出解决办法，让领导层公开签署合规承诺书，签署后再通过公司内部系统反复播放签署承诺书的录像。这样保证领导不再抱有"打招呼"的侥幸心理，而是自觉履行承诺。

2.专项承诺

对于专项承诺，实践中，一般是因为企业遇到专项领域合规风险，才会倡导企业领导层、全员及相关方签署合规承诺。因此，违反此类承诺的风险对于企业是清晰的，以合规不起诉为例，《〈关于建立涉案企业合规第三方监督评估机制的指导意见（试行）〉实施细则》提出："合规考察书面报告一般应当包括以下内容：（一）涉案企业履行合规承诺、落实合规计划情况……"，如果在考察期内违反合规承诺，后果必然是被检察院提起诉讼，企业谋求的合规不起诉宣告失败。像某跨国企业在官网刊登的承诺，如果切实履行，将为企业架上"金色盾牌"。但如果有违背承诺的事项，反而会加重企业受处罚的力度，也是宣告企业的合规管理体系未起到实效。

承诺在监管层面有久远的历史，以上市公司承诺为例。首先，上市公司及其股东、实际控制人、董事、监事、高级管理人员作出公开承诺的，属于法定披露事项，即必须披露公开承诺的具体事宜。合规承诺可以参照上市公司强制披露的要求，在公司内部或官网进行披露。公司内部的披露以视频方式开展，外部披露建议只公开承诺内容及层级。其次，上市公司的承诺在承诺人已明确不可变更或撤销的情形下是不能变更或豁免的，目前，合规承诺不存在对变更或豁免事宜的条款，我们认为，非上市公司无必要增加限制变更或豁免的条款。最后，上市公司未履行承诺的，会被采取行政监管措施。参照上市公司的违反后果，如前所述，建议将合规承诺与考核挂钩，如不履行或不充分履行合规承诺的，在考核时应扣分。当然，作为加分项也是一种方式，但是从合规承诺的有效性来看，履行是必须的，也是义务范围内的，不管是领导层还是普通员工。因此，不履行合规承诺建议作为扣分项，可以起到震慑的作用。

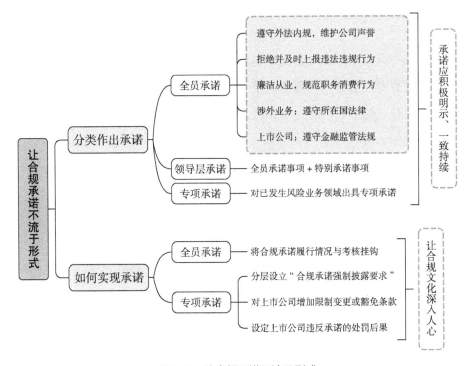

图5-7　让合规承诺不流于形式

四、案例

A公司在官网设置"合规与诚信"板块，公开披露A公司合规高层承诺："坚持诚信经营、恪守商业道德、遵守所有适用的法律法规是A公司管理层一直秉持的核心理念；A公司长期致力于通过资源的持续投入建立符合业界最佳实践的合规管理体系，并坚持将合规管理端到端地落实到业务活动及流程中；A公司重视并持续营造诚信文化，要求每一位员工遵守商业行为准则。"

以B公司不构成单位犯罪案件为例。B公司通过制定合规管理制度并对员工开展合规培训，明确B公司不允许员工向第三方支付任何资金或其他利益拓展业务，不允许员工以非法方式获取消费者个人信息。同时，B公司要求所有业务人员接受培训并签署承诺函，确保上述规定要求得到遵守。因此，在B公司员工以违法手段获取公民个人信息时，B公司可通过提交上述制度、培训记录、承诺函等，证明违法行为属于员工个人行为，而非B公司的单位意志，从而有效防范可能受到的刑事处罚风险。

五、总结

合规不仅仅是领导层的事情，如果合规的理念没有延伸到企业的各个层面、没有深入人心，那么对于这个企业来说，它的合规承诺是流于形式的。对于有效的合规承诺而言，全员应树立合规的文化理念，主动遵守外法内规，维护公司声誉，拒绝违法违规行为，廉洁从业，规范职务消费行为，并积极参加合规培训。企业应实施惩罚和奖励机制，以促进合规文化的建设。对于涉外业务企业，员工还须承诺遵守所在国法律法规、宗教信仰和风俗习惯等。对于发生过合规风险事件的企业，应针对风险发生的业务领域作出专项承诺，以实现合规风险的有效防控。

第六章

合规管理信息化热点问题

【导读】

大数据、云计算、互联网等飞速发展，信息化、数字化以及数智化成为企业管理必不可少的一部分。同时，在企业推行合规管理体系建设，关注合规管理体系有效运行的实践中，合规管理做得好的重要抓手之一就是充分运用信息化手段，实现将合规管理要求嵌入经营管理流程的目标。企业搭建信息化平台，通过数据分析、智能控制等方式，实现即时预警、快速处置，在落地权责配置和风险管控的同时切实提高管理效能，利用数据管理实现可追溯、可共享、可复盘。本章通过梳理合规信息化建设的重难点内容，对相关问题进行阐释，以期为企业合规信息化建设工作提供参考。

第 47 问　为什么要开展合规管理信息化建设?

一、概述

合规管理信息化建设，即"合规管理"与"信息化"手段的融合，其建设的必要性主要包括以下三个原因：第一，法律、国际标准明确要求合规管理信息化建设；第二，合规管理体系有效运行需要合规管理信息化建设；第三，企业提质增效、稳健发展需要合规管理信息化建设。

二、依据

2018 年，国务院国资委在《中央企业合规管理指引（试行）》第二十四条提出"强化合规管理信息化建设"。

2023 年，《中央企业合规管理办法》第五条明确了合规管理工作应当遵循的原则，其中第四项规定"坚持务实高效。建立健全符合企业实际的合规管理体系，突出对重点领域、关键环节和重要人员的管理，充分利用大数据等信息化手段，切实提高管理效能"。

ISO 37301 对合规管理数字化也有明确规定，其附录 NA3.3 "在合规管理体系中应用数字技术"中指出"组织在建立、开发、实施、评价、维护和改进合规管理体系时，宜合理应用数字技术，提升合规管理体系的有效性"。

三、分析

（一）法律、国际标准明确要求合规管理信息化建设

国务院国资委政策法规局负责人就《中央企业合规管理办法》答记者问中提到，"《法治中国建设规划（2020—2025 年）》首次提出，运用大数据、云计算、人工智能等现代科技手段，全面建设'智慧法治'，推进法治中国建设的数据化、网络化、智能化。这为企业法治建设搭乘数字化快车、实现加速发展带来新机遇，也提出了更高要求。……我们体会，世界一流企业之所以合规管理做得好，一个重要原因就是充分运用大数据、人工智能等现代科技手段，真正将合规要求嵌入经营管理流程，并通过数据分析、智能控制等方式，实现即时预警、快速处置，切实提高了管理效能"。[①]因此，结合合规管理的发展趋势以及上述提到的相关依据，合规管理信息化建设是法律与国际标准对合规管理体系建设的明确要求之一。

（二）合规管理体系有效运行需要合规管理信息化建设

合规管理的基本目标，是有效识别、控制、防范合规风险，信息化手段能够帮助企业在日常经营管理和业务活动中准确、快速、实时地进行合规风险评估和判断，提升合规管理体系的有效性。

以某民营企业运营的加油站为例，加油站内外都不能吸烟，也禁止使用手机，这是安全常识，然而想要把吸烟、使用手机这样的风险事件搜查出来，对于加油站的运营方而言并不是一件易事。在引入信息化手段之前，加油站往往只能通过员工定点抽查的方式进行筛选，不仅要耗费大量的人力资源、难以覆盖加油站的全范围，而且抽查的效率也很低下，甚至可能存在漏查的现象。而在引入信息化系统之后，加油站可以通过设置的电子摄像头，并辅以合规风控模型的设计，通过信息化的手段，自动识别出吸

---

① 《国务院国资委政策法规局负责人就〈中央企业合规管理办法〉答记者问》，载中国政府网，https://www.gov.cn/zhengce/2022-09/19/content_5710634.htm，最后访问时间 2023 年 10 月 21 日。

烟或使用手机的风险源，及时进行处理。通过合规管理信息化建设的风控模型设计，加油站能够实现 7×24 小时的风险实时识别与监控，这些优势都是非信息化手段所不能比拟的。

以上案例充分体现了，合规管理体系与信息化建设结合后有效提升了风险识别、控制的准确性、覆盖面和效率。反之，缺乏信息化建设的支持，合规管理体系容易仅停留在"纸面"或者无法真正融入企业经营管理中。所以，合规管理体系有效运行需要合规管理信息化建设。

（三）企业提质增效、稳健发展需要合规管理信息化建设

合规管理信息化建设将合规信息化与企业经营管理相结合，从而实现企业经营管理的数字化、自动化和规范化。合规管理信息化建设能够帮助企业实时预警、精准决策及风险复盘，有助于提升企业的管理水平与执行效率，保障企业的稳健发展。

企业开展合规管理信息化建设，能够方便快捷地获取实时信息，有助于实时风险预警。以某建筑公司为例，该公司主要业务为城市隧道建设，由于隧道施工环境恶劣、地质条件复杂，再加上施工管理和组织不完善，极易引发施工事故。通过普通手段很难对隧道施工现场进行实时监控，于是该公司通过信息技术对隧道施工现场进行风险监测，根据隧道施工情况，预先分配监测点的值，当实时数值超过分配的预定值时，将自动启动预警，并通知现场相关管理人员，有效防止了施工事故的发生。反之，非信息化手段下，信息的获取和分析都不可避免地具有一定的滞后性，企业极有可能因为信息滞后而遭受不可估量的损失。

企业开展合规管理信息化建设，能够有效分析并应对企业所面临的复杂、系统性的风险，有助于实现精准决策。以某国有企业为例，该国企成功落地以合同管理为切入点的反舞弊辅助识别系统后，通过信息化、标签式手段快速识别合同管理中存在的问题和风险，自上线以来辅助识别合同高风险 1200 余个，助力各级管理人员及时发现并纠正问题。反之，在非信息化手段下，企业如要识别 1200 余个风险点，需要耗费大量的时间、人力、物力，还难以保证效果。

　　企业开展合规管理信息化建设，能够形成可持续迭代和保存的合规风险库，有助于企业实现信息沉淀、风险复盘，为企业的长远发展提供支持。以某集团企业为例，该集团通过合规管理信息化建设，形成了以集团为核心、覆盖下属数十家二、三级公司的一体化管控系统，通过合规信息化积累了丰富的制度文件、风险案例、培训资料等数据文档，为集团制度迭代、合规管理、文化宣传等提供有力的支持，形成企业宝贵的核心价值储备。反之，在非信息化手段下，企业难以高效储存文档，难以实现风险复盘，更容易面临历史资料遗失、类似的风险或负面事件重复发生等问题。

　　综上，合规管理信息化建设是当下法律法规、国际标准下的明确要求，且在保障合规体系运行、为企业创造价值方面优势突出。在"防风险、强内控、促合规"的政策监管背景下，合规管理工作及企业稳健发展均需要合规管理信息化提供技术保障。

第 48 问 怎样开展合规管理信息化建设？

一、概述

在合规管理信息化建设的趋势和必然要求下，如何有效开展相关建设工作？如何通过信息化、数字化为企业赋能、助力于企业合规管理工作真正落地？笔者结合相关要求和实践，认为合规管理信息化建设应当从以下四个方面开展：（1）合规管理数据信息在信息化系统的全面录入和即时采集；（2）合规管理控制措施与信息系统中权责流程的节点适配；（3）合规管理信息化数据通过信息平台能实现与其他企业关键信息的互联互通和实时共享；（4）合规管理数据分析有利于强化对重点领域、关键环节的风控支持，实现高效预警和处置。为了实现上述目标，企业还需要一方面从技术功能层面保障信息化系统本身的全面、顺畅、有效运行，另一方面从合规管理体系建设各要素完备、有效的角度做好基础信息数据建设。

二、依据

《中央企业合规管理办法》第六章"信息化建设"中对合规管理信息化建设提出具体要求：

第三十三条 中央企业应当加强合规管理信息化建设，结合实际将合规制度、典型案例、合规培训、违规行为记录等纳入信息系统。

第三十四条 中央企业应当定期梳理业务流程，查找合规风险点，运用信息化手段将合规要求和防控措施嵌入流程，针对关键节点加强合规审查，强化过程管控。

第三十五条　中央企业应当加强合规管理信息系统与财务、投资、采购等其他信息系统的互联互通，实现数据共用共享。

第三十六条　中央企业应当利用大数据等技术，加强对重点领域、关键节点的实时动态监测，实现合规风险即时预警、快速处置。

以上四条规定分别从"信息系统内容""风险点嵌入""互联互通"及"动态监测"四个方面明确了合规管理信息化建设的具体要求。

三、分析

（一）将合规文件信息纳入信息系统管理

企业信息化建设的发起，最核心的需求之一即解决大量制度、流程、记录、案例、知识库等无法有效实现信息保存、传递、共享的问题。将合规文件信息录入信息系统可以使合规信息便于接触，具有可视化。实践中，好的信息化系统能够成为企业成长发展的"蓄水池"，为企业的长远发展、稳健运行提供坚实的支撑平台。而好的"蓄水池"则首先取决于有源源不断且具有较高价值的数据信息"流入"，因此合规管理信息化建设首先要保证合规管理制度、案例、培训、记录等合规信息能有效采集和录入。

例如，某集团公司在进行合规管理信息化建设时，将合规管理制度（包括但不限于风险管理、沟通管理、供应商管理、反贿赂反舞弊管理、采购管理、客户管理等制度）录入系统，同时建立在线的集团合规风险库，并录入了财务税收、公司治理、合同管理、劳动用工、市场交易、投资管理等方面的大量违法案例，且不断录入新的数据，持续完善信息系统内的合规管理制度与案例，为该公司的合规管理提供有效的技术保障。

（二）将业务合规风险识别嵌入流程，与企业权责设置相融合

在企业信息化建设中，根据各业务模块和管控权限进行权责梳理和流程配置是整个信息化内容设置的必要环节。合规管理体系中风险识别和控

制的有效性往往是在企业信息化系统的具体权责流程中发挥其"踩刹车"功能。因此，合规管理控制措施必须来源于业务风险识别、服务于业务开展目标、落地于信息化权责配置和具体经营流程。

反之，若合规管控仅停留于纸面，或者企业权责流程与相关风控制度脱离，则合规管理有效性及风险识别、控制也将成为虚设。

（三）将合规管理信息系统与相关信息系统建设统筹协同、互联互通

在企业的信息化建设进程中，基于不同阶段、不同业务职能、不同项目重点目标的需求，往往会呈现出供应商管理、财务、项目、合同等不同独立模块的信息系统并行。而理想的信息化目标中，各类信息系统打通、流程简化、数据共享、相互协同才是提质增效的关键支撑，否则将困于多系统流程重复、信息隔离断层、大数据分析无法开展的麻烦。

案例：

某公司在信息化建设中持续多年投入，在合同管理系统、财务管理系统、办公系统、采购系统等的运行过程中，各关联部门按照自己的业务逻辑进行系统需求配置，导致出现后来简单的费用报销都需要通过多次重复流程，并且风险预警等工作机制无法通过系统直达关联业务领导等问题。该公司为解决此问题，又再次进行原系统的"升级包"设置和新系统引入，花费甚高、效果甚低。

因此，在开展合规管理体系信息化建设中，在建设开始就需充分做好前期模块建设、流程建设、数据源采集预判等工作，以能实现与财务、投资、采购等其他关键信息系统的数据互联互通、信息共享为目标，充分测试相关流程的效率和效能，避免信息隔离等问题。

（四）将大数据、智能化等技术手段应用于重点领域、关键环节的实时动态监控

企业日常经营管理和业务过程中的数据浩如烟海，如此庞大的信息流，需要通过信息手段对信息流进行分辨、析取、整理、挖掘，对企业经营的重点领域和关键节点进行实时监控、即时预警和快速处置。

企业在进行信息化管理建设中，要加强对于重点领域、关键环节的实

时动态监控，使合规管理信息化建设助力经营，避风控险，为经营保驾护航、创造价值。

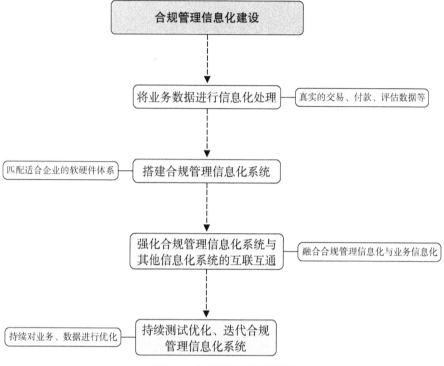

图6-1　合规管理信息化建设

综上，《中央企业合规管理办法》和 ISO 37301 要求企业在信息系统内容、风险点嵌入、互联互通和动态监测四个方面达成相关建设内容，充分应用大数据等信息化手段，进行合规管理信息化建设。

第49问　合规管理信息化的重难点是什么？

随着企业合规管理体系建设进入"加速期"，合规管理信息化水平的推行和运行质效也处于"强需求"阶段。总结实践经验，合规管理信息化建设的重难点集中呈现为：（1）保证数据的全面准确；（2）对数据进行有效利用及分析；（3）保障数据处理的安全、合法。

二、依据

ISO 37301《合规管理体系　要求及使用指南》附录 NA 3.3"在合规管理体系中应用数字技术"中明确"……在合规管理体系中应用数字技术的基础是获得完整准确的数据。在合规风险评估、合规管理体系运行、合规培训、合规绩效评价以及合规管理体系的持续改进等方面需要组织对相关数据和信息进行收集、分析，并运用于对组织的合规管理"。

《数据安全法》第二条规定："……在中华人民共和国境外开展数据处理活动，损害中华人民共和国国家安全、公共利益或者公民、组织合法权益的，依法追究法律责任。"

《个人信息保护法》的相关规定也对中国境内处理自然人的个人信息活动明确了处理规则、权利义务以及相关责任。

三、分析

（一）基础建设环节要保证数据全面、准确

合规管理信息化建设所需的数据必须能全面覆盖相关业务领域，尤其要能实时、准确地反映重点领域、关键环节的管控信息。目前，企业就此问题的解决方案，基本都是将合规管理建设的各个流程、关键信息通过大数据录入和收集的方式运用在信息化工具之上，形成了全面的信息系统承载。在此过程中，大多数企业都遇到了无法实现数据"全面准确"的问题。其中"全面"的问题呈现为数据缺失必要维度和组成部分，"准确"的问题主要呈现为"数据滞后""填写错误/不严谨估算录入""分析模型维度导致统计误差"等。

数据无法全面、准确，将会造成从具体信息传递错误到数据分析结论严重偏差，进而产生影响风险识别、判断、评价处置的一系列严重后果，即"蝴蝶效应"。无法实现数据的全面及准确，信息化的建设将会是空中楼阁，而此问题目前较为普遍存在，甚至是成为企业合规管理信息化目标、模块、流程、试运行等环节开展后无法真正有效运行的主要阻碍。

案例：

一家下设多家控股子公司的建工企业（A公司）拟建设一个能从集团层面统筹各个具体业务板块项目风险管理的信息化系统。此系统建设过程中，从供应商采购、系统模块功能确定、流程梳理调整等步骤都由专项小组认真推进，最终系统也顺利通过上线测试。但该项目全程都忽略了对于"如何获取数据及如何确保数据全面准确"这个问题的充分研判和必要渠道打通工作。专项小组人员在知道这些难点的情况下，也因畏难和经验缺乏，想先完成整体建设目标后再解决数据来源问题，甚至认为数据来源和录入问题只是每个部门需要按照要求完成的工作，能否达到标准就是各个部门管理责任的问题，而与项目建设目标无关。

在此情况下，该系统投入运行后，虽然从内容和功能来看非常全面，包括了内部合规制度资料库、案例库、审批流程和签章用印功能、重大风险预警信息提示、重点业务环节人员权限管理等，但因系统数据录入、更新、维护没有设置专业、专岗人员，各职能、部门数据共享管理规则和提取标准未确定，系统中信息持续存在滞后、缺失、误差等问题。最终，因信息的全面纳入缺乏支撑，该系统多项功能并未实际启用。可见，获得完整准确的数据是实现信息化的基础，否则就如同"巧妇难为无米之炊"，合规有效性和信息化目标都成为空谈，并且可能造成决策误导，甚至给企业造成严重损失。

对于新兴企业而言，数据的积累和运用方式，是其迅速拓展业务、站稳脚跟的关键；对于具有发展历史且存在很多数据积淀、有固有管理模式的企业而言，信息管控、统筹思路、打通链接、建立数据信息也是其不断变革的重要基础。因此，在合规信息化建设中，保证数据的全面准确如"大厦"之"地基"，是一个不能忽视、不能回避、不能滞后解决的重点问题。

（二）目标环节要保证数据有效利用及分析

根据 ISO 37301 附录要求，对于数据要进行分析和运用，即在数字化的基础上实现数字智能化，是合规管理信息化建设的重难点之一。在数据能够基本全面、准确获取的前提下，如何完成数据的有效利用及分析，是大多数企业在信息化建设项目运行后感到困难或不适配的另一个常见问题。

如何利用、分析数据实现数智化，让数据可以"说话"，实现风险的自动识别和评估，是数字化的目的和实现合规管理信息化的意义之一，也是合规管理信息化的重点和目标。

很多企业在信息化项目上线后，数据分析并不能真正服务于具体业务决策、业务需求。

案例：

某企业在合规信息建设后，仅仅希望其相关风险管控数据能够形成特定维度的数据看板，满足总结汇报需求，而数据结论进一步分析后的价值转化、数据背后原因的复盘分析则不得而知。比如，合规管理信息化建设本身是一个工作目标，但合规管理信息化持续运行的实际效能，却不关联任何其他的工作目标。此外，实践中还存在合规管理人员解读、分析数据不专业、不及时；合规管理人员"讳疾忌医"，对合规管理信息化和数据分析中发现、存在的问题和难点不重视、不解决、不理解等问题。以上情形都属于不能对数据信息进行有效分析利用，导致虽有形式上的"成果"，却无实质的"成效"。

（三）过程环节要保障数据处理安全、合法

数据对于企业而言就像黑森林的子弹，不知道风险从哪里来，哪条业务会踩了红线，也不知道红线在哪里。合规管理信息化建设涉及大量的数据采集、数据处理、数据存储。在此过程之中，数据安全问题是必须予以关注和保障的重点内容，无论是对于公共数据还是企业的私有数据抑或个人的隐私数据，都应当在《个人信息保护法》《网络安全法》等法律法规的框架下运作。数据保密和安全的不善处理可能会损害他人权益及公共利益，会使企业产生巨大损失。因此，企业在开展合规管理信息建设中，一方面需要在数据收集和使用过程中确保不会对国家、公民造成不利影响；另一方面需要在数据传输和储存过程中确保信息不会泄露，不会对企业自身及第三方造成不利影响。

案例：

某公司在未获得被查询身份信息本人授权的情况下，在用户查询时输入身份信息（公民姓名、照片、家庭住址、身份证号码、电话信息）予以缓存并整理、建立数据库后导入公司的服务器，并与其他公司签订身份信息认证协议，当用户在该公司网站输入身份信息时，可通过编写的脚本程序进入该公司或其他公司的接口进行查询、对比并获得反馈结果。最终，该公司被判处侵犯公民个人信息罪，直接责任人员李某被判处侵犯公民个人信息罪，判处有期徒刑3年，罚金人民币80000元。可见，对于数据收集和使用，需要在《个人信息保护法》《网络安全法》等法律法规的框架下运作，如果数据本身的合规风险未能得到有效控制，"逮捕""刑事责任"

就会跳脱出来，成为数据收集和使用的关键词。

企业还需要明确数据使用和保存者的保密义务，对此，可以在合规管理信息系统中设置不同的权限，并严格按照每一个参与人员的权限阅览相应的信息，明确职责，合理赋权，在相关人员离职时做好脱密工作，签订保密、竞业禁止协议并及时跟进，防止保密信息泄露给企业自身及其他第三方造成损失。

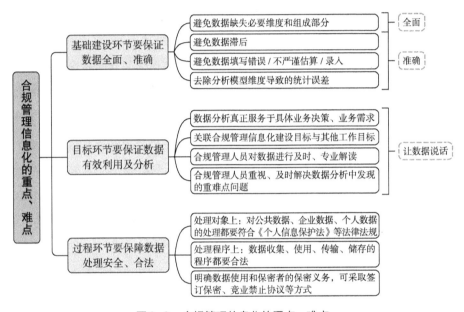

图6-2　合规管理信息化的重点、难点

四、总结

综上，笔者认为，从很多实操情况来看，合规管理建设信息化的重难点主要在于建设基础、建设目标、建设过程三个维度的特有问题。此种难点问题容易在快速推行合规信息化达成的过程中被遗漏、暂时搁置、未引起充分重视和关注，从而导致缺乏解决方案和相关工作保障，最终影响整个建设工作的实际效果达成。

第50问　合规管理信息化的风控模型如何搭建?

一、概述

合规管理信息化的风控模型搭建需要满足以下步骤或要求：第一，风控模型需以合规风险管理信息为依据；第二，风控模型需以数据库及关键指标评估体系为基础；第三，风控模型运行成果需以直观呈现方式为载体。

二、分析

合规管理体系的建设目的是系统化地识别、评价、控制风险，而风控模型是指基于数据和算法，针对特定的业务场景和风险类型建立的量化模型，用于识别和评估风险，并给予相应的评价和反馈，通过两者的结合，实现合规管理信息化的风控模型有效运行。就其搭建而言，合规管理信息化的风控模型需包含什么、风控模型该如何运行、风控模型该如何呈现，是本节的重点。

（一）风控模型需以合规风险管理信息为依据

合规管理信息化风控模型的搭建，需在了解企业所面临主要风险（市场风险、信用风险、数据风险等）的基础上，将合规管理和风险识别评价的模型，通过信息化手段和工具建立，具言之，即针对责任人、合规义务、风险场景、防控措施、风险源及禁止性合规义务等基本模型要素进行分析、录入、编程，建立量化模型。

案例：

员工离职之前，存在盗取企业商业秘密、下载公司机密文件的风险，且风险较高，人事部门和信息部门应当监督员工在离职时履行离职脱密职责，要求员工删除机密文件并进行审计，以防止商业秘密的泄露。

经过分析该事件后，我们提炼出的风控模型应当含有的基本要素为：风控责任人是人事部门和信息部门，风险场景是员工离职时，风险源是员工下载公司机密文件，合规义务是防止商业秘密的泄露，防控措施是要求员工删除机密文件并进行审计。将前述要素建立模型，是风控模型搭建的基础和框架，能够为后续分析、评价提供可靠的依据。

（二）风控模型需以数据库及关键指标评估体系为基础

风控模型搭建需要经过数据采集、处理、建模、评估和分析等环节，结合实际数据和场景进行训练，最终形成可用的模型。其中关键的步骤之一，是建立模型所需的数据库。数据的全面、准确是信息化建设的"大厦"之"地基"，不仅是信息化建设的重点，也是风控模型搭建的重点。

而对风控模型而言，至少应当建立以下数据库：

1. 个人 / 公司基本信息，包括个人资历、个人 / 公司的信用信息、公司财务指标、家庭结构关系、家庭社会地位关系、个人社交关系、工商注册信息等；

2. 个人 / 公司商务信息，包括线上零售交易信息、专利信息、个人 / 公司资质、土地出让 / 转让信息、质押抵押信息等；

3. 个人 / 公司社会公众信息，包括涉诉信息、专利信息、被执行人信息等；

4. 个人 / 公司社会关联方信息，包括自媒体、证券社区、行政监管 / 许可、行业背景、商标、招中标、行政处罚、抵押担保等。

通过搭建基本的数据库，企业可进一步就重点领域、关键环节管控要求，确定相关控制指标，并通过一系列控制指标形成评估体系。例如，某企业搭建的信用风险预警系统，通过该信用风险预警系统建设，将关键指标录入风控模型，当出现类似情形时，系统会向相关人员自动预警，供相关人员进行评估和决策，形成切实有效的评估体系。该企业关键环节的设置如下：

1.严重预警信号

- 企业已经停产；

- 项目出现停建、缓建、严重拖期；

- 资产负债比例过高，或资不抵债；

······

2.一般预警信号

- 税费支付（营业税、代缴个税等）总额显著减少；

- 企业开工率不足、半停产；

- 应收账款再次质押或转让；

······

综上，合规风险管理模型是风控模型的"骨架"，数据库的建立和关键指标的设立则是风控模型的"血肉"。只有如此，风控模型才具备运行的基本能力，才能高效地运行。

（三）风控模型运行成果需以直观呈现方式为载体

风控模型的有效运行，还要有直观、清晰的操作界面和控制面板，使运用模型的管理人员能清楚、直观地了解模型运行情况，并就其反馈的内容作进一步分析和评估。

三、实务模板

为进一步展示本节第一部分"合规管理信息化风控模型需包含的合规管理的基本要素"内容，我们将实务中为某公司设计的数据治理风控模型分享如下：

2.4 对关键岗位的管理

2.4.1 概念及要求

公司应当与从事个人信息处理岗位上的相关人员签署保密协议，对大量接触个人敏感信息的人员进行背景审查，以了解其犯罪记录、诚信状况等。对于即将调离岗位或终止劳动合同的人员，应当要求其做好保密工作，在一定阶段内继续保护公司的信息、数据安全。内部人员如果出现操作失误或故意行为，会给公司的利益带来严重的损失。

2.4.2 风险描述

××公司没有识别公司信息安全领域的关键岗位与人员，并进行有针对性的管理。重要信息岗位的人员信息收集内容与一般岗位没有区别，只对行政岗位、司机等在招聘时有特殊安全考虑，要求其出具无犯罪记录证明等。同时没有能够及时准确发现员工外在利益冲突的手段，对员工没有明确的指引和要求进行约束规范。

案例：

2016 年，曾出现一名主管级别的员工在离职前将公司的资料运用权限进行解密之后发送到自己的个人邮箱，计划用于个人的公司经营。在该员工离职后公司通过操作审计日志发现了这一行为，及时约谈要求其删除资料，并承诺不会泄露公司的信息数据。该事件虽然没有给公司带来重大损失，但反映出公司存在一定的管理漏洞。在这之后公司引进了内网安全监管系统（IP-Guard）、数字光处理（DLP）等技术手段，限制公司内部网络以及电子设备向云盘、外接存储设备等进行资料传输。但目前类似的限制仅针对内部研发人员，而对非技术开发人员没有明确是否有限制，仍然存在可能将收集到的用户数据泄露的风险。此外，根据访谈了解到，目前公司主要依赖这些技术手段的事后检查功能，发现已有的不当操作，尚未启用在事中对研发人员定向控制、限制部分软件的传输功能，落实程度不高。在公司与第三方医院、政府合作的心血管公益项目（公司不是主导方且不是数据的收集方）中，公司的超级管理员账户有权限通过××公司提供的设备，访问云端存储的大量患者信息，能够访问超级账号的人员不多，但是对这部分人员的重点管理处于缺失状态，没有与之签署特别的协议加以约束。

2.4.3 建议措施

公司应当对关键岗位／重要人员名单进行梳理，根据不同员工所能访问、控制、修改的个人信息类别、数量、重要性等条件进行筛选。

公司应当建立对个人信息保护相关岗位人员的背景审查机制，在入职前与其签署保密协议，对其从业经历、犯罪记录、诚信状况等进行了解；建立个人信息安全事件的处罚机制，明确不同个人信息处理岗位的安全职责；做好关键岗位人员离职的权限清退、数据保密、访问记录审计工作等。

四、总结

合规管理信息化的风控模型搭建和设计的重点在于构建模型的核心运行逻辑，而该逻辑需要按照合规管理的基本逻辑展开，在此基础上，建立完整准确的数据库、关键节点设置和直观的呈现形式，才能形成有效的模型，为合规管理信息化保驾护航。

第七章

违规追责与合规免责热点问题

【导读】

合规管理工作一方面必须明确业务及职能部门、合规管理部门和监督部门职责，严格落实员工合规责任，对违规行为严肃追责问责；另一方面为激发广大干部干事创业的热情和积极性，鼓励创新，有效促进企业稳健经营和可持续发展，容错免责机制的建立势在必行。本章从"追责"与"免责"两个方面入手，为合规管理体系的构建提供有力保障。

第51问 怎样建立追责问责机制?

一、概述

违规行为追责问责是企业合规管理中至关重要的一环,是对合规管理不到位引发的违规行为开展责任追究并责成整改的过程。在企业日常经营中,管理人员违反规定,未履行或未正确履行职责,在经营投资中造成企业资产损失或其他严重不良后果,经调查核实和责任认定,必须对相关责任人进行责任追究。建立健全违规行为追责问责机制,推动企业不断完善规章制度,堵塞经营管理漏洞,提高经营管理水平,加强警示教育,发挥震慑作用,有利于企业以及营商环境的发展。

二、依据

1.《中央企业违规经营投资责任追究实施办法(试行)》第五十条规定:"中央企业应当明确相应的职能部门或机构,负责组织开展责任追究工作,并做好与企业纪检监察机构的协同配合。"

2.《中央企业合规管理办法》第十五条规定:"中央企业纪检监察机构和审计、巡视巡察、监督追责等部门依据有关规定,在职权范围内对合规要求落实情况进行监督,对违规行为进行调查,按照规定开展责任追究。"

3.《中央企业违规经营投资责任追究实施办法(试行)》第五十四条规定:"开展中央企业责任追究工作一般应当遵循受理、初步核实、分类处置、核查、处理和整改等程序。"

4.《中央企业合规管理办法》第二十五条第一款规定："中央企业应当完善违规行为追责问责机制，明确责任范围，细化问责标准，针对问题和线索及时开展调查，按照有关规定严肃追究违规人员责任。"

三、分析

（一）明确追责问责的归口管理部门

企业内部建立追责问责机制，首先需要明确相应的归口管理职能部门或机构，明确部门的责任追究工作职责，这样就能确定追责问责的管理部门。具体来说，关键工作如下：

1.明确内部追责管理部门

对于企业而言，在内部设立责任追究的主要管理部门是责任追究的重要举措。以中央企业为例，国资委和中央企业原则上都有权对合规管理中的违规行为进行问责。作为中央企业的问责管理部门，国资委内设专门责任追究机构，受理有关方面按规定程序移交的中央企业及其所属子企业违规经营投资的有关问题和线索，初步核实后进行分类处置，并采取督办、联合核查、专项核查等方式组织开展有关核查工作，认定相关人员责任，研究提出处理意见、建议，督促企业整改落实。企业内部也应当设立相应的职能部门，专门负责企业违规责任的追究。企业内部的责任追究监督部门可以第一时间发现违规行为并及时做出相应的处理行为。对于普通企业而言，因其不属于国资委管辖，所以内部追责部门就显得更为重要。

2.明确管理部门的职责

企业作为责任主体，对于本企业的责任追究工作起到主要职责。按照"管业务必须管合规"的要求，企业必须明确业务及职能部门、合规管理部门和监督部门职责，严格落实员工合规责任，对违规行为严肃问责。企业内部可以参照中央企业的组织架构设立专门的合规部门。根据《中央企业合规管理办法》第十一条规定，中央企业设立合规委员会，可以与法治建设领导机构等合署办公，统筹协调合规管理工作，定期召开会议，研究解决重点难点问题。第十五条又规定，中央企业纪检监察机构和审计、巡视巡察、监督追责等部门依据有关规定，在职权范围内对合规要求落实情况进行监督，对违规行为进行调查，按照规定开展责任追究。合规委员会作为合规管理部门，牵头负责合规管理工作。而监督问责等专门监督部门则承担企业在责任追究中的主要职责，研究制定本企业责任追究有关制度；组织开展本级企业发生的一般或较大资产损失，二级子企业发生的重大资产损失或产生严重不良后果的较大资产损失，以及涉及二级子企业负责人的责任追究工作；指导、监督和检查所属子企业责任追究相关工作；按照相关规定的要求组织开展有关责任追究工作，以及在认为有必要的时候直接组织开展所属子企业的责任追究工作。条文中还明确中央企业纪检监察机构和审计、巡视巡察等部门也拥有责任追究的职权。此外，根据《中央企业违规经营投资责任追究实施办法（试行）》第五十条规定，中央企业应当明确相应的职能部门或机构，负责组织开展责任追究工作，并做好与企业纪检监察机构的协同配合。

合规部门是第二道防线，追责是第三道防线。监督追责部门负责企业责任追究工作，此外纪检监察以及审计部门在其职权范围内与监督部门做好协同配合开展责任追究工作。因此，监督部门与企业纪检监察机构或者审计、巡视巡察部门都可以作为企业违规追责的主体，在其职权范围内做好协同配合，负责企业的违规行为追责。

（二）追责问责的常规流程

违规责任追究工作程序是追责问责过程中最重要的部分，贯穿于追责问责的全过程。程序正义是现代法治的重要体现，按照合法程序进行工作，也会减少发生冤假错案的可能性。进行企业违规行为责任追究也必须在合法的程序中逐步推进。企业责任追究工作一般应当遵循受理、初步核实、分类处置、核查、处理和整改等程序。

具体来说，关键步骤一般如下：

1. 受理

受理程序是追责问责的第一步，受理之后才会有后续的程序。在受理程序中，专门责任追究部门主要对按规定程序移交的有关违规经营投资方面的问题和线索进行受理，并进行有关证据、材料的收集、整理和分析工作。专门责任追究机构受理在日常监督管理工作中发现的，审计、巡视、纪检监察以及其他有关部门移交的，以及其他有关违规经营投资的问题和线索。

2. 初步核实

受理相关的问题和线索之后，便进入了核实阶段。在初步核实的程序中，专门责任追究部门对以上受理的违规经营投资的问题和线索，以及相关证据、材料进行必要的初步核实工作。专业问责部门主要对以下工作内容进行初步核实：资产损失及其他严重不良后果的情况；违规违纪违法的情况；是否属于责任追究范围；有关方面的处理建议和要求等。初步核实的工作一般应于30个工作日内完成，根据工作需要可以适当延长。

3. 分类处置

核实程序之后，问责部门会根据核实情况进行分类处置。在分类处置阶段，专门责任追究部门会根据初步核实情况，对确有违规违纪违法事实的，按照规定的职责权限和程序进行分类处置，并按照以下主要工作内容进行操作：第一，属于企业内部责任追究职责范围的，由专门责任追究机构组织实施核查工作。第二，属于审计部门责任追究职责范围的，移交和督促相关审计部门进行责任追究。第三，属于其他有关部门责任追究职责范围的，移送有关部门。第四，涉嫌违纪或职务违法的问题和线索，移送纪检监察机构。第五，涉嫌犯罪的问题和线索，移送国家监察机关或司法机关。

4. 核查

进行分类处置后，就进入追责问责程序中最为重要的核查阶段。在核查阶段中，企业专门责任追究部门对违规经营投资事项及时组织开展核查工作，核实责任追究情形，确定资产损失程度，查清资产损失原因，认定相关人员责任等。专门责任追究部门可结合企业减少或挽回资产损失工作的进展情况，适时启动责任追究工作。核查工作需要核查取证，在核查取证时，可以采取以下工作措施：第一，与被核查事项有关的人员谈话，形成核查谈话记录，并要求有关人员作出书面说明。第二，查阅、复制被核查企业的有关文件、会议纪要（记录）、资料和账簿、原始凭证等相关材料。第三，实地核查企业实物资产等。第四，委托具有相应资质的专业机构对有关问题进行审计、评估或鉴证等。第五，其他必要的工作措施。专门机构在核查期间，对相关责任人未支付或兑现的绩效年薪、任期激励收入、中长期激励收益等均应暂停支付或兑现；对有可能影响核查工作顺利开展的相关责任人，可视情况采取停职、调离工作岗位、免职等措施。在重大违规经营投资事项核查工作中，对确有工作需要的，负责核查的部门可请纪检监察机构提供必要支持。核查工作一般应于 6 个月内完成，根据工作需求可以适当延长。

5. 处理和整改

核查工作结束后，专门责任追究部门一般应当听取企业和相关责任人关于核查工作结果的意见，形成资产损失情况核查报告和责任认定报告。然后根据核查工作结果，按照干部管理权限和相关程序对相关责任人依据相关规定进行追究处理，形成处理决定，送达有关企业及被处理人，并对有关企业提出整改要求。

被处理人对处理决定有异议的，可以在处理决定送达之日起 15 个工作日内，提出书面申诉，并提供相关证明材料。申诉期间不停止原处理决定的执行。企业专门责任追究部门作出处理决定的，被处理人向作出该处理决定的单位申诉；企业所属子企业作出处理决定的，向上一级企业申诉。企业专门责任追究部门应当自受理申诉之日起 30 个工作日内复核，作出维持、撤销或变更原处理决定的复核决定，并以适当形式告知申诉人及其所在企业。

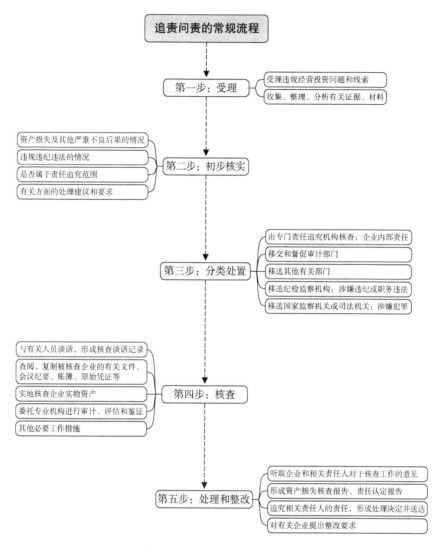

图7-1 追责问责的常规流程

四、总结

　　企业不合规的后果有国际制裁、行政处罚、刑事责任、发生法律纠纷案件等。企业相关责任人在实施违规行为后，给企业造成严重损失时，行为人也会因此承担相应的后果。根据相关法律法规等规定，专门的责任追究部门将对行为人进行调查核实，然后作出相应的处理决定。专门责任追究部门给出处理决定后，企业应当按照整改要求，认真总结吸取教训，制定和落实整改措施，优化业务流程，完善内控体系，堵塞经营管理漏洞，建立健全防范经营投资风险的长效机制。

最后，还需要向公众公开处理情况以及整改情况，保障债权人和股东权益。企业应当公开相关的信息，向社会公开违规经营投资核查处理情况和有关整改情况等，接受社会监督。积极运用信息化手段开展责任追究工作，推进相关数据信息的报送、归集、共享和综合利用，逐步建立违规经营投资损失和责任追究工作信息报送系统、企业禁入限制人员信息查询系统等，加大信息化手段在发现问题线索、专项核查、责任追究等方面的运用力度。

第 52 问　违规追责的范围和情形有哪些?

一、概述

违规行为发生后，会产生相应的违规后果，被专门的违规追责部门追责，并作出处理决定。明确什么情况下会被追责，就要讨论其违规行为的责任追究范围和情形。

二、依据

1.《中央企业违规经营投资责任追究实施办法（试行）》第六条规定："中央企业经营管理有关人员违反规定，未履行或未正确履行职责致使发生本办法第七条至第十七条所列情形，造成国有资产损失或其他严重不良后果的，应当追究相应责任。"

2.《中央企业合规管理办法》第三十七条规定："中央企业违反本办法规定，因合规管理不到位引发违规行为的，国资委可以约谈相关企业并责成整改；造成损失或者不良影响的，国资委根据相关规定开展责任追究。"

3.《中央企业合规管理办法》第三十八条规定："中央企业应当对在履职过程中因故意或者重大过失应当发现而未发现违规问题，或者发现违规问题存在失职渎职行为，给企业造成损失或者不良影响的单位和人员开展责任追究。"

三、分析

（一）责任追究范围

一般而言，只有在相关人员违反合规规定，造成严重后果时，才可以启动监督问责程序，追究相应责任。根据《中央企业违规经营投资责任追究实施办法（试行）》第六条规定，中央企业经营管理有关人员违反规定，未履行或未正确履行职责致使发生本办法第七条至第十七条所列情形，造成国有资产损失或其他严重不良后果的，应当追究相应责任。对于该办法中所规定的责任追究范围，其他企业也可以参照适用。

（二）责任追究的情形

对于企业而言，只要发生以下情形，相关责任人就应当被监督问责，追究责任。

1. 集团管控方面的责任追究情形

①违反规定程序或超越权限决定、批准和组织实施重大经营投资事项，或决定、批准和组织实施的重大经营投资事项违反党和国家方针政策、决策部署以及国家有关规定。

②对国家有关集团管控的规定未执行或执行不力，致使发生重大资产损失，对生产经营、财务状况产生重大影响。

③对集团重大风险隐患、内控缺陷等问题失察，或虽发现但没有及时报告、处理，造成重大资产损失或其他严重不良后果。

④所属子企业发生重大违规违纪违法问题，造成重大资产损失且对集团生产经营、财务状况产生重大影响，或造成其他严重不良后果。

⑤对国家有关监管机构就经营投资有关重大问题提出的整改工作要求，拒绝整改、拖延整改等。

2. 风险管理方面的责任追究情形

①未按规定履行内控及风险管理制度建设职责，导致内控及风险管理制度缺失，内控流程存在重大缺陷。

②内控及风险管理制度未执行或执行不力，对经营投资重大风险未能及时分析、识别、评估、预警、应对和报告。

③未按规定对企业规章制度、经济合同和重要决策等进行法律审核。

④未执行企业资产监管有关规定，过度负债导致债务危机，危及企业持续经营。

⑤恶意逃废金融债务。

⑥瞒报、漏报、谎报或迟报重大风险及风险损失事件，指使他人编制虚假财务报告，企业账实严重不符。

3. 购销管理方面的责任追究情形

①未按规定订立、履行合同，未履行或未正确履行职责致使合同标的价格明显不公允。

②未正确履行合同，或无正当理由放弃应得合同权益。

③违反规定开展融资性贸易业务或"空转""走单"等虚假贸易业务。

④违反规定利用关联交易输送利益。

⑤未按规定进行招标或未执行招标结果。

⑥违反规定提供赊销信用、资质、担保或预付款项，利用业务预付或物资交易等方式变相融资或投资。

⑦违反规定开展商品期货、期权等衍生业务。

⑧未按规定对应收款项及时追索或采取有效保全措施。

4. 工程承包建设方面的责任追究情形

①未按规定对合同标的进行调查论证或风险分析。

②未按规定履行决策和审批程序，或未经授权和超越授权投标。

③违反规定，无合理商业理由以低于成本的报价中标。

④未按规定履行决策和审批程序，擅自签订或变更合同。

⑤未按规定程序对合同约定进行严格审查，存在重大疏漏。

⑥工程以及与工程建设有关的货物、服务未按规定招标或规避招标。

⑦违反规定分包等。

⑧违反合同约定超计价、超进度付款。

5. 资金管理方面的责任追究情形

①违反决策和审批程序或超越权限筹集和使用资金。

②违反规定以个人名义留存资金、收支结算、开立银行账户等。

③设立"小金库"。

④违反规定集资、发行股票或债券、捐赠、担保、委托理财、拆借资金或开立信用证、办理银行票据等。

⑤虚列支出套取资金。

⑥违反规定超发、滥发职工薪酬福利。

⑦因财务内控缺失或未按照财务内控制度执行，发生资金挪用、侵占、盗取、欺诈等。

6. 转让产权、上市公司股权、资产等方面的责任追究情形

①未按规定履行决策和审批程序或超越授权范围转让。

②财务审计和资产评估违反相关规定。

③隐匿应当纳入审计、评估范围的资产，组织提供和披露虚假信息，授意、指使中介机构出具虚假财务审计、资产评估鉴证结果及法律意见书等。

④未按相关规定执行回避制度。

⑤违反相关规定和公开公平交易原则，低价转让企业产权、上市公司股权和资产等。

⑥未按规定进场交易。

7. 固定资产投资方面的责任追究情形

①未按规定进行可行性研究或风险分析。

②项目概算未按规定进行审查，严重偏离实际。

③未按规定履行决策和审批程序擅自投资。

④购建项目未按规定招标，干预、规避或操纵招标。

⑤外部环境和项目本身情况发生重大变化，未按规定及时调整投资方案并采取止损措施。

⑥擅自变更工程设计、建设内容和追加投资等。

⑦项目管理混乱，致使建设严重拖期、成本明显高于同类项目。

⑧违反规定开展列入负面清单的投资项目。

8. 投资并购方面的责任追究情形

①未按规定开展尽职调查，或尽职调查未进行风险分析等，存在重大疏漏。

②财务审计、资产评估或估值违反相关规定。

③投资并购过程中授意、指使中介机构或有关单位出具虚假报告。

④未按规定履行决策和审批程序，决策未充分考虑重大风险因素，未制订风险防范预案。

⑤违反规定以各种形式为其他合资合作方提供垫资，或通过高溢价并购等手段向关联方输送利益。

⑥投资合同、协议及标的企业公司章程等法律文件中存在有损国有权益的条款，致使对标的企业管理失控。

⑦违反合同约定提前支付并购价款。

⑧投资并购后未按有关工作方案开展整合，致使对标的企业管理失控。

⑨投资参股后未行使相应股东权利，发生重大变化未及时采取止损措施。

⑩违反规定开展列入负面清单的投资项目。

9. 改组改制方面的责任追究情形

①未按规定履行决策和审批程序。

②未按规定组织开展清产核资、财务审计和资产评估。

③故意转移、隐匿企业资产或向中介机构提供虚假信息，授意、指使中介机构出具虚假清产核资、财务审计与资产评估等鉴证结果。

④将企业资产以明显不公允低价折股、出售或无偿分给其他单位或个人。

⑤在企业发展、实施员工持股计划、破产重整或清算等改组改制过程中，违反规定，导致发生变相套取、私分企业资产。

⑥未按规定收取企业资产转让价款。

⑦改制后的公司章程等法律文件中存在有损国有权益的条款。

10. 境外经营投资方面的责任追究情形

①未按规定建立企业境外投资管理相关制度，导致境外投资管控缺失。

②开展列入负面清单禁止类的境外投资项目。

③违反规定从事非主业投资或开展列入负面清单特别监管类的境外投资项目。

④未按规定进行风险评估并采取有效风险防控措施对外投资或承揽境外项目。

⑤违反规定采取不当经营行为，以及不顾成本和代价进行恶性竞争。

⑥违反本章其他有关规定或存在国家明令禁止的其他境外经营投资行为。

四、总结

综上，追责范围包括十个方面的情形：集团管控、风险管理、购销管理、工程承包建设、资金管理、转让产权及上市公司股权和资产、固定资产投资、投资并购、改组改制、境外经营投资。比如，在投资并购方面，可以被追责的情形包括：未按规定开展尽职调查，或尽职调查未进行风险分析等，存在重大疏漏；违反合同约定提前支付并购价款等。除此之外，其他违反规定，未履行或未正确履行职责造成企业资产损失或其他严重不良后果的责任追究情形，也应当追究相关人员的相应责任。

第 53 问　为什么要容错免责，什么情况下可以适用容错免责？

一、概述

为深入学习领会习近平总书记关于"三个区分开来"重要要求，激励广大干部职工积极作为，勇于担当，激发干部职工的工作积极性、主动性和创造性，结合各地企业实际情况，制定容错免责制度是一个重要尝试，也势在必行。

容错即宽容失误，免责即免除部分／全部责任。从中央到地方陆续出台了一系列相关规定，对企业经营管理有关人员在企业改革发展中所出现的失误，不属于有令不行、有禁不止、不当谋利、主观故意、独断专行等的，根据有关规定和程序予以容错，具有某些情形，可以对相关责任人从轻、减轻甚至免于处理。

二、依据

容错免责适用于在企业改革中，相关责任人员不违反法律法规和政策规定，勤勉尽责、未谋取私利的，虽然出现失误导致发生不良后果，但及时纠错改正的情形。这体现了对于尽职尽责的管理人员在工作时缺乏经验，发生无过错失误的包容，激励管理人员积极工作，敢于改革。中央文件以及地方文件都有相关的规定，虽然这些文件是适用于中央企业的，但是对于普通企业而言，依然具有参照适用意义。

根据《中央企业违规经营投资责任追究实施办法（试行）》第四十条、第四十一条规定，对中央企业经营管理有关人员在企业改革发展中所出现的失误，不属于有令不行、有禁不止、不当谋利、主观故意、独断专行等的，根据有关规定和程序予以容错。有下列情形之一的，可以对违规经营投资相关责任人从轻或减轻处理：

（一）情节轻微的。

（二）以促进企业改革发展稳定或履行企业经济责任、政治责任、社会责任为目标，且个人没有谋取私利的。

（三）党和国家方针政策、党章党规党纪、国家法律法规、地方性法规和规章等没有明确限制或禁止的。

（四）处置突发事件或紧急情况下，个人或少数人决策，事后及时履行报告程序并得到追认，且不存在故意或重大过失的。

（五）及时采取有效措施减少、挽回资产损失并消除不良影响的。

（六）主动反映资产损失情况，积极配合责任追究工作的，或主动检举其他造成资产损失相关人员，查证属实的。

（七）其他可以从轻或减轻处理的。

对于违规经营投资有关责任人应当给予批评教育、责令书面检查、通报批评或诫勉处理，但是具有本办法第四十条规定的情形之一的，可以免除处理。

一些地方也专门出台了地方文件规定了容错纠错制度，如《四川省属国有企业经营投资容错免责试行办法》（川国资发〔2021〕12 号）以及《泸州市属国有企业经营投资容错免责试行办法》中规定了容错免责的原则以及判定标准。

两个地方办法都规定了容错免责坚持的原则：

（一）事业为上、鼓励担当。服务做强做优做大国有资本和国有企业，有效维护国有资产安全，支持改革者、鼓励创新者、保护干事者。

（二）实事求是、客观公正。以事实为依据，以较长周期，全面考虑各方因素，综合评价，确保经得起历史和实践的检验。

（三）依法依规、审慎稳妥。以国家政策、法律法规、规章制度、党内法规等，准确认定行为性质，严格把握政策界限，逐步完善容错免责标准。

（四）容纠并举、违规必究。严管和厚爱结合、激励和约束并重，做到有过必改、有错必纠，及时督促整改问题、汲取教训、改进提高。

同时也规定了适用容错免责的判定标准：

（一）对于在国企改革发展、企业管控、风险管理、购销管理、工程承包建设、资金管理、产权交易、固定资产投资、投资并购、改组改制、资源性资产租赁、从事股票、期货、外汇，以及金融衍生工具、从事担保活动、境外业务等方面的常规性经营投资事项，在国家政策、法律法规、规章制度、党内法规等已作出明确规定的情况下，虽造成了经济损失或其他不良后果，但同时具备下列条件的，原则上予以免责。

1. 严格遵守国家政策、法律法规、规章制度、党内法规等要求，没有违反或规避有关强制性规定。

2. 严格履行了通常情况下应当承担的高度谨慎、充分注意、合理判断、认真审核等勤勉尽责义务。

3. 严格执行了"三重一大"决策制度、民主决策程序、重大事项请示报告制度等规定。

4. 没有违反廉洁从业规定，不存在以权谋私，为自己或他人牟取不正当利益的行为。

（二）对于在管理体制、运行机制、治理结构、技术研发等方面有较强探索和较大突破的改革创新事项，如国家政策、法律法规、规章制度、党内法规等已作出相应规定，即按照上述第（一）款执行。

在国家政策、法律法规、规章制度、党内法规等没有作出明确规定，或虽有规定但太过原则笼统不够明确具体的情况下，虽造成了经济损失或其他不良后果，但同时具备下列条件的，原则上予以免责。

1. 属于缺乏经验、先行先试的行为，或上级尚无明确限制的探索性试验行为，或为推动发展的无意过失行为。

2.所采取的措施或具体做法符合改革创新的总体精神和总体要求，主观上出于善意和公心，是为了更好地实现理顺关系、优化流程、降低成本、提高效益和效率等改革创新目标。

3.严格履行了通常情况下应当承担的高度谨慎、充分注意、合理判断、认真审核等勤勉尽责义务。

4.严格执行了"三重一大"决策制度、民主决策程序、重大事项请示报告制度等规定。

5.没有违反廉洁从业规定，不存在以权谋私，为自己或他人牟取不正当利益的行为。

（三）对于上述第（一）、（二）款所列事项，若涉及处置突发事件或执行急难险重任务，确因难以克服的原因无法正常执行"三重一大"决策制度、民主决策程序、重大事项请示报告制度等规定，在紧急情况下主动担当尽责、临机决断，事后及时履行决策程序，且向上级组织报告并得到追认，主观上没有过错，但事实上决策确有偏差、失误，导致了经济损失或其他不良后果的，原则上予以免责。

（四）对于不符合上述第（一）、（二）、（三）款予以免责的情形，确因违规或者其他主观过错造成决策偏差、失误，导致经济损失或其他不良后果，需要追究相关人员责任，但具有下列情形之一的，可以从轻或减轻责任。

1.情节比较轻微的。

2.以促进企业改革发展稳定或履行企业政治责任、经济责任、社会责任为目标，且个人没有谋取私利的。

3.国家政策、法律法规、规章制度、党内法规等没有明确禁止或限制的。

4.在处置突发事件或紧急情况下，个人或少数人决策，事后及时履行报告程序并得到追认，不存在故意或重大过失，但存在一般或较轻过失的。

5.及时采取有效措施，减少、挽回资产损失并消除不良影响的。

6. 主动反映资产损失情况，积极配合责任追究工作，或主动检举其他造成资产损失相关人员，查证属实的。

7. 存在其他类似情形的。

再如《哈密市属国有企业违规经营投资责任追究及容错纠错暂行办法（试行）》也规定了容错免责适用的条件。该办法第四十一条规定，容错必须具备以下条件：

（一）符合深化改革的方向。围绕中央和自治区关于全面深化国有企业改革的方针政策，根据我市国资国企改革顶层设计的总体要求推动企业改革发展。

（二）符合企业发展的需要。有利于以新发展理念稳步推进企业发展和转型升级，有利于提升企业竞争力和自主创新能力，有利于提高企业经营效率和效益。

（三）符合民主决策的程序。经过充分论证，按照相关程序集体决策，没有超越权限擅自作出决策或个人决定"三重一大"事项，不存在乱作为、一意孤行、盲目蛮干、违反相关制度和业务流程的情形。

（四）未违反禁止性规定。未违反法律法规、党纪党规和国资监管制度；法律法规没有明确规定的领域和事项可以大胆探索、先行先试。

（五）未谋取个人私利。一心为公推动工作，遵守廉洁从业管理规定。没有打着改革的旗号假公济私，为自己、他人或其他组织谋取不当利益；没有与其他组织或个人恶意串通，损害企业利益、公共利益和他人正当利益；没有明知故犯造成国有资产流失或职工利益受损的。

（六）主动挽回损失。对探索创新、先行先试中出现的失误，主动挽回损失、消除不良影响或者有效阻止危害结果发生。

此外，《哈密市属国有企业违规经营投资责任追究及容错纠错暂行办法（试行）》还规定了几个方面的具体容错情形，包括资本、改革、企业治理、自主创新等方面。

第四十二条规定，在优化资本布局方面的容错情形：

（一）按照市委、市政府的决策部署，加快推进国有企业转型升级，在结构调整、重组整合工作中出现问题的；

（二）国有资本对符合我市战略性新兴产业发展方向的重点领域进行投资，没有达到预期目标的；积极服务我市创新驱动发展战略，依法依规进行风险投资，没有实现投资目标的；

（三）企业或股权投资基金平台对外实施并购重组、产业投资，因国家政策变化未实现投资目标的；

（四）积极推动企业资产资本化、资本证券化，在推进企业上市过程中因不可抗力因素而失败的或在实现上市后没能有效发挥融资功能的；

（五）按照供给侧结构性改革的要求，优化产业结构，加快推进"去产能"和"去库存"，依法依规处置非经营性资产、不良资产（包括投资所形成的股权）和盘活经营性资产，为不造成资产持续贬值而及时处置资产，造成不可避免损失或出现问题的。

第四十三条规定，在深化国企改革方面的容错情形：

（一）推进企业混合所有制改革，引进战略投资者，促进国有企业转换经营机制、放大国有资本功能、提高国有资本配置和运行效率，在国有权益转让过程中国有资产保值增值率没有达到预期目标的；

（二）在人力资本和技术要素贡献占比较高的混合所有制企业实行企业员工持股，没有实现激励约束目标的；

（三）企业通过投资入股、联合投资、重组等方式，与非国有企业进行股权融合、战略合作、资源整合，没有实现预期战略目标的。

第四十四条规定，在完善企业治理方面的容错情形：

（一）深化企业内部用人制度改革，推行选人用人新机制，建立职业经理人制度，形成企业各类管理人员能上能下、员工能进能出的合理流动机制，因个别员工不满而引发矛盾的；

（二）实行市场化的企业薪酬分配制度，切实做到收入能增能减和奖惩分明，合理拉开收入分配差距，因个别员工不满而引发矛盾的；

（三）围绕企业发展战略，通过管理体制机制创新，加强企业管理，提升管理现代化水平，提高管理效益，导致短期内矛盾较多的。

第四十五条规定，在实施自主创新方面的容错情形：

（一）积极实施企业运营模式创新、拓展企业服务方式等，经济效益和社会效益没有达到预期目标的；

（二）在城市公共服务和公共基础设施建设等领域中，积极探索使用新机制、新方法、新模式、新技术，因在全国无先例可循或政策界限不明确而发生偏差的；

（三）实施企业自主品牌创新发展战略，对品牌培育及品牌推广投入较大，品牌建设成效不明显，没能形成品牌核心竞争力的。

第四十六条规定，在处理复杂局面和疑难问题方面的容错情形：

（一）为有效解决企业历史遗留的"老大难"问题，而造成不可避免的损失或出现问题的；

（二）为有效解决社会群众和企业干部职工反映强烈、意见集中的问题，造成不可避免影响的；

（三）在工作中勇于突破工作瓶颈，打破困局，敢于担当危难险重任务，涉险闯关破解难题，出现失误的；

（四）在应急处理自然灾害、事故灾难及其他突发性事件时，采取果断措施及时处置，未按正常程序办理但事后及时补正的；

（五）因紧急避险、不可抗力造成资产损失的。

第四十七条规定，其他经综合评估符合容错情形的事项：

（一）在改革发展中自加压力，主动提高工作目标和标准，经努力未能实现预期目标的；

（二）在改革发展中遇到现行的国资监管制度、规则、程序等不适应新的经济形态，经与制订部门商议，允许先行先试的相关事项；

（三）其他改革创新过程中符合容错的相关事项。

该办法还规定了划清"五个界限"，即划清失误与失职、敢为与乱为、负责与懈怠、为公与徇私、初犯与累犯的界限。

并规定了容错制度的两个例外，一是正常情况下未履行"三重一大"决策制度、重大行政决策程序规定等民主决策程序，问题出现后未主动挽回损失、消除不良影响或阻止危害结果扩大的，不予容错。二是对于落实全面从严治党主体责任不到位，以及发生生态环境损害事件、食品药品安全事故、安全生产事故、群体性事件处理不力等情况，不予容错。

《铜川市市属国有企业领导人员容错纠错实施办法（试行）》第六条也规定，符合下列情形之一的，可以容错：

（一）在推进各项改革试点工作中，因政策界限不明确、无先例可循，出现失误和偏差；

（二）在推进混合所有制经济发展，探索与非国有企业进行股权融合、战略合作、资源整合中，因缺乏经验、无先例可循或政策界限不明确，出现探索性失误、偏差或未达到预期效果，但经过民主决策程序，主观上出于公心、行为上没有谋私且未造成国有权益重大损失；

（三）在企业改革创新中，在技术、产品、管理和商业模式等创新方面，因缺乏经验、先行先试出现探索性失误；

（四）在健全完善现代企业制度，推动法人治理结构完善、深化内部用人制度改革、探索市场化劳动用工制度和薪酬分配制度中、突破常规惯例，在工作中出现某些失误和偏差；

（五）在招商引资、重大项目建设和管理服务工作中，因着眼提高效率容缺受理、容缺审查，但未谋私利、未优亲厚友，工作出现一定失误或偏差；

（六）在推动重点工作、破解企业发展要素保障瓶颈、化解企业矛盾焦点、解决历史遗留问题、处置突发事件中，因勇于破除障碍、大胆履职，触及固有利益或引发信访事件，出现一定失误，受到非议行为或造成意外损失后能及时补正；

（七）法律法规没有明令禁止，无明确限制，按程序经集体研究、民主决策、阳光运行，创造性开展工作出现失误或造成影响和损失；

（八）在处置群体性上访事件、应对重大突发性事件等工作中，为有效应对、及时平息事态而采取临时性措施造成意外损失或存在程序瑕疵，但事后及时补正；

（九）符合中央和省市党委、政府决策部署，因实际工作环境复杂或因自然灾害等不可抗因素，导致未达到预期效果或造成负面影响和损失；

（十）其他符合容错情形的。

违背中央、省委及市委、市政府改革精神，违反法律法规和党规党纪，未履行审批程序、玩忽职守、以权谋私，造成国有权益重大损失等行为，应当依法依纪处理，不得纳入容错范围。

总体而言，容错免责适用的违规行为是属于缺乏经验、先行先试的行为，或上级尚无明确限制的探索性试验行为，或为推动发展的无意过失行为。所采取的措施或具体做法符合改革创新的总体精神和总体要求，主观上出于善意和公心，是为了更好地实现理顺关系、优化流程、降低成本、提高效益效率等改革创新目标。严格履行了通常情况下应当承担的高度谨慎、充分注意、合理判断、认真审核等勤勉尽责义务。严格遵守国家政策、法律法规、规章制度、党内法规等要求，没有违反或规避有关强制性规定。严格执行了"三重一大"决策制度、民主决策程序、重大事项请示报告制度等规定。且没有违反廉洁从业规定，不存在以权谋私，为自己或他人谋取不正当利益的行为。

三、分析

（一）什么是容错免责

容错免责制度，把是否依法合规作为免责认定的重要依据。相关的容错免责制度只体现在地方的一些相关办法规定中，如中共珠海市人民政府国资委委员会关于印发《珠海市市属国有企业改革发展容错纠错实施办法（试行）》的通知中明确指出，容错纠错是指对企业及干部职工在推动发展、改革创新、维护稳定过程中，未能实现预期目标或出现偏差失误，但不违反法律法规和政策规定，勤勉尽责、未谋取私利的，不作负面评价，及时纠错改正，免除相关责任或从轻减轻处理。容错制度，对企业经营管理有关人员在企业改革发展中所出现的失误，不属于有令不行、有禁不止、不当谋利、主观故意、独断专行等的，根据有关规定和程序予以容错。

容错免责是对企业管理人员在经营行为中的失误进行宽容处理的制度建设。只要企业管理人员的行为目的是促进企业改革发展稳定或正当履行企业经济责任、政治责任、社会责任，且个人没有谋取私利的；没有违反党和国家方针政策、党章党规党纪、国家法律法规、地方性法规和规章的明确限制或禁止；采取的行为合规，不存在故意或重大过失的，并及时采取有效措施减少、挽回资产损失并消除不良影响的；主动反映资产损失情况，积极配合责任追究工作的，或主动检举其他造成资产损失相关人员，查证属实的；企业内部的管理规范制度符合规定，整体评价合规。在这些情形之下违规责任追究部门可以根据实际情况予以免责或减轻处罚。

（二）容错免责的意义

容错免责在新时代企业合规管理中具有重要意义，贯彻落实党中央的思想政策，调动企业的积极性，发挥市场经济活力，对于营商环境的构建和优化至关重要。容错免责必须坚持"三个区分开来"的原则，把推进改革中因缺乏经验、先行先试出现的失误和错误同明知故犯的违纪违法行为区分开来；把尚无明确限制的探索性试验中的失误和错误同明令禁止后依然我行我素的违纪违法行为区分开来；把为推动改革发展的无意过失同为谋取私利的违纪违法行为区分开来。

《哈密市属国有企业违规经营投资责任追究及容错纠错暂行办法（试行）》中指出，容错免责是贯彻落实"三个区分开来"重要要求，结合企业实际情况，调查核实违规行为的事实、性质及其造成的损失和影响，既考虑量的标准也考虑质的不同，实事求是地确定资产损失程度和相关人员责任，保护企业经营管理有关人员干事创业的积极性，恰当公正地处理相关责任人。

《泸州市属国有企业违规经营投资容错免责试行办法》指出，容错免责制度服务国企改革发展，对经营管理人员、监督人员在履职过程中出现的偏差和失误，综合考虑动机态度、客观条件、程序方法、性质程度、后果影响等情况，区分对待处理，做到公私分明、功过厘清、应容尽容，充分调动和保护其担当作为的积极性、主动性和创造性，积极营造想干事、能干事、干成事的良好氛围，为市属国有企业合规经营和高质量发展提供有力保障。

《铜川市市属国有企业领导人员容错纠错实施办法（试行）》明确容错免责制度鼓励探索创新，把企业领导人员在推进改革中因缺乏经验、先行先试出现的失误和错误同明知故犯的违纪违法行为区分开来；严格依法履职，把上级尚无明确限制的探索性试验中的失误和错误同上级明令禁止后依然我行我素的违纪违法行为区分开来；杜绝以权谋私，把为推动发展的无意过失同为谋取私利的违纪违法行为区分开来，保护改革者、鼓励探索者、宽容失误者、纠正偏差者、警醒违纪者。

《珠海市市属国有企业改革发展容错纠错实施办法（试行）》指出，容错免责制度进一步解放思想，树立保护改革者、支持担当者的鲜明导向，鼓励干部职工大胆履职，高效干事，积极落实政府重大决策部署，发挥改革创新的牵引作用，激发干部职工干事创业热情。

四、总结

容错免责制度贯彻落实"三个区分开来"的重要要求，适应新时代经济发展，结合企业实际情况，调查核实违规行为的事实、性质及其造成的损失和影响，综合考虑动机态度、客观条件、程序方法、性质程度、后果影响等情况，区分对待处理，做到公私分明、功过厘清、应容尽容，充分调动和保护其担当作为的积极性、主动性和创造性，鼓励干部职工大胆履职，高效干事，积极落实政府重大决策部署，发挥改革创新的牵引作用，激发干部职工干事创业热情。

第 54 问　怎样开展容错免责?

一、概述

总体而言,搭建合规管理体系,有效管控合规风险;具体而言,搭建容错免责具体制度,如"三重一大"风险前置分析。

二、依据

《四川省属国有企业经营投资容错免责试行办法》以及《泸州市属国有企业违规经营投资责任追究实施办法》第八条规定了容错免责运用程序:

(一)申请。当事人受到追责,按照干部管理权限,责任追究专责机构在启动追责程序或责任调查时,应当同步考虑是否存在容错情形、是否符合容错条件。当事人或所在企业认为符合容错情形的,可按干部管理权限向责任追究专责机构提出书面申请。个人书面申请的,所在企业党组织要出具明确意见。

(二)受理。当事人或所在企业书面申请容错的,责任追究专责机构应当及时受理。

(三)核查。责任追究专责机构在受理容错申请后,应当会同相关单位开展核查,广泛听取本人、所在企业以及其他相关人员意见,查清错误的性质、危害程度及原因,切实把握是否符合容错的具体情形,形成初步容错意见。

（四）认定。对符合容错情形的，按照干部管理权限，由责任追究专责机构根据调查提出明确意见，报同级党委认定。

（五）反馈。作出认定结论后，责任追究专责机构要及时反馈给当事人及所在企业。对符合容错情形的，应当在一定范围内公开；当事人对认定结论持有异议的，本人有权提出申诉，责任追究专责机构要认真组织复核，及时沟通反馈。

（六）归档。容错工作的调查报告、适用理由、报批手续以及容错决定等材料，由责任追究专责机构及时入卷归档管理。

《铜川市市属国有企业领导人员容错纠错实施办法（试行）》第七条规定，容错认定工作按照以下程序进行：

（一）申请。市属各国有企业领导人员个人认为符合容错情形之一的，应在启动问责程序后7个工作日内，按照干部管理权限向干部管理部门提出书面申请。

（二）核实。受理部门受理申请后，对符合容错情形的，会同有关部门开展调查核实，核查了解申请容错人员实施行为的具体背景、目的、过程和后果，在15个工作日内出具书面调查报告。对于情况复杂或存有争议的，受理部门可报经同级党委同意后，组织相关人员听证论证。

（三）认定。核实结束后，受理部门应当以事实为依据，以纪律规定和法律法规为准绳，在30个工作日内作出容错认定结论。对于不符合容错情形的，应在核实结束后10日内给予书面答复。对一时难以定论的，可以暂缓作出决定，一般暂缓时间不超过3个月，期满后给予结论性意见。

（四）反馈。受理部门在容错认定结论作出后3个工作日内将结果反馈给申请单位或本人。属于免责的，应当在一定范围内公开。

（五）报备。受理机关应及时将认定结果报同级党委、政府备案。

《珠海市市属国有企业改革发展容错纠错实施办法（试行）》第十三条规定，建立纠错机制，对符合容错情形，存在过错或失误的企业或干部职工，应当采取以下程序实施纠错：

（一）启动纠错。党组织在作出容错决定的同时，一并作出启动纠错程序的决定。

（二）发送通知。向纠错对象发送纠错通知书，说明纠错事由，提出纠错要求，责成纠错对象限期提出书面整改措施。

（三）督促整改。采取适当方式，跟踪了解纠错对象的整改情况，督促其限期改正。对整改不力、不良影响继续蔓延的，根据情节轻重，给予批评教育、诫勉谈话等组织处理，并责令限期整改。对拒不整改、造成严重后果的，按照有关规定给予纪律处分。

（四）完善制度。在督促纠错对象整改的同时，督促有关企业和部门认真分析原因，深刻吸取教训，完善制度，健全机制，堵塞漏洞。

《哈密市属国有企业违规经营投资责任追究及容错纠错暂行办法（试行）》第八十一条规定，容错事项办理按照干部管理权限进行，由纪检监察机关、组织人事部门和国资管理部门负责实施。

（一）调查启动。发生容错情形时，相关部门（单位）启动容错纠错工作，企业或当事人认为符合容错情形的，也可以向相关部门（单位）提出容错调查申请。同一事项涉及多人及不同管理层级的，一般由所涉及的最高管理层级的职能单位负责受理。

（二）调查核实。在调查核实过程中，相关职能部门（单位）要充分收集相关证据，并对改革创新失误的历史背景、市场环境、行业特点、造成的后果及补救措施进行综合评估，并广泛听取本人、所在企业以及其他相关人员意见，查清失误错误的性质、危害程度及原因，结合了解本人的一贯表现，切实把握符合容错的具体情形，形成调查报告。

（三）组织决定。对符合容错情形的，按照干部管理权限，由相关问责部门（单位）根据核查情况提出明确意见，报同级党委（党组）审核把关、研究认定。情况复杂、涉及面较大、社会关注度较高的要报上级党委（党组）审核把关。

（四）及时反馈。作出认定结论后，相关问责部门（单位）要及时反馈给当事人所在企业。对符合容错情形的，应当在一定范围内公开；当事人对认定结论持有异议的，本人有权提出申诉，相关问责部门（单位）要认真组织复核，及时沟通反馈。

（五）报备。相关问责部门（单位）应及时将认定结果报同级党委（党组）备案。

《无锡市市属国有企业改革创新容错机制实施办法（试行）》第七条规定，容错事项评估认定程序：

（一）提出申请。在改革创新工作中出现失误或错误，导致出现责任追究情形的，项目责任人认为符合第五条规定事项的，按照干部管理权限，于启动责任追究程序后的7个工作日内，向工作小组日常工作机构提出书面申辩意见。

（二）启动调查认定。日常工作机构收到申辩意见后，在7个工作日内，组织相关人员充分听取企业和相关人员的申辩意见，经报工作小组同意后，启动调查认定工作，按照程序进行调查，收集相关证据，对履职担当、改革创新失误或错误的历史背景、市场环境、行业特点、造成的后果及补救措施进行调查认定评估。对于重大事项和特别复杂问题，可会商市级行业监管部门、行业协会，或聘请会计师、律师、资产评估、司法鉴定等第三方机构，根据实际情况客观公正评估。

（三）初步评估认定。工作小组根据企业或当事人的申辩意见、调查结果、会商意见、第三方机构专业意见进行集体讨论，并于启动调查认定后的30个工作日内，提出初步评估认定意见。具有从轻、减轻或免予追究情形的，要在评估初步认定意见报告中明确提出。

（四）报请审定。具有从轻、减轻或免予责任追究情形的，改革创新容错认定工作小组，在初步评估认定意见作出后的7个工作日内，按干部管理权限报请给予责任追究的相关部门进行审定。

市属企业认定工作小组将初步评估认定意见经企业党委审定后报市国资委备案。

（五）结果反馈。改革创新容错认定工作小组应在收到初步评估认定意见后的7个工作日作出认定意见。认定意见正式作出后的3个工作日内，由认定工作日常机构将认定意见向申辩企业或当事人反馈，并将结论性意见送达有关部门，作为企业领导人员问责、考核评价、任免的重要依据。需要澄清的事项，由纪检监察部门及时澄清，消除负面影响，维护企业和当事人合法权益。

（六）暂缓。对一时难以定论的，可以暂缓作出认定，暂缓认定一般不超过 3 个月，期满前给予结论性意见。

根据以上地方文件的规定，容错免责制度的程序规定并不全然相同，存在一定差异，但是总结起来可以归纳为以下四个具体程序。

1. 提出申请。受到追责，按照干部管理权限，责任追究专责机构在启动追责程序或责任调查时，应当同步考虑是否存在容错情形、是否符合容错条件。当事人或所在企业认为符合容错情形的，可按干部管理权限向责任追究专责机构提出书面申请。个人书面申请的，所在企业党组织要出具明确意见。

2. 调查核实。在调查核实的过程中，相关追责部门在受理后要充分收集相关证据，并对改革创新失误的历史背景、市场环境、行业特点、造成的后果及补救措施进行综合评估，并广泛听取本人、所在企业以及其他相关人员意见，查清失误错误的性质、危害程度及原因，结合本人的一贯表现，切实把握符合容错的具体情形，形成调查报告。

3. 认定结论。核实结束后，受理部门应当以事实为依据、以纪律规定和法律法规为准绳，由责任追究专责机构根据调查在规定时间内作出容错认定结论，报同级党委认定。对于不符合容错情形的，应在核实结束后规定时间内给予书面答复。对一时难以定论的，可以暂缓作出决定，一般暂缓时间不超过规定时间，期满后给予结论性意见。

4. 结果反馈及运用。作出认定结论后，相关问责部门要及时反馈给企业。对符合容错情形的，应当在一定范围内公开；当事人对认定结论持有异议的，本人有权提出申诉，相关问责部门要认真组织复核，及时沟通反馈。并应及时将认定结果报同级党委（党组）备案。之后还应采取适当方式，跟踪了解纠错对象的整改情况，督促其限期改正。对整改不力、不良影响继续蔓延的，根据情节轻重，给予批评教育、诫勉谈话等组织处理，并责令限期整改。对拒不整改、造成严重后果的，按照有关规定给予纪律处分。在督促纠错对象整改的同时，督促有关企业和部门认真分析原因，深刻吸取教训，完善制度，健全机制，堵塞漏洞。

图7-2 容错程序流程

三、分析

（一）工作程序

对于容错免责如何开展的具体程序，可以参照中央企业的相关实施办法。中央企业的容错免责制度实行良久，有一定的成熟性，对于其他类型的企业具有一定的参考意义。《中央企业违规经营投资责任追究实施办法（试行）》中并没有具体的规定，中央办法只规定了容错免责的适用范围，对于程序并无规定。而对于容错程序的规定，可以在地方文件中看到具体规定，只是地方之间存在略微差异。

（二）管理体系

想要更好地开展容错追责，建立完整的合规管理体系，防范合规风险是至关重要的。对于合规管理体系的构建，可以参照《中央企业合规管理办法》的规定，企业应当建立健全合规管理制度，根据适用范围、效力层级等，构建分级分类的合规管理制度体系。这是容错免责制度运行的总体框架。

《中央企业合规管理办法》对于制度建设作出以下规定。

第十六条　中央企业应当建立健全合规管理制度，根据适用范围、效力层级等，构建分级分类的合规管理制度体系。

第十七条　中央企业应当制定合规管理基本制度，明确总体目标、机构职责、运行机制、考核评价、监督问责等内容。

第十八条　中央企业应当针对反垄断、反商业贿赂、生态环保、安全生产、劳动用工、税务管理、数据保护等重点领域，以及合规风险较高的业务，制定合规管理具体制度或者专项指南。

中央企业应当针对涉外业务重要领域，根据所在国家（地区）法律法规等，结合实际制定专项合规管理制度。

第十九条　中央企业应当根据法律法规、监管政策等变化情况，及时对规章制度进行修订完善，对执行落实情况进行检查。

容错免责制度保障至关重要，必须在制度保障下运行。该管理办法明确建立健全合规管理制度，不仅要根据适用范围以及效力层级，分级分类；同时还要包含总体目标、具体职责、运行机制以及监督问责等方面内容。此外还要区分不同的重点重要领域，制定专门的具体制度。

《中央企业合规管理办法》也对运行机制作出以下规定。

第二十条　中央企业应当建立合规风险识别评估预警机制，全面梳理经营管理活动中的合规风险，建立并定期更新合规风险数据库，对风险发生的可能性、影响程度、潜在后果等进行分析，对典型性、普遍性或者可能产生严重后果的风险及时预警。

第二十一条　中央企业应当将合规审查作为必经程序嵌入经营管理流程，重大决策事项的合规审查意见应当由首席合规官签字，对决策事项的合规性提出明确意见。业务及职能部门、合规管理部门依据职责权限完善审查标准、流程、重点等，定期对审查情况开展后评估。

第二十二条　中央企业发生合规风险，相关业务及职能部门应当及时采取应对措施，并按照规定向合规管理部门报告。

中央企业因违规行为引发重大法律纠纷案件、重大行政处罚、刑事案件，或者被国际组织制裁等重大合规风险事件，造成或者可能造成企业重大资产损失或者严重不良影响的，应当由首席合规官牵头，合规管理部门统筹协调，相关部门协同配合，及时采取措施妥善应对。

中央企业发生重大合规风险事件，应当按照相关规定及时向国资委报告。

第二十三条　中央企业应当建立违规问题整改机制，通过健全规章制度、优化业务流程等，堵塞管理漏洞，提升依法合规经营管理水平。

第二十四条　中央企业应当设立违规举报平台，公布举报电话、邮箱或者信箱，相关部门按照职责权限受理违规举报，并就举报问题进行调查和处理，对造成资产损失或者严重不良后果的，移交责任追究部门；对涉嫌违纪违法的，按照规定移交纪检监察等相关部门或者机构。

中央企业应当对举报人的身份和举报事项严格保密，对举报属实的举报人可以给予适当奖励。任何单位和个人不得以任何形式对举报人进行打击报复。

第二十五条　中央企业应当完善违规行为追责问责机制，明确责任范围，细化问责标准，针对问题和线索及时开展调查，按照有关规定严肃追究违规人员责任。

中央企业应当建立所属单位经营管理和员工履职违规行为记录制度，将违规行为性质、发生次数、危害程度等作为考核评价、职级评定等工作的重要依据。

第二十六条　中央企业应当结合实际建立健全合规管理与法务管理、内部控制、风险管理等协同运作机制，加强统筹协调，避免交叉重复，提高管理效能。

第二十七条　中央企业应当定期开展合规管理体系有效性评价，针对重点业务合规管理情况适时开展专项评价，强化评价结果运用。

第二十八条　中央企业应当将合规管理作为法治建设重要内容，纳入对所属单位的考核评价。

运行机制的完善保障制度建设的完善，是为了更好地建设完善的合规管理制度，相应的运行机制自然必不可少。从合规风险的预警、风险的审查、风险的规避应对、问责监督以及整改、建立举报平台、内部管理制度的协同机制等都是健全合规管理制度的重要部分。

综上所述，推动容错免责制度合理运行，企业要制定分级分类的合规管理基本制度，不仅要明确总体目标、机构职责、运行机制、考核评价、监督问责等内容；更要针对反垄断、反商业贿赂、生态环保、安全生产、劳动用工、税务管理、数据保护等重点领域，以及合规风险较高的业务，制定合规管理具体制度或者专项指南。此外，企业还应当针对涉外业务重要领域，根据所在国家（地区）法律法规等，结合实际制定专项合规管理制度。并且应当根据法律法规、监管政策等变化情况，及时对规章制度进行修订完善，对执行落实情况进行检查。

在建设总体管理制度后，也要完善制度的具体运行机制，保障制度的实施运行，保证容错免责工作合理开展。

第一，企业应当建立合规风险识别评估预警机制，全面梳理经营管理活动中的合规风险，建立并定期更新合规风险数据库，对风险发生的可能性、影响程度、潜在后果等进行分析，对典型性、普遍性或者可能产生严重后果的风险及时预警。

第二，企业应当将合规审查作为必经程序嵌入经营管理流程，重大决策事项的合规审查意见应当由首席合规官签字，对决策事项的合规性提出明确意见。业务及职能部门、合规管理部门依据职责权限完善审查标准、流程、重点等，定期对审查情况开展评估。

第三，企业应当完善合规风险应对机制。企业发生合规风险，相关业务及职能部门应当及时采取应对措施，并按照规定向合规管理部门报告。企业因违规行为引发重大法律纠纷案件、重大行政处罚、刑事案件，或者被国际组织制裁等重大合规风险事件，造成或者可能造成企业重大资产损失或者严重不良影响的，应当由首席合规官牵头，合规管理部门统筹协调，相关部门协同配合，及时采取措施妥善应对。中央企业发生重大合规风险事件，应当按照相关规定及时向董事会或者股东大会报告。

第四，企业应当完善违规行为追责问责机制，明确责任范围，细化问责标准，针对问题和线索及时开展调查，按照有关规定严肃追究违规人员责任。企业应当建立所属单位经营管理和员工履职违规行为记录制度，将违规行为性质、发生次数、危害程度等作为考核评价、职级评定等工作的重要依据。

第五，企业应当建立违规问题整改机制，通过健全规章制度、优化业务流程等，堵塞管理漏洞，提升依法合规经营管理水平。

第六，企业应当设立违规举报平台，公布举报电话、邮箱或者信箱，相关部门按照职责权限受理违规举报，并就举报问题进行调查和处理，对造成资产损失或者严重不良后果的，移交责任追究部门；对涉嫌违纪违法的，按照规定移交纪检监察等相关部门或者机构。中央企业应当对举报人的身份和举报事项严格保密，对举报属实的举报人可以给予适当奖励。任何单位和个人不得以任何形式对举报人进行打击报复。

第七，企业应当结合实际建立健全合规管理与法务管理、内部控制、风险管理等协同运作机制，加强统筹协调，避免交叉重复，提高管理效能。

第八，企业应当定期开展合规管理体系有效性评价，针对重点业务合规管理情况适时开展专项评价，强化评价结果运用。中央企业应当将合规管理作为法治建设重要内容，纳入对所属单位的考核评价。

（三）具体制度

搭建合规管理体系，构建好容错免责制度运行的框架，对于容错免责具体制度的建设也是必不可少的。

第一，确定"总体判定标准＋具体事项清单"的管理模式。

确定"总体判定标准＋具体事项清单"的管理模式是实行容错免责制度的基本模式，明确了容错免责的范围以及适用标准。

参照《泸州市属国有企业经营投资容错免责试行办法》第七条的规定，实行"总体判定标准＋具体事项清单"的管理模式。

根据企业改革发展实际，通过列示经营投资活动的典型表现形式，形成市属国有企业经营投资免责事项清单，切实增强容错免责机制的直观性、针对性和可操作性。总体判定标准可单独适用。免责事项清单不可单独适用，只有在符合判定标准的前提下方可适用。

容错免责情形包括但不限于免责清单所列事项。市国资委加强跟踪督导，定期评估清单执行情况和实施效果，并动态调整免责事项。

第二，建立健全容错纠错制度及工作机制。

建立健全容错纠错制度及工作机制，是容错免责制度的基础，需要各方密切协作配合，确保取得工作实效。参照地方的容错纠错办法中的规定，建立健全容错纠错工作机制。

《铜川市市属国有企业领导人员容错纠错实施办法（试行）》第九条规定："健全纠错改正机制。对存在过错或失误的企业或领导人员，根据情形，采取以下措施：

（一）警示提醒。立足于事前防范，对工作中出现的苗头性、倾向性问题，早发现、早提醒、早纠正；对普遍存在的共性问题，及时掌握动态，有针对性地教育引导，以询问、告诫为主要内容，给予警示和提醒，完善制度机制。

（二）诫勉督导。立足于动态监督，针对改革创新、干事创业和具体工作中出现的一般性工作失误和决策偏差，采取纪检监察建议书、定期约谈、诫勉谈话等方式给予适当诫勉。督促有关企业或个人分析查找原因，制定改进措施，及时纠正偏差和失误，推动问题整改。

（三）责令纠错。立足于保护挽救，对已经造成的错误事实，由市委组织部、市国资委作出免责认定的同时启动责令纠错程序。在5个工作日内，向纠错对象发送纠错通知书，说明纠错事由，提出纠错要求，责成纠错对象限期提交书面整改措施，监督整改期一般为两个月，最多不超过4个月。"

《铜川市市属国有企业领导人员容错纠错实施办法（试行）》第十二条规定："健全容错纠错工作机制。加强组织领导，密切协作配合，确保容错纠错工作取得实效。

（一）各企业主管部门及干部管理部门要切实担负起容错纠错主体责任，为下级负责，为下级担当，支持企业领导人员放手大胆工作。

（二）各企业主管部门纪检监察机关、企业纪委要全面履行职责，严格执纪监督，把握政策界限，通过合理容错、及时纠错、澄清保护，消除思想顾虑，鼓励企业领导人员积极作为。

（三）在对市属国有企业领导人员实施容错纠错后，要按照干部管理权限，同时向上级纪检监察机关及时备案。

（四）各组织人事部门要加强对企业领导人员的教育和管理，对容错纠错的人员在考核任用中客观评价、宽容理解、大胆使用。"

《珠海市市属国有企业改革发展容错纠错实施办法（试行）》第十五条也规定："企业要建立健全容错纠错相关工作制度，确保有章可循、有据可查。

（一）要针对落实'三重一大'等决策事项，突出企业生产经营管理的重要领域和关键环节，健全权力清单和责任清单，清晰授权流程，规范履职行为。

（二）对重大改革创新和探索性工作，企业要建立完备的资料台账，严格按有关规定及时履行报告或报备程序，报告报备材料作为容错认定的重要参考依据。

（三）要聚焦企业存在的怠于创新、看摊守业、回避矛盾、弄虚作假等情况，结合实际建立不担当不作为负面清单，做到允许改革犯错误，但不允许害怕出错而不改革。

（四）要预防在先，高度关注改革创新中出现的苗头性倾向性问题，及时分析研判，对存在工作方案有缺陷、工作推进有偏差等情况的，及时调整，避免损失发生或扩大。对已经造成损失的，不论有无容错，必须坚持有错必纠、有错必改，尽快采取补救措施，挽回损失、消除影响。"

综合上述地方办法，可以归纳总结其中的相关规定，参照相关规定，健全企业容错纠错工作机制。

（一）各企业主管部门及干部管理部门要切实担负起容错纠错主体责任，为下级负责，为下级担当，做好事前预防以及警示提醒工作。立足于事前防范，对工作中出现的苗头性、倾向性问题，早发现、早提醒、早纠正；对普遍存在的共性问题，及时掌握动态，有针对性地教育引导，以询问、告诫为主要内容，给予警示和提醒，完善制度机制。

（二）各企业纪检监察机关要全面履行职责，严格执纪监督，把握政策界限，通过合理容错、及时纠错、澄清保护，消除思想顾虑，鼓励企业领导人员积极作为。对已经造成损失的，不论有无容错，必须坚持有错必纠、有错必改，尽快采取补救措施，挽回损失、消除影响。在对企业领导人员实施容错纠错后，要按照企业章程，同时向纪检监察机关或董事会以及股东大会及时备案。

（三）要针对落实"三重一大"等决策事项，突出企业生产经营管理的重要领域和关键环节，健全权力清单和责任清单，清晰授权流程，规范履职行为。对重大改革创新和探索性工作，企业要建立完备的资料台账，严格按有关规定及时履行报告或报备程序，报告或报备材料作为容错认定的重要参考依据。

（四）人事部门要加强对企业领导人员的教育和管理，对容错纠错的人员在考核任用中客观评价、宽容理解、大胆使用。聚焦企业存在的怠于创新、看摊守业、回避矛盾、弄虚作假等情况，结合实际建立不担当不作为负面清单，做到允许改革犯错误，但不允许害怕出错而不改革。

第三，完善澄清保护机制。

参照《铜川市市属国有企业领导人员容错纠错实施办法（试行）》第十条的规定："完善澄清保护机制。对因推动改革或工作矛盾而引发的信访举报，采取以下措施：

（一）消除负面影响。对容错的企业或个人可在一定范围内澄清是非，消除负面影响。

（二）查处诬告行为。对恶意中伤、干扰改革创新或持续上访造成恶劣影响的企业和个人要坚决查处，视情节给予批评教育直至依法依纪追究责任并及时通报曝光典型案件。

（三）公正核查处理。充分听取容错企业或个人的解释说明，申请容错领导人员所在企业及其工作人员可进行作证和辩护，切实保障企业领导人员的合法权益。

（四）容错教育并重。建立容错教育回访机制，坚持谁容错谁回访的原则，由市委组织部、市国资委相关科室对容错免责对象进行回访教育，容错免责对象所在企业对其进行跟踪管理，防止容错免责对象频繁出现容错情形。"

第四，严明纪律，加强组织领导。

党的组织领导是确保制度实行的重要保障，严明容错纠错纪律，加强组织领导，完善责任体系，确保容错纠错工作取得实效。

参照《铜川市市属国有企业领导人员容错纠错实施办法（试行）》第十一条规定："严明容错纠错纪律。

（一）加强纪律监督，既把牢纪律底线，惩处违纪者、问责不为者，又旗帜鲜明地为担当者担当、为负责者负责、为改革创新者撑腰鼓劲。

（二）鼓励保护创新差错和失误。既加强对领导人员的监督，又信任、保护、激励企业领导人员。

（三）把握容错界限。坚决反对打着改革创新旗号搞劳民伤财的'政绩工程''形象工程'，坚决惩治借改革创新之名徇私舞弊、贪污受贿、假公济私等行为。对企业发展中出现的问题未及时协调落实、采取措施，致使企业改革创新未达到预期效果或造成重大影响和损失的，不得申请容错免责。"

第八章

合规不起诉制度热点问题

【导读】

近年来，企业刑事合规等理念在我国受到广泛关注。在司法实践中，如果对涉案企业、涉案企业负责人提起刑事诉讼、采取强制措施，就很可能导致涉案企业多年的积累都付诸东流，甚至引发很多关联风险事件。为了在惩治犯罪的同时加强对企业的司法保护、给予企业重生的机会，避免因办理刑事案件而对企业甚至社会经济发展形成不利影响，启动涉案企业合规改革势在必行。随着改革不断深入，社会各界对于"合规不起诉"制度的适用条件、程序、范围、重点难点等都存在诸多探讨和疑问，本文将结合相关实践案例对热点问题进行分析解答。

第55问 什么是合规不起诉?

一、概述

涉案企业合规不起诉制度,是指检察机关对涉嫌犯罪的企业,发现其具有建立合规体系意愿的,可以责令其针对违法犯罪事实,提出专项合规计划,督促其推进企业合规管理体系的建设,再根据其合规整改结果做出相对不起诉决定的机制。[①]最高人民检察院《关于开展企业合规改革试点工作的方案》指出,开展合规不起诉等改革试点工作,是保护民营企业家合法权益,依法对涉案企业负责人不捕、不诉、不判实刑的"后半篇文章"。[②]可见,合规不起诉制度是从法律上加强对民营经济与民营企业进行保护的重要方式,其目的是通过合规不起诉制度提高公司的治理水平,维护公司的稳定发展,提高公司的社会与经济价值。

在合规不起诉的制度中,根据具体实践情况,可启动第三方监督评估机制,即人民检察院在办理涉企犯罪案件时,对符合企业合规改革试点适用条件的,交由第三方监督评估机制管理委员会选任组成的第三方监督评估组织,对涉案企业的合规承诺进行调查、评估、监督和考察。考察结果作为人民检察院依法处理案件的重要参考,以此作出不批准逮

[①] 陈瑞华:《企业合规不起诉制度研究》,载《中国刑事法杂志》2021年第1期。

[②] 《最高检下发工作方案 依法有序推进企业合规改革试点纵深发展》,载中华人民共和国最高人民检察院网站,https://www.spp.gov.cn/xwfbh/wsfbt/202104/t20210408_515148.shtml#1,最后访问日期2023年10月8日。

捕、不起诉决定或根据认罪认罚从宽制度提出轻缓量刑建议等，促进企业回归守法经营，以实现在处理企业合规案件时法律效果、社会效果的有机统一。

二、依据

2020 年 3 月，最高人民检察院在上海、江苏、山东、广东等地的 6 个基层检察院率先部署了企业刑事合规不起诉改革试点工作。

2020 年 12 月，最高人民检察院党组书记、检察长明确指出，"要加强理论研究，深化实践探索，稳慎有序扩大试点范围，以检察履职助力构建有中国特色的企业合规制度"。

2021 年 4 月，最高人民检察院《关于开展企业合规整改试点工作的方案》，正式启动第二批企业合规整改试点工作，并将改革试点扩大到北京、辽宁、上海、江苏、浙江、福建、山东、湖北、湖南、广东 10 个省（直辖市）。

2021 年 6 月，最高人民检察院、司法部、财政部、生态环境部、国务院国资委、国家税务总局、国家市场监督管理总局、中华全国工商业联合会、中国国际贸易促进委员会九部门联合发布了《关于建立涉案企业合规第三方监督评估机制的指导意见（试行）》。

2021 年 11 月，九部门联合下发两个配套文件，即《涉案企业合规第三方监督评估机制专业人员选任管理办法（试行）》以及《〈关于建立涉案企业合规第三方监督评估机制的指导意见（试行）〉实施细则》。

2022 年 4 月，最高人民检察院等部门出台《涉案企业合规建设、评估和审查办法（试行）》，最高人民检察院会同全国工商联召开"全国检察机关全面推进涉案企业合规改革试点工作部署会"，正式宣布：涉案企业合规改革工作在全国检察机关全面推开。

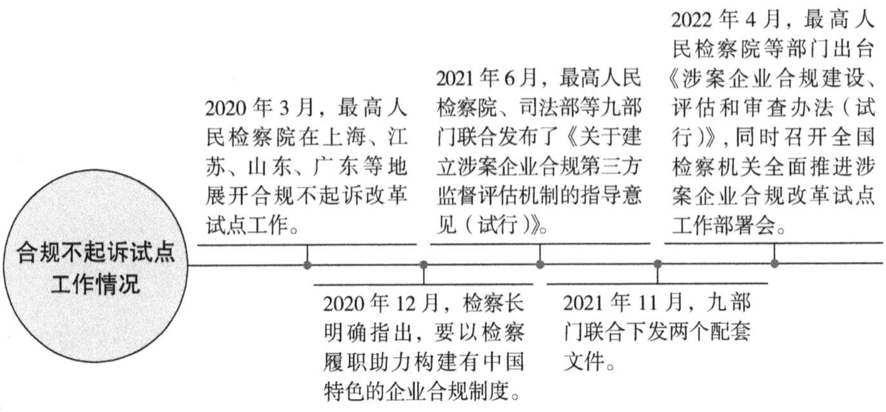

2020 年 3 月，最高人民检察院在上海、江苏、山东、广东等地展开合规不起诉改革试点工作。

2021 年 6 月，最高人民检察院、司法部等九部门联合发布了《关于建立涉案企业合规第三方监督评估机制的指导意见（试行）》。

2022 年 4 月，最高人民检察院等部门出台《涉案企业合规建设、评估和审查办法（试行）》，同时召开全国检察机关全面推进涉案企业合规改革试点工作部署会。

合规不起诉试点工作情况

2020 年 12 月，检察长明确指出，要以检察履职助力构建有中国特色的企业合规制度。

2021 年 11 月，九部门联合下发两个配套文件。

图 8-1　合规不起诉试点工作情况

三、分析

随着经济全球化、企业国际化的发展，合规已成为全球企业发展的大趋势，我国也必须开始探索符合我国国情的具有中国特色的企业合规不起诉制度。国家积极顺应国际合规制度的发展趋势，特别是在鼓励中小微企业蓬勃发展的经济政策下，先后出台一系列的政策和文件，都是为保障企业合规不起诉试点工作的顺利展开，并为中国企业提供坚实的法律支持，维护中国企业的营商环境和促进合规制度的发展。2018 年 7 月，发改委发布了《企业海外经验合规管理指引（征求意见稿）》；2018 年 11 月，国资委发布了《中央企业合规管理指引（试行）》；2021 年 6 月，最高人民检察院又同司法部、财政部、国家税务总局等机关联合发布了《关于建立涉案企业合规第三方监督评估机制的指导意见》，同年 9 月还成立了涉案企业合规第三方监督评估机制管理委员会。与此同时，行政机关、司法机关近年来都在不断出台企业合规的相关规范与指引，检察机关更是在各地深入推进企业合规不起诉制度改革，力求将企业合规纳入刑事诉讼范畴，以刑事制度激励企业进行企业合规。可见，我国目前虽然还没有一套较为系统和完善的合规法律制度，但是从中央到地方都在不断探索建设适合我国的企业合规管理和合规不起诉制度。

"合规不起诉"作为我国合规领域的新事物，是一种附条件的不捕、不诉或从宽处理制度，是企业合规与刑事不起诉相融合的产物，该项制度是目前新型贸易环境中，在重视和强调企业合规建设同时寻求促进企业发展壮大新路径的目标下，从国家层面推动企业合规建设的重大制度探索。目前，该制度尚处于试点探索阶段，实务中也存在许多对企业合规不起诉制度的质疑，如"合规不起诉"制度对不犯罪的企业公平吗？涉案企业合规从宽制度是否干扰了市场本身优胜劣汰功能的发挥？是否会导致劣币驱逐良币？

四、案例

案例 1：数据合规领域"合规不起诉"①

涉案公司：一家为本地生活商户提供数字化转型服务的互联网大数据 Z 公司，涵盖在线开店、市场营销等多项业务，拥有 10 余项计算机软件著作权，曾被评为高新技术企业。

涉案事件：2019 年至 2020 年，在未经授权许可的情况下，该公司首席技术官指使多名技术人员，通过爬虫技术非法获取某外卖平台数据，造成该外卖平台直接经济损失 4 万余元，触犯了《刑法》第二百八十五条非法获取计算机信息系统数据罪，其情节适用 3 年以下有期徒刑或者拘役，并处或者单处罚金的法定刑档次。

合规不起诉决定：检察机关认为涉案公司系初犯，且爬取的数据未涉及身份认证信息，没有二次兜售牟利等行为，犯罪情节较轻。同时，鉴于其属于成长型科创企业，陈某某等人均认罪认罚，积极赔偿被害公司的经济损失并取得谅解，故依法启动涉案企业合规考察。

2021 年 8 月，检察机关向 Z 公司制发合规检察建议。10 月，第三方监

---

① 选自最高人民检察院第三批涉案企业合规典型案例：上海 Z 公司、陈某某等人非法获取计算机信息系统数据案。

督评估正式启动。鉴于本案涉及"网络爬虫"等数据合规专业领域，故检察机关商请第三方监督评估机制管委会从专类名录库中抽取了由网信办、某知名互联网安全企业和产业促进社会组织人员组成的第三方组织，全程监督 Z 公司数据合规工作，督促其构建有效整改体系。2022 年年初，Z 公司经第三方监督评估合格。4 月 28 日，检察机关以远程方式对本案召开公开听证会，最高检亦邀请全国人大代表参与旁听。结合听证情况，检察机关于 5 月 10 日对 Z 公司开展不起诉"云宣告"。

案例 2：最高人民检察院陆续发布四批 20 个涉案企业合规典型案例

最高人民检察院陆续发布的四批 20 个涉案企业合规典型案例			
第一批（2021.6.3）	1. 张家港市 L 公司、张某甲等人污染环境案	第三批（2022.7.21）	1. 上海 Z 公司、陈某某等人非法获取计算机信息系统数据案
	2. 上海市 A 公司、B 公司、关某某虚开增值税专用发票案		2. 王某某泄露内幕信息、金某某内幕交易案
	3. 王某某、林某某、刘某乙对非国家工作人员行贿案		3. 江苏 F 公司、严某某、王某某提供虚假证明文件案
	4. 新泰市某公司等建筑企业串通投标系列案件		4. 广西陆川县 23 家矿山企业非法采矿案
第二批（2021.12.8）	1. 上海 J 公司、朱某某假冒注册商标案		5. 福建省三明市 X 公司、杨某某、王某某串通投标案
	2. 张家港 S 公司、睢某某销售假冒注册商标的商品案	第四批（2021.12.8）	1. 北京李某某等 9 人保险诈骗案
	3. 山东沂南县 Y 公司、姚某明等人串通投标案		2. 山东潍坊 X 公司、张某某污染环境案
	4. 随州市 Z 公司、康某某等人重大责任事故案		3. 山西新绛南某某等人诈骗案
	5. 深圳 X 公司走私普通货物案		4. 安徽 C 公司、蔡某某等人滥伐林木，非法占用农用地案
	6. 海南文昌市 S 公司、翁某某掩饰、隐瞒犯罪所得案		5. 浙江杭州 T 公司、陈某某等人帮助信息网络犯罪活动案

结合以上具有代表性的实践情况，涉案企业合规改革工作在全国范围内全面推开，主要体现为：地域范围扩展（上海、江苏、山东、广东、北京、辽宁、浙江、福建、湖北、湖南，共计10个省和直辖市；每个省市可以确定1—2个设区的市级院及其所辖基层院为试点单位）、案件范围扩大（可适用认罪认罚从宽的单位犯罪，包括轻罪与重罪，单位犯罪与企业家犯罪）、从宽方式扩大、监管专门化。

五、总结

合规不起诉制度，是检察机关对于涉嫌犯罪的企业，发现其具有建立合规体系意愿的，可以责令其针对违法犯罪事实，提出专项合规计划，督促其推进企业合规管理体系的建设，最终作出相对不起诉决定的机制规则。目前，企业合规不起诉制度的改革探索已经开始，各地检察机关纳入改革试验的案例越来越多。通过合规不起诉制度，企业有机会避免因违法行为而受到的严重法律后果，也在一定程度上鼓励企业自行检查、发现并纠正自身的违法行为，以提高企业的治理水平，维护公司的稳定发展，从而提高公司的社会和经济价值。

第 56 问　合规不起诉是否只适用于民企?

一、概述

合规不起诉并非只适用于民企, 合规不起诉政策适用于所有的企业类型, 无论是民营企业还是国有企业, 无论是中小微企业还是上市公司, 只要涉案企业认罪认罚, 能够正常生产经营、承诺建立或者完善企业合规制度、具备启动第三方机制的基本条件, 自愿适用的, 都可以适用第三方机制。合规不起诉是指在企业发生违法犯罪行为后, 如果企业能够主动采取补救措施, 消除或减轻损害后果, 并积极配合司法机关进行调查和追究责任的, 司法机关可以根据相关规定对企业实施不起诉、减轻处罚或者免除处罚。这一政策的目的是鼓励企业自觉遵守法律法规, 加强内部合规管理, 促进企业合法经营。因此, 无论是民企还是国有企业, 只要符合相关要求, 都可以申请合规不起诉。

二、依据

最高人民检察院、司法部、财政部等九部门研究制定的《关于印发〈关于建立涉案企业合规第三方监督评估机制的指导意见 (试行)〉的通知》第三条明确规定: 第三方机制适用于公司、企业等市场主体在生产经营活动中涉及的经济犯罪、职务犯罪等案件, 既包括公司、企业等实施的单位犯罪案件, 也包括公司、企业实际控制人、经营管理人员、关键技术人员等实施的与生产经营活动密切相关的犯罪案件。

三、分析

　　自 2020 年以来，最高人民检察院先后启动企业合规不起诉改革试点工作，对具备合规整改条件的企业启动了合规考察程序，合规整改评估验收合格、涉案企业合规体系的建立和运行足以有效发挥预防犯罪的作用，可获得不起诉或从宽量刑的处理结果。根据于 2021 年 4 月 14 日国务院第131 次常务会议通过的《中华人民共和国市场主体登记管理条例》第二条规定，市场主体是指在中华人民共和国境内以营利为目的从事经营活动的下列自然人、法人及非法人组织。由此可知，个体工商户毫无疑问属于市场主体。我国《刑法》第三十条对单位犯罪的规定中，没有对单位犯罪适用对象限制为仅具有法人资格的主体，而是"公司、企业、事业单位、机关、团体实施的危害社会的行为，法律规定为单位犯罪的，应当负刑事责任"。《关于印发〈关于建立涉案企业合规第三方监督评估机制的指导意见（试行）〉的通知》第三条明确规定，改革适用对象包括"公司、企业等市场主体在生产经营活动中涉及的经济犯罪、职务犯罪等案件"，这就是说，不具有法人资格的企业、个体工商户等市场主体包含在内。因此，"合规不起诉"对象所包含的"涉罪企业"，应当能够涵盖非法人市场主体。对国企来说，合规不起诉政策同样适用。国有企业作为法人实体，在遵守法律法规方面有着同样的义务和责任。合规不起诉政策的目的是鼓励企业自觉遵守法律法规，加强内部合规管理，促进企业合法经营。国企如果发生了违法犯罪行为，但能够主动采取补救措施，消除或减轻损害后果，并积极配合司法机关进行调查和追究责任，同样可以申请合规不起诉。总之，合规不起诉政策不区分企业类型，而是侧重于企业的合规表现和积极配合程度。检察机关在个案中一般会根据实际情况作出具体裁量，结合企业合规的本质是将合规机制融入现有的公司治理结构中，因此，着重审查的应是市场主体是否有规范的生产经营模式和内部管理标准、独立的组织结构、企业独立意志、企业独立财产等，并在此基础上审慎决定涉案企业是否适用合规不起诉。

四、案例

案例 1：某央企投标案件合规不起诉

2022 年 1 月，北京中标信达认证服务有限公司受聘于某央企，按照 ISO 37301 规定，由总经理安某牵头，组织专家团队对其进行了合规管理专项整改。该项目于 6 月 2 日通过某省第三方监督评估专家组验收合格，达到了企业合规不起诉要求，区、市检察院已决定对涉事企业合规不起诉。与其他合规不起诉项目相比，本项目有三个特点：第一，本项目是检察机构针对央企所发起的合规不起诉专项；第二，本合规不起诉专项对标 ISO 37301；第三，本合规不起诉辅导专项由认证服务公司实施。

案例 2：中外合资企业污染环境案[①]

××省××市×公司系中外合资企业，是中国溴系阻燃剂产能最大的企业之一。犯罪嫌疑人张某某系该公司副总经理、生产经理。2020 年 5 月，张某某雇用人员在厂区土地挖掘沟渠后填埋×公司生产过程中产生的溴系阻燃剂落地料 4.8 吨。经××省环境保护领域专业司法鉴定中心认定，上述倾倒特征物为危险废物。×公司违反国家规定，非法填埋危险废物 4.8 吨，涉嫌污染环境罪，张某某系×公司直接负责的主管人员，应予追究刑事责任。案发后，张某某被依法传唤到案，如实供述了犯罪事实。2021 年 8 月 5 日，公安机关以×公司、张某某涉嫌污染环境罪移送××市××经济技术开发区检察院（以下简称××经开区检察院）审查起诉。××经开区检察院以涉案企业合规改革精神为指导，先行到×公司调研和查看案发现场，积极推动×公司进行企业合规整改。在企业合规整改过程中，检察

---

① 2023 年 1 月 16 日，最高人民检察院发布第四批涉案企业合规典型案例。该批典型案例充分考虑大中小微以及中外合资、外资等不同企业类型合规特点选出。

机关发现 × 公司所属集团公司曾获得 EcoVadis 评级金牌，然而在中国本土化进程中却遇到了挑战。针对这一问题，检察机关与第三方组织协助 × 公司结合我国法律分析本地常见违规情况，识别可能导致企业刑事责任的风险点，建议在类似重大决策层面，应将个人责任与集体决策相结合，帮助企业完成制度落地。× 公司深入研究了案件发生的原因，参考 H 集团的 ESG 合规标准与当地最佳合规办法进行实践操作，使用新型合规方案，使新的决策机制在中国实践获得成功，并形成了双重预防机制智能化，从而将国际 ESG 合规标准本土化，获得合规不起诉。

案例 3：某国企提供虚假报告

某国有企业在报告中提供了虚假的财务信息，涉嫌违反相关法律法规。然而，该企业主动发现错误并采取了补救措施，同时积极配合相关部门的调查，包括提供内部调查报告和配合法律程序。基于该企业的自查和自纠情况，司法机关最终决定对其实施合规不起诉。

案例 4：某国企行贿案

某国有企业涉嫌一起行贿案件，公司高层成员涉嫌向政府官员行贿。然而，公司主动与有关部门合作，展开了全面的内部调查，积极执纪审查，并采取了一系列纠正措施，包括解雇涉案人员和修订内部制度等。在公司的积极表现下，司法机关最终决定对该企业实施合规不起诉。

案例 5：某国企涉嫌环境违法

某国有企业在运营过程中发生了一起污染环境的违法行为，导致了严重的环境污染问题。然而，该企业自觉接受监管部门的调查，并采取了积极的整改措施，修复受损环境，并投入大量资金用于环保设施建设。鉴于该企业的自查与纠正措施，监管部门最终决定不起诉该国企。

五、总结

通过以上分析，可以得出如下结论：合规不起诉并非只适用于民企，而是适用于所有企业类型，无论是民营企业还是国有企业，无论是中小微企业还是上市公司，只要涉案企业认罪认罚，能够正常生产经营、承诺建立或者完善企业合规制度、具备启动第三方机制的基本条件，自愿适用的，都可以适用第三方机制。

第 57 问 合规不起诉适用于个人吗？

一、概述

合规不起诉适用于个人。合规不起诉是一种将企业合规机制引入公诉制度的改革尝试。而企业合规则是一种基于企业风险防控而确立的公司管理体系。企业合规的适用对象当然是作为商业组织的企业本身。但是，一些地方检察机关在合规不起诉制度的改革探索中，对于涉案企业和涉案责任人员同时适用附条件不起诉制度，并根据企业实施合规体系的实际效果来决定对企业和责任人员是否提起公诉。

二、依据

最高人民检察院、司法部、财政部等九部门研究制定的《关于印发〈关于建立涉案企业合规第三方监督评估机制的指导意见（试行）〉的通知》第三条明确规定："第三方机制适用于公司、企业等市场主体在生产经营活动中涉及的经济犯罪、职务犯罪等案件，既包括公司、企业等实施的单位犯罪案件，也包括公司、企业实际控制人、经营管理人员、关键技术人员等实施的与生产经营活动密切相关的犯罪案件。"

辽宁省检察院等十机关制定的《关于建立涉罪企业合规考察制度的意见》规定，涉罪企业合规考察制度既适用于单位犯罪案件，也适用于企业经营者、管理者、关键技术人员等重要生产经营人员与企业生产经营相关的个人犯罪案件。

浙江省检察院下发的《关于开展企业经济犯罪刑事合规法律监督试点工作的意见》（以下简称浙江省《刑事合规法律监督意见》）第一条规定，浙江省企业经济犯罪刑事合规法律监督试点工作针对的对象是"各类依法设立，具备法人资格，从事正常生产、经营活动的市场主体"，但就试点工作的适用范围该意见的配套文件也明确"企业经营者、主要管理或技术人员涉嫌与企业生产相关个人犯罪案件，可参照纳入适用"。

三、分析

在诸多企业犯罪案件中，企业家犯罪与企业犯罪存在密不可分的关系。由于产权结构不明晰，一些民营企业在经营过程中没有建立现代企业治理结构，一些民营企业家完全掌控了企业的命运。特别是企业涉嫌实施的经济犯罪，如生产、销售伪劣商品、走私、破坏金融管理秩序、危害税收征管、侵犯知识产权、扰乱市场秩序、破坏环境资源保护等犯罪，往往都是由民营企业家直接组织、策划或者实施的。假如仅仅将合规不起诉适用于单位犯罪案件之中，那么，检察机关对于众多由企业家实施的犯罪案件，就只能提起公诉。而这种提起公诉的行为显然会造成公司负责人被定罪判刑的结果。这样做一方面无法达到保护民营企业的效果，另一方面也会造成众多上市公司或拟上市公司受到严重的影响，要么无法上市，要么被迫退市，失去了经营资质、交易机会和良好社会声誉。企业合规机制的建立，既要达到防控企业法律风险的效果，也要避免实际经营公司的自然人承担刑事责任。这一观点主要是基于我国国情考虑，我国从计划经济到市场经济时间较短，有的企业，特别是部分民营企业，法律规范基础及行政监管能力较弱，治理结构普遍存在"先天残疾"。甚至，不少中小微企业存在法人与法定代表人或实际控制人"人格混同"。如"企业家"被定罪处罚，企业往往也难逃无法经营、无力经营甚至走向破产倒闭的命运。不保护"企业家"，就无法保护企业。

四、案例

案例 1：双不起诉[①]

在企业合规不起诉的首轮试点中，常常出现"双不起诉"，即对企业合规不起诉的同时对企业负责人或高管不起诉。2020 年 11 月 18 日江苏省检察院举行"优化服务举措护航民企发展"新闻发布会，通报 8 起典型案例，其中 Y 公司、唐某虚开增值税专用发票案中，Y 公司的主营业务是生产、加工和销售精密无缝钢管和高压油管。从 2016 年 1 月至 11 月，Y 公司和唐某为了骗取税款，在没有实际运输业务的情况下，通过他人伪造了 27 份增值税专用发票，虚报的税款总额达到了人民币 18.6 万余元。这些发票都被用来申报抵扣相关的税款。案件被揭发后，Y 公司补交了所有的税款。唐某主动向警方自首，并如实陈述了犯罪事实，同时也自愿接受罪责和处罚。为保护企业正常生产经营活动、审慎处理本案，检察机关依法对 Y 公司、唐某宣告相对不起诉决定。

案例 2：上海浦东检察院合规不起诉实践[②]

2021 年 6 月 3 日，最高人民检察院举办"依法督促涉案企业合规管理将严管厚爱落到实处"新闻发布会，发布企业合规改革试点典型案例，其中案例 1 张家港市 L 公司、张某甲等人污染环境案中，检察机关对从事不锈钢产品研发和生产的省级高科技民营企业 L 公司，以及该公司的总经理、副总经理、行政主管张某甲、张某乙、陆某某均作出不起诉决定。

---

① 参见《Y 制管有限公司、唐某虚开增值税专用发票案》，载江苏监察网，http://www.jsjc.gov.cn/lagk/202103/t20210330_1197386.shtml，最后访问日期 2023 年 10 月 12 日。

② 参见《最高检发布企业合规改革试点典型案例》，载中华人民共和国最高人民检察院网站，https://www.spp.gov.cn/spp/xwfbh/wsfbh/202106/t20210603_520232.shtml，最后访问日期 2023 年 10 月 12 日。

五、总结

综上所述,根据目前的相关规定及改革试点经验,合规不起诉通常是针对涉企犯罪案件而设计的司法解决方式,包括公司、企业等市场主体在生产经营活动中涉及的经济犯罪、职务犯罪等案件,但不适用于单纯的个人犯罪。

第58问　合规不起诉是否适用于重罪?

一、概述

合规不起诉适用于重罪。在美国和欧洲国家，检察机关经常对涉嫌犯有严重罪行的企业适用暂缓起诉协议或不起诉协议制度。例如，有些涉嫌实施动辄数亿美元商业贿赂行为的企业，或是有些泄露数以千万计的客户信息的企业，甚至有些实施数亿美元洗钱行为的银行，都与检察机关签订了和解协议，并最终以完善合规体系换取了宽大的刑事处理，避免了被定罪判刑的结局。在我国检察机关的改革探索中，合规不起诉制度主要适用于那些犯罪嫌疑人可能被判处3年有期徒刑以下刑罚的轻微刑事案件，而那些较为严重的企业犯罪案件，则难以适用这一制度。但是在一些检察机关的改革方案中，合规不起诉也被扩大适用到法定刑在3年以上10年以下的单位犯罪案件，只是被施加了诸多限制性条件。

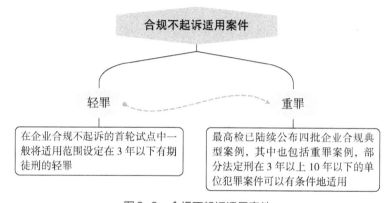

图8-2　合规不起诉适用案件

二、分析

如前所述，我国的合规不起诉在首轮试点中主要呈现出两种模式："检察建议模式"和"附条件不起诉模式"。目前，我国《刑事诉讼法》第一百七十七条第二款规定的相对不起诉和第二百八十二条第一款规定的附条件不起诉有一个共同的特点：都是针对以自然人为中心的轻罪。在企业合规不起诉的首轮试点中一般将适用范围设定在3年以下有期徒刑的轻罪，如根据上海市金山区人民检察院制定的《试行企业合规工作办法》，企业合规适用范围主要是犯罪嫌疑人可能被判处3年以下有期徒刑刑罚的企业犯罪案件，并且企业能够维持正常经营，具备建立健全合规管理的意愿和条件，已经或者承诺采取退赃、赔偿损失、补缴税款、修复环境等措施的。当然，在少数检察机关的改革方案中，合规不起诉也被扩大适用到法定刑在3年以上10年以下的单位犯罪案件，但被施加了诸多限制性条件。实践中，典型案例中关于重罪案件适用合规整改的案例不断被强调，截至目前，最高检已陆续公布四批企业合规典型案例，逐步扩大合规改革的覆盖范围，其中也包括重罪案例，这对进一步推动涉案企业合规改革试点深入开展具有示范和指导意义。可见，对于犯罪嫌疑人可能被判处3年以上10年以下有期徒刑的单位犯罪案件，对相关企业也可以有条件地适用。因为合规不起诉是为了使企业得到相对轻缓的处理：没有因涉案而死，而是通过合规获得重生。

企业合规典型案例重罪案件统计

案件	涉案罪名	法定量刑区间	量刑情节	处理结果
第一批企业合规典型案例				
上海市A公司、B公司、关某某虚开增值税专用发票案	虚开增值税专用发票罪	十年以上有期徒刑或者无期徒刑	立功	对单位判处罚金，对个人判处缓刑

续表

案件	涉案罪名	法定量刑区间	量刑情节	处理结果
第二批企业合规典型案例				
上海J公司、朱某某假冒注册商标案	假冒注册商标罪	三年以上十年以下有期徒刑	自首	对单位及个人作出不起诉决定
深圳X公司走私普通货物案	走私普通货物罪	三年以上十年以下有期徒刑	从犯	对单位及个人作出不起诉决定
海南文昌市S公司、翁某某掩饰、隐瞒犯罪所得案	掩饰、隐瞒犯罪所得罪	三年以上七年以下有期徒刑	/	对单位判处罚金，对个人判处缓刑
第三批企业合规典型案例				
王某某泄露内幕信息、金某某内幕交易案	内幕交易、泄露内幕信息罪	五年以上十年以下有期徒刑	自首	对个人判处缓刑
江苏F公司、严某某、王某某提供虚假证明文件案	提供虚假证明文件罪	五年以下有期徒刑或者拘役	/	对单位作出不起诉决定，对个人分别判处有期徒刑二年、缓刑
第四批企业合规典型案例				
北京李某某等人保险诈骗案	保险诈骗罪	五年以上十年以下有期徒刑	/	对1人判处二年六个月，对8人作出不起诉决定
山西新绛南某某等人诈骗案	诈骗罪	三年以上十年以下有期徒刑	自首	对个人作出不起诉决定

三、总结

综上所述，企业合规不起诉制度通常适用于轻罪，但其适用对象呈多元化的发展趋势，在一些检察机关的改革方案和实践中，在某些情况下即使是重罪，也可能会考虑合规不起诉，但通常需要满足特定的条件，且在重罪案件中需要谨慎处理。

第 59 问　是否通过了合规认证就能启动 "合规不起诉"？

一、概述

合规管理体系认证是由国家认证认可监督管理委员会批准的认证，可指导企业建立、实施评价和改进规范管理体系，从而达到对风险的有效应对和管控。2021 年，ISO 组织发布 ISO 37301，为各类组织规范合规治理、强化合规管理和加强合规文化建设提供了更具先进性、权威性和战略性的工具和方法论，也为各种组织的合规管理提供了通过第三方认证获得全球广泛认可的机会和途径。合规不起诉是指人民检察院在办理涉企犯罪案件时，对符合企业合规改革试点适用条件的，交由第三方监督评估机制管理委员会（以下简称第三方机制管委会）选任组成的第三方监督评估组织（以下简称第三方组织），对涉案企业的合规承诺进行调查、评估、监督和考察，考察结果作为人民检察院依法处理案件的重要参考，以此作出不批准逮捕、不起诉决定。

可见，合规管理体系认证与合规不起诉并不存在必然联系，并非通过合规认证就能在涉案时自动启动合规不起诉。

二、分析

如上所述，合规管理体系认证与合规不起诉并不存在必然的联系，并非通过合规认证就能在涉案时自动启动合规不起诉。企业适用"合规不起诉"机制需要同时具备以下条件：

1. 涉案企业、个人认罪认罚［《关于建立涉案企业合规第三方监督评估机制的指导意见（试行）》第四条］。涉案企业和个人应当承认其所实施的违法犯罪的主要犯罪事实和性质，或对性质虽有辩解，但表示接受司法机关的认定意见，并且自愿接受所认之罪在实体法上所带来的后果，接受检察机关提出的量刑建议和对诉讼程序简化的认可。

2. 涉案企业自愿适用第三方机制［《关于建立涉案企业合规第三方监督评估机制的指导意见（试行）》第四条］。第三方机制具有一定的契约性质，涉案企业以放弃部分程序权利为基础，于一定范围和程度上接受检察机关和第三方组织的监督。

3. 涉案企业能够正常生产经营，承诺建立或者完善企业合规制度，具备启动第三方机制的基本条件［《关于建立涉案企业合规第三方监督评估机制的指导意见（试行）》第四条］。一方面，涉案企业的运营并未受到涉刑犯罪的影响，尚未出现导致企业停产、破产、放弃经营等实质风险。另一方面，涉案企业必须通过承诺建立或者完善合规体系进行合法合规经营的自我约束。

值得注意的是，《关于建立涉案企业合规第三方监督评估机制的指导意见（试行）》第五条同样规定了哪些情形不适用企业合规试点以及第三方机制，即（一）个人为进行违法犯罪活动而设立公司、企业的；（二）公司、企业设立后以实施犯罪为主要活动的；（三）公司、企业人员盗用单位名义实施犯罪的；（四）涉嫌危害国家安全犯罪、恐怖活动犯罪的；（五）其他不宜适用的情形。

虽然并非通过合规认证就能在涉案时自动启动合规不起诉，但通过合规认证对于企业控制风险与涉案时顺利启动合规不起诉都大有裨益。ISO 37301 国际标准从 2021 年颁布到现在，为众多央企、国企、民企乃至外企的合规提供了一个客观的、权威的合规标准。合规可以使企业获得刑事责任的减免，目前在我国，这只是一项刑事司法政策，也是定罪量刑的酌定情节，主要适用于检察办案环节，将来在侦查和审判环节都可以适用，而且有望通过国家立法转化为法定情节和法定程序。可见，合规不起诉或者合规从宽制度从发轫到渐渐成熟都面临一个"难题"——有没有一个客观的、权威的标准来指导？ ISO 37301 也许就是这个"难题"的最佳解决方案。

三、案例

不符合"涉案合规不起诉"条件中"认罪认罚"条件的，不适用合规不起诉。例如，A 企业在申请合规整改时，仅对其涉案的部分罪名事实进行了承认，但并未就全案认罪。根据《最高人民法院、最高人民检察院、公安部、国家安全部、司法部印发〈关于适用认罪认罚从宽制度的指导意见〉的通知》的规定，"认罪认罚从宽制度中的'认罪'，是指犯罪嫌疑人、被告人自愿如实供述自己的罪行，对指控的犯罪事实没有异议。承认指控的主要犯罪事实，仅对个别事实情节提出异议，或者虽然对行为性质提出辩解但表示接受司法机关认定意见的，不影响'认罪'的认定。犯罪嫌疑人、被告人犯数罪，仅如实供述其中一罪或部分罪名事实的，全案不作'认罪'的认定，不适用认罪认罚从宽制度，但对如实供述的部分，人民检察院可以提出从宽处罚的建议，人民法院可以从宽处罚"。因此，对于不符合"认罪认罚"标准的情况，即属于不符合启动合规不起诉制度的情况。

四、实务模板

企业合规第三方监管（合规整改）申请书

××人民检察院：

我单位涉嫌××罪/本人涉嫌××罪，现正处于侦查阶段/审查逮捕/审查起诉阶段。

根据《涉企案件刑事合规办理规程（试行）》，现申请合规整改。

　　注：我单位同意检察机关派出人员进行整改可行性调查，并在调查中予以配合。同时承诺绝不弄虚作假，同意检察机关一经发现可直接取消我单位合规整改申请资格。我单位同意在整改可行性调查通过后再提交整改方案（合规计划）。

单位：
时间：

五、总结

　　综上所述，合规认证和"合规不起诉"是两个不同的概念。合规认证是一个持续的过程，需要定期进行审查和更新。而"合规不起诉"是在刑事诉讼中，检察官和被调查方达成的一种协议，其中检察官同意不对某些罪行提起刑事诉讼，通常是在被调查方同意合作，提供信息或采取其他一些行动的情况下。因此，通过了合规认证并不意味着就能启动"合规不起诉"。这两者之间没有直接的关系，是否能启动"合规不起诉"，主要取决于企业是否满足启动条件、检察官的判断和被调查方的合作程度。

第 60 问　涉案企业合规整改的要点是什么？

一、概述

目前所称的涉案企业合规整改主要是检察机关办理涉企刑事案件中，在依法作出不批准逮捕、不起诉决定或者根据认罪认罚从宽制度提出轻缓量刑建议等的同时，针对企业涉嫌具体犯罪，结合办案实际，适用企业合规试点及第三方机制，督促涉案企业作出合规承诺并积极整改落实，促进企业合规守法经营的一项制度安排。①

在合规不起诉制度中，合规整改能否经第三方专家评估及检察院审查达到适用合规不起诉的标准，所建立的合规管理体系是否足以预防相关违法违规行为再次发生，案涉企业能否回归到合规守法经营的正常状态，是合规不起诉制度中的几个核心问题。所以，对应以上核心问题，从宏观来看，合规整改涉及三个阶段：（1）涉案企业进行合规建设；（2）第三方组织对涉案企业专项合规整改计划和相关合规管理体系有效性的评估；（3）第三方机制管委会和人民检察院对第三方组织报送的合规考察书面报告进行审查。②因此，对于涉案企业而言，首先要完成自身的合规建设，才能在后期评估、审核阶段得到良好的结果。

综上所述，企业涉及刑事案件后，应注意以下重点：第一，全面停止

---

① 广州市律师协会《关于公布〈律师开展企业合规法律服务业务指引〉的通知》。
② 《涉案企业合规建设、评估和审查办法（试行）》。

涉罪的违法违规行为；第二，成立涉罪企业合规整改小组；第三，制订专项的合规计划；第四，制定合规承诺书；第五，设置合规管理机构和管理人员；第六，建立健全的合规管理制度；第七，为运行合规制度提供必要保障；第八，建立监测、举报、调查、处理机制；第九，建立合规绩效评价机制；第十，建立持续整改、定期报告等机制。

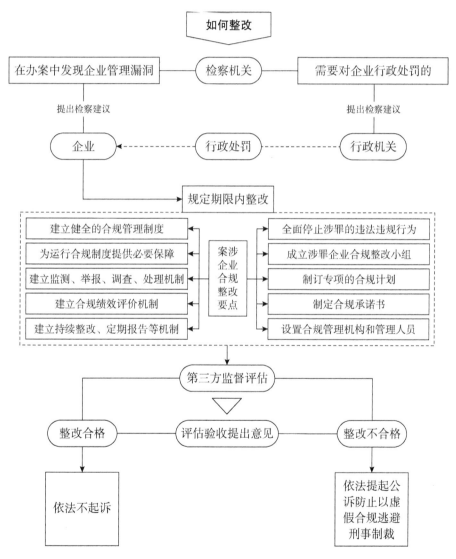

图8-3 如何整改

二、依据

《涉案企业合规建设、评估和审查办法（试行）》第一条第一款规定，涉案企业合规建设，是指涉案企业针对与涉嫌犯罪有密切联系的合规风险，制定专项合规整改计划，完善企业治理结构，健全内部规章制度，形成有效合规管理体系的活动。

《涉案企业合规建设、评估和审查办法（试行）》第二条规定，对于涉案企业合规建设经评估符合有效性标准的，人民检察院可以参考评估结论依法作出不批准逮捕、变更强制措施、不起诉的决定，提出从宽处罚的量刑建议，或者向有关主管机关提出从宽处罚、处分的检察意见。对于涉案企业合规建设经评估未达到有效性标准或者采用弄虚作假手段骗取评估结论的，人民检察院可以依法作出批准逮捕、起诉的决定，提出从严处罚的量刑建议，或者向有关主管机关提出从严处罚、处分的检察意见。

三、分析

（一）停止涉罪违规违法行为

根据《涉案企业合规建设、评估和审查办法（试行）》第三条规定，企业涉及刑事责任后，应当立即、全面、彻底停止涉罪违规违法行为，以示主观上真诚悔过，这也是企业认罪认罚的重要表现之一。例如，退缴违规违法所得，补缴税款和滞纳金并缴纳相关罚款，将违法违规行为造成的损失降至最低限度。同时，要全力配合有关主管机关、公安机关、检察机关及第三方组织的相关工作。

实践中的真实案例告诉我们，是否立即、全面、彻底停止违规违法行为对合规审查结果影响重大。最高人民检察院在《人民日报》发表的《把准适用条件　促进守法经营》（2022 年 7 月 14 日第 14 版）一文提到的合规整改失败案例——××省××市××矿业公司及其负责人非法占用农用地，具有一定的警示作用。该案中，导致整改失败的主要原因在于，该矿业公司违法占地状态一直持续，导致第三方组织认为，涉案企业申请合规监管动机不纯、认罪不实、整改不到位，综合给出合规考查结果为"不合格"，最终检察机关据此依法提起公诉，合规整改宣告失败。

（二）成立合规建设领导小组

《涉案企业合规建设、评估和审查办法（试行）》第四条规定，涉案企业一般应当成立合规建设领导小组，由其实际控制人、主要负责人和直接负责的主管人员等组成。

成立合规建设领导小组的目的是确保涉案企业能够有效地开展合规建设工作。合规建设领导小组的成员代表了企业的高层管理者，他们有权力和责任来推动和落实合规建设工作。通过成立领导小组，可以实现合规建设的顶层设计和整体推进，确保合规政策、制度和流程的制定和完善。此外，规定中还提到了涉案企业可以聘请外部专业机构或者专业人员参与或者协助合规建设工作，充分利用外部专业资源，提供专业的合规咨询、培训和评估服务。

总体来说，通过成立合规建设领导小组和聘请外部专业机构或者专业人员的方式，可以提高合规建设的效率和质量，减少合规风险，并确保企业的经营活动符合法律法规的要求。

（三）制订合规计划

制订合规计划是合规整改的核心环节，根据《涉案企业合规建设、评估和审查办法（试行）》第五条规定，涉案企业制订的专项合规计划，应当能够有效防止再次发生相同或者类似的违法犯罪行为。

合规计划主要是针对企业内部治理、规章制度和人员管理等方面存在的问题，制定可行的合规规范，建立健全的合规组织体系，完善合规风险防范报告机制，填补企业制度和管理的漏洞，防止再次发生相同或类似的违法行为。需要特别强调的是，合规计划不是为了应付合规整改，而应同时具备可行性、有效性和全面性。

涉案企业可以多方协作优化合规计划。例如，在最高人民检察院公布的第三批指导案例"福建省三明市×公司、杨某某、王某某串通投标案"中，×公司在投标三明市公安局交警支队3个智能交通系统维保项目过程中，与其他公司串通，派遣员工冒充参与串标公司的投标代理人进行竞标。在该案合规整改期间，检察机关多次与第三方组织、企业专业律师团队指导企业修订、完善《企业合规整改方案》和《企业合规工作计划》后，×公司积极对照实施，及时汇报进展情况。最终依托第三方监督评估机制向相关行业领域的专家"借智借力"，立足×公司自身问题，结合相关领域的合规标准，指导企业优化合规计划，对合规体系运行涉及的组织架构、事项流程、内控机制、风险整改、文化培塑等进行分解细化，从提升合规意识、规范投标业务操作到健全配套内部资金流向监管审计等层面，严格按照时间表监督落实，做到点面衔接，实现"合规入心"。①

（四）制定合规承诺

《涉案企业合规建设、评估和审查办法（试行）》第六条规定，涉案企业实际控制人、主要负责人应当在专项合规计划中作出合规承诺并明确宣示，合规是企业的优先价值，对违规违法行为采取零容忍的态度，确保合规融入企业的发展目标、发展战略和管理体系。

合规承诺的目的是要求企业的实际控制人和主要负责人对合规问题负起重要的责任和义务。通过在合规计划中作出合规承诺和宣示，实际控制人和主要负责人向内外部明确表明他们对合规的重视和承诺。另外，将合规融入企业的发展目标、发展战略和管理体系中，意味着合规不仅是一个单独的部门或计划，而是贯穿于企业整个运营过程中的一项重要要求。这就要求企业的实际控制人和主要负责人将合规作为企业管理的重要组成部分，将其融入企业的战略决策和日常运营中，确保合规管理成为企业的常态化运作。

---

① 最高人民检察关于印发《涉案企业合规典型案例（第三批）》的通知。

（五）设置合规管理机构和管理人员

《涉案企业合规建设、评估和审查办法（试行）》第七条规定，涉案企业应当设置与企业类型、规模、业务范围、行业特点等相适应的合规管理机构或者管理人员。合规管理机构或者管理人员可以专设或者兼理，合规管理的职责必须明确、具体、可考核。

合规管理的责任必须明确、具体和可衡量。这就要求有关公司在建立合规管理组织或管理人员时，明确界定他们的责任和任务，并确保这些责任和任务是具体和可实现的。同时，这些职责和任务应当是可以被考核的，以便评估合规管理的执行情况。通过合规管理机构或者管理人员的设置，企业可以更好地负责合规事务的管理和监督。

对此，实务中第三方组织将从以下几个方面进行评估，"企业治理层、管理层、执行层是否明确合规管理责任机构及其管理职责，职责分工是否明确、各司其职，相关人员配备是否适当""企业是否配备了合规管理机构或专兼职人员""企业合规机构有没有充分的发言权和参与决策权"。

（六）建立健全的合规管理制度

《涉案企业合规建设、评估和审查办法（试行）》第八条规定，涉案企业应当针对合规风险防控和合规管理机构履职的需要，通过制定合规管理规范、弥补监督管理漏洞等方式，建立健全合规管理的制度机制。涉案企业的合规管理机构和各层级管理经营组织均应当根据其职能特点设立合规目标，细化合规措施。合规管理制度机制应当确保合规管理机构或者管理人员独立履行职责，对于涉及重大合规风险的决策具有充分发表意见并参与决策的权利。

企业合规管理制度是指对企业合规管理活动进行规定和安排的一系列制度，它包括企业的合规经营目标和理念，以及各个业务领域要遵守的规定和要求。

建立健全的合规管理制度对涉案企业非常重要：首先，在风险防范方面，合规管理制度能够帮助企业识别和评估潜在的合规风险，并采取相应的措施进行预防和控制。通过制定合规管理规范和细化合规措施，企业能够建立起一套科学、规范的风险管理体系，有效降低合规风险的发生概率。其次，在机构职责履行方面，合规管理制度能够确保合规管理机构或者管理人员独立履行职责。通过明确合规管理机构的职责和权限，并确保其独立运作，能够有效避免其他部门或人员对合规事务的干扰和影响，保障合规管理的独立性和专业性。最后，在决策参与和意见发表方面，合规管理制度能够确保涉案企业在涉及重大合规风险的决策中充分发表意见并参与决策。合规管理机构或者管理人员作为合规管理的专业人士，能够提供合规风险评估和建议，从而保障企业在决策过程中充分考虑合规风险因素，减少合规问题的发生。

因此，实务中第三方组织会重点评估以下几个方面："企业是否制定了规范本企业规章制度建设工作的制度性文件和规章制度更新的标准化流程""企业是否明确规章制度建设的统筹部门""企业规章制度是否已覆盖全部业务领域和管理职责，且内容合法符合企业实际""企业规章制度能否根据外部法律监管环境的变化以及企业管理的实际需要及时调整更新""企业是否建立了合规管理基本制度及其配套规定和重点领域的专项规定""企业是否为合规管理工作配备足够的资源支持和保障""企业是否已持续开展合规宣传，规章制度是否已有效宣传贯彻使企业内部形成合法合规经营的企业文化""企业是否对员工持续进行合规培训""企业是否有专业系统和数字化手段保障合规管理要求落实"等。

（七）为运行合规制度提供必要保障

《涉案企业合规建设、评估和审查办法（试行）》第九条规定，涉案企业应当为合规管理制度机制的有效运行提供必要的人员、培训、宣传、场所、设备和经费等人力物力保障。

合规计划的全面性和深入性决定了合规整改工作是一项综合性系统工程，因此保障内容涵盖了人员、培训、宣传、场所、设备、技术和经费等多个方面。例如：

序号	合规保障内容
1	合规管理队伍保障
2	合规管理人员薪酬待遇保障
3	合规管理条件和工作环境保障
4	合规管理信息化建设保障
……

（八）建立监测、举报、调查、处理机制

《涉案企业合规建设、评估和审查办法（试行）》第十条规定，涉案企业应当建立监测、举报、调查、处理机制，保证及时发现和监控合规风险，纠正和处理违规行为。

首先，涉案企业应当建立监测机制，通过定期或不定期的监测，对企业的合规情况进行评估和分析，以发现存在的合规风险和问题。其次，企业应当建立举报机制，鼓励内部员工和外部相关人员对涉案企业的违规行为进行举报。这样可以增加发现违规行为的渠道，加强内外部的监督和参与，提高合规风险发现的准确性和时效性。再次，涉案企业还应当建立调查机制，对举报的违规行为进行调查和核实，以确定是否存在违规行为和相关责任人员。最后，企业应当建立处理机制，对经调查核实的违规行为进行处理，包括采取相应的纠正措施和追究责任。

通过建立监测、举报、调查、处理机制，以此不断监测和调查是否存在违规行为，并及时采取措施进行处理，以减少合规风险对企业造成的不良影响。这将有助于提高企业合规管理的水平，保护企业的合法权益，维护企业的声誉和可持续发展。

在实务中，第三方组织一般通过以下四个方面进行评估，"企业是否定期进行风险评估""企业是否建立违规举报机制""企业是否建立违规调查的工作流程""企业是否将合规指标纳入企业及员工的绩效考核"。

（九）建立合规绩效评价机制

《涉案企业合规建设、评估和审查办法（试行）》第十一条规定，涉案企业应当建立合规绩效评价机制，引入合规指标对企业主要负责人、经营管理人员、关键技术人员等进行考核。

合规绩效评价机制的建立是为了对企业在合规管理方面的表现进行评估和考核，以激励和推动企业加强合规管理，提高合规水平。首先，涉案企业应当确定合规指标，即明确衡量合规绩效的指标和标准。这些指标可以包括合规培训的参与情况、合规制度的遵守程度、合规风险的发现和处理情况等。通过这些指标的设定，可以对企业在合规管理方面的表现进行客观评估。其次，企业应当将合规指标纳入考核体系，将合规绩效与企业员工的绩效考核相结合。这意味着企业主要负责人、经营管理人员、关键技术人员等都应该承担相应的合规责任，并根据其在合规管理方面的表现进行考核和评价。通过建立合规绩效评价机制，涉案企业可以促使企业管理层和员工主动关注合规管理，增强合规意识，提高合规水平。同时，将合规绩效与个人绩效考核相结合，也能够激励企业相关人员积极履行合规责任，增加合规管理的有效性和可持续性。

但需要注意的是，具体的合规绩效评价机制和考核标准应当根据企业的实际情况和特点进行制定，并合理公正地进行评估和考核，避免出现不公平或不合理的情况。

（十）建立持续整改、定期报告等机制

《涉案企业合规建设、评估和审查办法（试行）》第十二条规定，涉案企业应当建立持续整改、定期报告等机制，保证合规管理制度机制根据企业经营发展实际不断调整和完善。

持续改进是合规管理体系的有效模式，ISO 37301 确立了戴明循环的基本特征，该标准以 PDCA 理念为基础，覆盖了合规管理体系的全过程（建设、运行、维护和改进）。因此，涉案企业应建立持续整改和定期报告机制，不断调整和完善合规管理制度。对于发现的问题，要及时反映、评价，并采取措施消除根本原因，避免再次发生。

实务中，第三方组织着重评估"企业有没有建立持续整改、调查报告等机制""企业能否跟得上企业经营发展实际的变化，及时作出动态调整和完善"等方面。

四、实务模板

第三方监督评估指标

序号	一、风险识别与控制方面评估指标
1	企业是否已对合规风险进行有效的识别和评估，并及时调整更新
2	企业是否已根据合规风险级别合理配置资源，采取有效措施防控重大合规风险
3	企业是否已通过内部检查、审计等方式检验合规风险防控措施的有效性
4	企业是否已建立有效的合规风险预警机制
	二、违规行为处置方面评估指标
5	企业是否制定违规问责制度
	三、机构人员配置方面评估指标
6	企业治理层、管理层、执行层是否明确合规管理责任机构及其管理职责，职责分工是否明确、各司其职，相关人员配备是否适当
7	企业是否配备了合规管理机构或专兼职人员
8	企业合规机构有没有充分的发言权和参与决策权
	四、管理制度及人力物力保障方面评估指标
9	企业是否制定了规范本企业规章制度建设工作的制度性文件和规章制度更新的标准化流程
10	企业是否明确规章制度建设的统筹部门
11	企业规章制度是否已覆盖全部业务领域和管理职责，且内容合法符合企业实际
12	企业规章制度能否根据外部法律监管环境的变化以及企业管理的实际需要及时调整更新
13	企业是否建立了合规管理基本制度及其配套规定和重点领域的专项规定
14	企业是否为合规管理工作配备足够的资源支持和保障
15	企业是否已持续开展合规宣传，规章制度是否已有效宣传贯彻使企业内部形成合法合规经营的企业文化
16	企业是否对员工持续进行合规培训
17	企业是否有专业系统和数字化手段保障合规管理要求落实

	五、监测、举报、调查、处理机制及绩效评价机制方面评估指标
18	企业是否定期进行风险评估
19	企业是否建立违规举报机制
20	企业是否建立违规调查的工作流程
21	企业是否将合规指标纳入企业及员工的绩效考核
	六、持续整改机制与合规文化建设方面评估指标
22	企业有没有建立持续整改、调查报告等机制
23	企业能否跟得上企业经营发展实际的变化，并及时作出动态调整和完善
24	企业是否已持续开展合规宣传，使企业内部形成合法合规经营的企业文化
25	企业领导是否做出真诚的合规承诺和宣示
……	……

五、总结

涉案企业只有通过合规整改才能得到不起诉的良好结果，才能达到让企业"活下来""留得住""经营得好"的最终目的。因此，整改后能否通过第三方组织的有效性评估，以及能否通过检察院的合规审查，需要企业严格按照以上重点内容采取行动，并注意在完成后留下相应的文件资料予以佐证，以便后期评估、审查过程中——对应相应的评分指标。

后 记

自国务院国资委推动中央企业合规管理工作以来，四川省政府国有资产监督管理委员会（以下简称四川省国资委）积极开展合规管理探索实践，于2019年7月启动省属企业合规管理试点工作，前期按照"一年试点探索、两年全面推进、三年巩固提升"总体思路，推动省属企业合规管理从无到有、由点及面，梯次展开、纵深推进。当前，四川省属企业正按照《四川省省属企业合规管理办法》，加快构建全面合规管理体系，坚定护航企业高质量发展。

四川省投资集团有限责任公司（以下简称川投集团）作为四川省首批合规管理试点企业，以"1+4+N"模式开展合规管理探索试点，建立了合规管理组织推进体系、制度体系、运行体系和保障体系。在合规管理GB/T35770—2022国家标准及ISO37301:2021国际标准公布施行后，川投集团以"1+5+N"模式开展对标建设，集团本部及四川川投能源股份有限公司、川投国际有限公司、川投信息产业集团有限公司、四川川投大健康产业集团有限责任公司、华西牙科有限责任公司5户所属企业均获得合规管理双体系权威认证。

在此背景下，川投集团在省国资委指导下，联合大成律师事务所北京、上海、成都团队，在合规管理体系国际标准制定专家的全程参与下，结合川投集团合规管理实践，对企业合规管理实务中的热点、难点问题进行认真梳理，反复斟酌、仔细推敲，数易其稿后，最终以一问一答的形式形成《企业合规管理体系建设热点60问》。本书初衷旨在梳理、总结并进一步夯实合规管理工作，为川投集团下属企业持续推进合规管理体系建设对标、认证工作提供指引。

得益于外部专家丰富的理论及实践经验支撑，并在出版社编辑的专业支持和悉心帮助下，本书最终得以公开发行。特别鸣谢四川省国资委、四川省属兄弟企业、大成律师事务所律师团队、西南财经大学法学院、西南政法大学审计系、中国质量认证中心、中国法制出版社在书籍编写及出版过程中给予的大力帮助与支持。

由于国际、国家标准下的合规管理体系建设尚未全面铺开，对开创性事务的探索和研究可能使本书存在一些瑕疵，竭诚欢迎各位同仁予以指正，同时愿本书能对关注企业合规管理实务的各位读者有所助益。

图书在版编目 (CIP) 数据

企业合规管理体系建设热点 60 问 / 舒勇等执行主编
. — 北京 : 中国法制出版社 , 2023.11（2024.5 重印）
ISBN 978-7-5216-3961-2

Ⅰ.①企⋯ Ⅱ.①舒⋯ Ⅲ.①企业法－中国－问题解
答 Ⅳ.① D922.291.915

中国国家版本馆 CIP 数据核字（2023）第 203617 号

策划 / 责任编辑 : 刘 悦（editor_liuyue@163.com） 封面设计 : 李 宁

企业合规管理体系建设热点 60 问
QIYE HEGUI GUANLI TIXI JIANSHE REDIAN 60 WEN

执行主编 / 舒 勇 等
经销 / 新华书店
印刷 / 北京虎彩文化传播有限公司

开本 / 710 毫米 ×1000 毫米 16 开 印张 / 22.75 字数 / 326 千
版次 / 2023 年 11 月第 1 版 2024 年 5 月第 2 次印刷

中国法制出版社出版
书号 ISBN 978-7-5216-3961-2 定价 : 88.00 元

北京市西城区西便门西里甲 16 号西便门办公区
邮政编码 : 100053 传真 : 010-63141600
网址 : http://www.zgfzs.com 编辑部电话 : 010-63141819
市场营销部电话 : 010-63141612 印务部电话 : 010-63141606
（如有印装质量问题，请与本社印务部联系。）